D1477228

COLLECTION
FOLIO HISTOIRE

Wassyla Tamzali

Une éducation algérienne

De la révolution à la décennie noire

Gallimard

Wassyla Tamzali a été avocate à Alger pendant dix ans. À partir de 1980, et pendant vingt ans, elle a dirigé le programme sur la condition des femmes de l'Unesco. Retournée vivre à Alger, elle continue de mener de nombreux combats pour l'égalité des femmes, la laïcité, la démocratie et le dialogue méditerranéen.

À Z. et M.,
pour l'amour et la
mémoire partagés

[...] et force est de reconnaître que le seul survivant authentique de cette histoire est le lecteur lui-même, d'ailleurs c'est toujours comme unique survivant que chaque lecteur lit chaque histoire.

JOSÉ SARAMAGO
L'Année de la mort de Ricardo Reis

CE QUE JE N'AI PAS PU DIRE

Le 11 décembre 1957, tout fut emporté par le souffle puissant du meurtre. Un jour dans la longue guerre d'Algérie, le jour où mon père a été assassiné par un homme de sa ville, à 4 heures de l'après-midi. La nouvelle se propagea très vite. J'étais la seule à ne rien savoir quand, à la sortie de l'école, je descendis la rue des Vieillards. Il était 5 heures. Les commerçants se tenaient sur le seuil de leur boutique, le rideau de fer à demi baissé. Ils me dévisageaient. Un silence inhabituel m'accompagnait. Des amis de mes parents m'attendaient au pied de l'immeuble : «Tu ne peux pas monter chez toi, il est arrivé quelque chose de grave. Viens avec nous.» Plus tard, ils m'emmenèrent dans la maison de mon oncle Chérif où avait été déposé le corps de mon père. Je retrouvai ma mère et ma sœur, une enfant perdue au milieu de tant de gens et de tant de douleur. Elle m'attendait en haut de l'escalier : «Je ne pourrai plus jamais dire Papa?» La scène de l'enfant — elle avait sept ans — m'adressant une question en forme de prière est restée scellée en moi. Je ne pouvais lui dire ce qu'elle attendait : « C'est un mauvais rêve. Ne pleure pas. » C'est alors que je pris la mesure de notre malheur. J'avais quinze ans, et je sus qu'il durerait toujours.

Ma famille était touchée d'un coup dont elle ne se remettrait pas. Les dieux s'étaient servis d'un petit homme misérable hanté par un ressentiment séculaire. L'homme avait tué le fils aîné d'une famille étrangère aux tribus et qui dominait la ville depuis trop longtemps. Sa haine dévorante avait pu s'accomplir facilement ; la guerre de l'ombre masquait toutes les forfaitures. Cette tragédie sonna le glas de notre présence à Bougie. Les maisons, les magasins, les entrepôts, la ferme, tout fut clos, abandonné. Une partie des nôtres, les cousins de mon père, décidèrent de quitter définitivement non seulement la ville, mais l'Algérie : « Tu dois partir avec tes enfants. »

Non. Ma mère, l'Espagnole, décida de rester et d'aimer ce pays comme mon père l'avait aimé, sans condition. Elle avait trente-six ans. Elle rangea ses toilettes, se mit en noir comme les femmes de son pays, jusqu'à ce que mes tantes lui disent : « Chez nous, ça porte malheur. » Mais elle garderait pour toujours les cheveux blancs, devenus blancs en l'espace de quelques jours. Elle était encore plus belle. Elle choisit d'aller vivre à Alger, chez mon grand-père l'Algérien, le père de mon père, Ahmed, fils d'Ismaël. L'autre, l'Espagnol, Francisco, son père à elle, était mort depuis longtemps et était sorti de notre histoire depuis plus longtemps encore. L'émigrant, pauvre comme Job, fier comme un grand d'Espagne, avait rejeté sa fille parce qu'elle avait choisi d'aimer un Arabe, *el moro*, comme on disait à Pinedo.

«Je veux que mes enfants aient une éducation algérienne», dit ma mère. Mais mon grand-père Ahmed n'avait rien d'un mentor; ce fut grâce à elle que nous eûmes une éducation algérienne. Nous quittâmes Bougie en septembre 1958, rompant définitivement avec notre vie d'enfants chéris, de femme aimée, de «château», comme on disait dans le pays. Pour ma mère, la rupture avec cette vie d'amour avait été consommée quelques mois auparavant, dans le voyage de Bougie à Alger, le 13 décembre 1957. Elle était munie du laissez-passer n° 77/38 du commissaire principal de Bougie, visé par l'autorité militaire. Elle avait été autorisée à se rendre à Alger par la route, «accompagnée du corps de son mari, suite attentat». Le laissez-passer était valable du 12 décembre 1957 au 12 mars 1958. Nous avions fait le voyage en convoi, dans plusieurs voitures, derrière une camionnette commerciale où reposait le cercueil de mon père. À Alger, la maison de mon grand-père, au Balcon Saint-Raphaël, avait été préparée pour accueillir le mort. Le salon avait été vidé de ses meubles. Des tapis et des matelas composaient la chambre mortuaire. La maison était déjà pleine de monde à notre arrivée. Les hommes débordaient dans le jardin et sur la rue. À l'intérieur, les femmes pleuraient. Le mort était le plus aimé. La tragédie perpétuait ses règles de siècle en siècle, confiant en partage la mort aux hommes, et aux femmes les pleurs après le drame. Les hommes écoutaient les femmes, muets, terrassés. Le héros avait été tué par un homme de leur ville.

Les femmes qui veillaient le mort étaient assises sur les matelas qui l'entouraient. Elles accompagnèrent la douleur de la famille pendant trois nuits, dormant par intermittence, parlant à voix basse, prenant la parole les unes après les autres. Le murmure continu de ces femmes m'offrait un refuge provisoire. Silence du cœur. Entre veille et sommeil, je passai trois nuits oubliée dans la maison agitée. Les visiteurs ne cessaient d'arriver, et il fallait nourrir tout le monde. Perdue dans sa douleur, ma mère semblait loin de moi et de ma sœur. Sorti de son cercueil et recouvert d'un drap blanc, le corps était installé sur les tapis au milieu du salon. Les récitants des prières arrivèrent bientôt, et leurs mélopées m'envahirent. Longtemps les chants arabes, même d'amour, me renverraient à cette scène. Quand vint le moment de la levée du corps, je fus transformée en statue de sel. Ma mère dit : «Attention, giflez-la, jetez-lui de l'eau ! Elle va s'évanouir !» J'étais devenue blanche.

Mon père fut enterré le lendemain de notre arrivée à Alger. Le surlendemain, mon frère arriva de Saint-Paul-de-Vence, où il était en pension. Le proviseur, n'osant lui annoncer la mort de son père, lui avait dit que ses vacances de Noël étaient avancées à la demande de ses parents. J'allai le chercher à l'aéroport. C'est moi qui dus le lui dire. «Qui a fait ça ?» Tout le long du trajet, il garda la tête baissée. Il serrait les dents. On pouvait voir ses maxillaires : «Je le vengerai.» Quelques jours plus tard, une voiture vint le chercher pour l'emmener à l'usine. Deux cousins de notre père l'attendaient. Ils l'entraînèrent à l'écart : «Tu vas lire quelque chose et tu vas l'oublier. Tu ne dois en parler à personne.» Ils lui tendirent une lettre. Elle était écrite en français et portait plusieurs tampons. Elle était signée du colonel Amirouche, chef de la région militaire de la Kabylie, la willaya III. Il adressait ses condoléances à mon grand-père et affirmait qu'il n'était pour rien dans ce crime. Le coupable serait jugé et fusillé, promettait-il. Mon frère n'en parla à personne, mais il n'oublia jamais. Je crois qu'il serre encore les dents.

De retour à Saint-Paul-de-Vence, il trouva une lettre de notre père lui souhaitant un heureux anniversaire. Bon anniversaire, petit frère! Tu venais d'avoir treize ans.

LA PASSION POLITIQUE

(Le premier cercle)

La maison de Saint-Eugène

Soudain, je me mis à m'intéresser aux méduses et à Méduse, un monstre ambivalent, comme tous ceux qui ont traversé mon histoire. Elle tuait ses proies en les immobilisant par son pouvoir hypnotique. Seul Persée lui échappa. Il porta un coup, un seul, en fixant son regard sur le reflet inversé de la Gorgone renvoyé par le métal miroitant de son bouclier. Depuis lors, on dit que, renversée, la monstresse perd son pouvoir maléfique et devient bénéfique. J'ai mis très longtemps à renverser Méduse. Un long travail, seulement achevé par ce récit.

J'ai quitté Alger le Premier Mai 1979. Ce n'était pas le « grand voyage », juste un voyage qui a duré plus longtemps que prévu. J'avais décidé de prendre du recul avec l'Algérie, la grande affaire de ma vie, une histoire d'amour tenace, de plus en plus névrotique à mesure que les années passaient et que le pays prenait des airs que je ne voulais pas voir, que nous ne voulions pas voir. Nous? Tous ceux avec qui j'avais partagé tant d'heures à la Cinémathèque, au café Le Novelty, sur la place Émir Abd el-Kader, dans les restaurants de la rue de Tanger. Chez Tahar, accoudés au comptoir exigu, pendant que le foyer de charbon de bois blanchissait lentement, nous parlions, du monde, de la révolution, de l'Algérie. Nous restions là, jusque tard dans l'après-midi, mêlant la fumée de nos cigarettes à l'odeur refroidie de la viande grillée, devant un rosé tiédi par nos passions. Chez Omar, les assiettes de ragoût de mouton baignaient dans une sauce claire comme une prière de mendiant. Elles étaient servies avec un pain entier par personne, pour calmer notre faim séculaire. Ici, nous tirions notre ivresse du Selecto, la boisson gazeuse nationale, écœurante de sucre. Souvent, des femmes voilées, voyageuses, provinciales ou venues des banlieues d'Alger, s'attablaient dans la salle du premier étage où nous nous retrouvions. Elles étaient en *haïk* blanc, le visage dissimulé par une voilette qu'elles soulevaient pour avaler goulûment, à même la main, des bouchées de viande et de pain abondamment saucées; certaines avec des mimiques d'élégantes, conscientes d'occuper tous les regards.

Ces scènes bon enfant d'un temps où le voile n'était pas un manifeste politique me renvoyaient les images familières de ma grand-mère Imma N'Fissa, la mère de mon père, sortant l'après-midi de la villa mauresque de Saint-Eugène, le quartier de prédilection des familles algéroises d'ascendance turque. Elles venaient de la mer, vivaient face à la mer et se mariaient presque exclusivement entre elles. Ce quartier aux demeures patriciennes offrait au regard de somptueuses façades dressées sur une corniche battue par les vagues. Les jardins étaient aussi exubérants qu'insoupçonnés. Les veillées se tenaient sous les tonnelles de jasmins prolifiques, dans la pénombre, pour échapper aux moustiques. Les portails n'étaient jamais fermés, et l'on passait sans cesse d'une maison à l'autre. Les mariages se concluaient dans les longues soirées d'été. Mais les adolescents grandirent, et il fut temps d'interrompre les jeux interdits.

Notre maison était une des plus grandes. Elle s'étalait de la rue haute jusqu'à la corniche. Elle possédait d'immenses terrasses, une multitude de chambres et quantité d'espaces inutiles, laissés à notre imagination. De partout on voyait la mer. « *El Dar* », « la maison », comme nous l'appelions pour bien indiquer la place qu'elle occupait dans la cosmogonie familiale, avait été achetée dans les années 1920 par mon arrière-grand-père, Ismaël Ben Raïs Ali, fils du capitaine Ali, perdu en mer au large de Cap-Matifou, derrière la baie d'Alger. Ce naufrage avait mis fin à la vie aventureuse des hommes de la famille. Ismaël tourna le dos à la mer et s'enfonça dans le pays profond. Il devint notre premier marchand. Il choisit la Kabylie, citadelle de la « Berbérie », et s'installa à Bougie, la ville portuaire à l'embouchure de la Soummam, à deux cent cinquante kilomètres à l'est d'Alger. Cette ville devint ainsi la ville natale de la plupart d'entre nous, jusqu'à l'assassinat de mon père. Fortune faite, le fils du capitaine Ali était revenu s'installer à Saint-Eugène au milieu des gens de sa corporation. Il laissait en Kabylie deux de ses fils, dont mon grand-père, en charge des entrepôts et des magasins qu'il avait implantés et qui s'étaient très vite agrandis et multipliés grâce à son talent et au travail de ses fils. Mon grand-père Ahmed, comme son père, quitta un jour Bougie pour s'installer à son tour dans la maison de Saint-Eugène, dont il hérita, laissant derrière lui deux de ses fils, mon père et mon oncle Chérif, en charge des entrepôts et des magasins, qui s'étaient encore agrandis et multipliés.

Nous nous retrouvions tous à Saint-Eugène à l'occasion des mariages, des circoncisions, des décès qui scandaient la vie familiale. Nous étions une bande de cousins, presque tous du même âge, filles et garçons, mêlés dans de grandes chambres-dortoirs. Mon frère, ma sœur et moi venions de la ferme, à onze kilomètres de Bougie. Nous faisions le trajet habituellement de nuit, dans une Citroën noire — toutes les voitures de mon père étaient de la même marque et de la même couleur. Tous les deux ans, le garage Séguin lui livrait le dernier modèle, jusqu'à la DS, commandée et jamais livrée. La mort l'avait rejoint avant l'arrivée de la voiture aérodynamique. Le trajet Bougie-Alger semblait interminable, et il l'était. Les voitures roulaient à 60 km/h au maximum. Les cousins, eux, venaient de Constantine, la ville citadelle, et du Ruisseau d'or, une autre ferme qui se trouvait à l'orée de Bône.

Après le déjeuner et le départ des hommes, les femmes disparaissaient à l'étage pour se préparer. Elles allaient « en visite ». Les chambres à coucher donnaient sur une galerie ouverte surplombant le patio rectangulaire aux murs couverts de stuc et de faïence. Les piliers qui l'entouraient, les embrasures des portes, comme la forme des fenêtres, soulignaient le style néomauresque qui était celui de tout le quartier, construit au début du XXᵉ siècle. Les meubles de série européens du salon et de la salle à manger étaient aussi tristes que ceux des chambres. Dans ces dernières, les flacons de parfum en cristal taillé encombrant les coiffeuses et les belles étoffes des vêtements apportaient une touche de raffinement. Dans le salon principal étaient accrochés deux tableaux aux cadres ovales en palissandre, ornés de ferrures. Peints à l'huile par un petit maître sans talent, ils représentaient l'aïeul Ismaël coiffé d'un turban jaune paille, les traits fins et la mine sévère, et sa femme, mon arrière-grand-mère, guère plus souriante, les cheveux rouges de henné et les yeux d'un bleu délavé. La bourgeoisie algérienne se coulait maladroitement dans les modes du colonisateur.

Notre petite bande attendait dans le patio le départ des femmes. Là-haut, les préparatifs traînaient en longueur, le temps des visites était bref, et nous avions tant à faire. Quand les portes s'ouvraient enfin, les talons aiguilles martelaient les dalles de marbre de l'escalier de sons secs et aigus.

Nos mères et notre grand-mère descendaient, les plus jeunes en tailleur à la mode, Imma N'Fissa en sarouel, le front ceint d'un foulard pastel, noué et ramené sur l'épaule. Elle était toujours accompagnée de femmes de son âge, habillées comme elle. Notre grand-mère ottomane et ses compagnes s'approchaient de la commode syrienne, se libéraient de leur réticule et prenaient leur voile, impeccablement repassé, posé là par les bonnes. Elles ouvraient devant elles la pièce de tissu légèrement transparente, achetée à Tunis, au souk de la Soie, puis, suivant une chorégraphie bien réglée, posaient le voile sur leur tête et leur épaule, s'enveloppaient les hanches, et, d'un geste rapide et précis du poignet, fixaient le pan de tissu restant à la ceinture du sarouel. S'aidant de leurs deux mains, elles le drapaient avec précision sous le menton, libérant leur visage, qu'elles recouvraient à l'instant du départ d'une voilette légère en linon blanc transparent, nouée sur la nuque, soulignant le regard. Nous les observions, étranges et familières, cachant notre impatience sous des sourires d'enfants. Il restait encore à ma grand-mère à organiser le dîner. Elle donnait aux cuisinières les dernières recommandations et à la plus ancienne la clé de la chambre aux provisions. Ce n'était pas une mince affaire. Nous étions souvent jusqu'à vingt-cinq adultes et enfants, sans compter les domestiques. Midi et soir, nous nous réunissions pour de longs et abondants repas. La force allégorique de ces tablées a traversé le temps, constante de mon histoire familiale, scandée de cérémonies célébrant les nourritures prises en commun. Pas moins de trois générations de gourmands n'ont cessé de décrire les plats de Saint-Eugène et d'épiloguer sur les recettes, qui s'estompent au fil du temps. De vives batailles se déroulent encore aujourd'hui autour de telle ou telle manière d'accommoder les plats, et c'est le plus déterminé qui l'emporte, laissant les autres dans le doute et la création. Ma mère était la plus ferme sur le chapitre des traditions culinaires familiales, et de toutes les autres d'ailleurs : « Maman ne mettait pas d'oignon dans le kebab. » C'était Imma N'Fissa qu'elle appelait « maman ». Avec mon père, elle avait trouvé une famille qu'elle aimait farouchement.

Moi non plus, je ne mets pas d'oignons dans le kebab, un rôti d'agneau caramélisé dans une sauce citronnée à la cannelle. Je l'ai fait sous tous les cieux, manière à moi de parler de mon pays : « Non ! Rien à voir avec le chiche-kebab, vous allez en redemander ! » Je suis toujours sûre de l'effet du kebab de ma grand-mère sur mes amis de Paris, Cadix, Rome, Tunis, New York, Porto Raphael, en Sardaigne, la Grange en Bourgogne, dans le Lot, et même d'Argentine, chez les mangeurs de bœuf. En dressant de grandes tables aux quatre coins du monde avec ces amis nombreux, je retrouve chaque fois la maison de Saint-Eugène, où je n'irai plus jamais, sauf une fois en voyeuse inquiète.

La quiétude et la prospérité nous étaient promises. Chacun de nos gestes le disait. Aucune ombre de scepticisme n'assombrissait nos fronts. N'étions-nous pas une grande famille, vivant sous de «vastes portiques», sûre d'elle et de ses valeurs? La Seconde Guerre mondiale avait hissé très haut sa fortune provinciale. Alors que les liaisons maritimes avec la France étaient suspendues à cause des bombardements, les compagnies n'assurant plus ni les bateaux, ni les marchandises, les marchands de Bougie comme leurs ancêtres aventureux affrontaient les dangers et pariaient avec le destin. Ils étaient presque les seuls à expédier des marchandises à Marseille dans des bateaux qu'ils affrétaient. Chaque voyage lançait toute leur fortune sur la mer. Aucun des bateaux n'a été coulé : la baraka! Toutes branches confondues, les fils d'Ismaël sont devenus les pourvoyeurs, en huile, figues, caroubes et savon, des armées alliées, américaines et anglaises, stationnées en Algérie. La concurrence était tenue à distance par un pacte familial qui soudait l'armada d'oncles et de cousins quadrillant le pays et au-delà, jusqu'en Tunisie. Les bénéfices étaient énormes et portaient plus haut la renommée des enfants et petits-enfants d'Ismaël. Rien ne semblait pouvoir arrêter cette ascension ; la maison de l'aïeul portait cette certitude. Mon grand-père l'avait reçue avec les murs, ses fils après lui, et nous après eux. Nous étions éduqués pour ça.

Tous les fils étaient là, silencieux et protecteurs. Ils étaient minces, vêtus de toile de Chine, de chemises blanches. Ils avaient tous les mains fines et nerveuses, le nez droit. Ces signes distinctifs, on les retrouvait aussi chez les femmes et les enfants. Les hommes avaient le teint hâlé par les tournées dans les villages de montagne avoisinant Bougie, où ils prenaient d'assaut les productions des terres maigres, escarpées et blanches de soleil. Nous vivions au rythme des récoltes et des campagnes — de figues, d'huile, de caroubes, de câpres —, des achats de terre et des voyages d'affaires, mais aussi des procès commerciaux. Je suis née à la saison des figues ; ma sœur et mon frère ont vu le jour pendant les procès... de je ne sais plus quoi. L'accroissement du patrimoine déterminait la vie de chacun des fils d'Ismaël, et après eux des petits-fils, soumis au même régime. Le père, chef incontesté, affectait les fils à une ferme ou à une entreprise, un peu comme des militaires en campagne, selon une stratégie de conquête. Leurs désirs, et encore moins ceux de leurs femmes, n'entraient jamais en ligne de compte. Combien de jeunes épousées se sont morfondues dans des provinces austères, loin de la vie douce et animée des maisons de Saint-Eugène. C'est ainsi que mon père naquit à Sidi Aïch, un petit village perdu au bord de la Soummam, où mon arrière-grand-père avait implanté, en 1886, une raffinerie d'huile mécanique, dite pompeusement « usine moderne ». Le père de mon père et toute sa maison y vécurent plusieurs années.

À Saint-Eugène, quand nous étions réunis à table, les frères égrenaient les noms étranges des villages de Kabylie et des familles qui les y accueillaient. Chacune des petites bouteilles d'huile aux étiquettes violettes disposées sur la table renfermait un échantillon qu'ils goûtaient et commentaient. Ils semblaient habités par les lieux, les gens et les fruits des montagnes berbères, mais ils portaient aussi l'air du grand large et la peau tannée de leur ancêtre marin. Été comme hiver, ils pratiquaient la pêche en haute mer dans de grands bateaux conçus par eux. C'était le seul luxe de ces hommes durs à la tâche. Ils avaient encore dans les yeux des éclats de l'aventure des raïs de la Régence, qui transperçaient la gangue de marchand qui les enrobait et que la vague du temps gardait en son creux et menait jusqu'à moi. Maintenant que toutes les richesses ont disparu, c'est avec ce reste de rêve et ce goût d'aventure que je tisse ma filiation. Les femmes, elles, avaient la peau blanche. Elles vivaient dans l'ombre des persiennes closes. Sauf ma mère, qui vouait une adoration au soleil et avait la peau cuivrée en toute saison.

À l'approche du départ, nos jeunes, si jeunes mères descendaient des chambres, parfumées et maquillées. Chacune en aparté regroupait ses petits, que la vie clanique sous l'autorité du chef de maison, mon grand-père Ahmed, avait temporairement émancipés. Impuissantes, elles nous embrassaient : « Soyez raisonnables ! » Nous tournions autour d'elles, déjà programmés. Ma grand-mère et ses compagnes nouaient sur la nuque leur voilette et dissimulaient leur visage, dernière étape du voilement des femmes. Les silhouettes blanches passaient la porte avec des parfums et des bruissements légers. Les jeunes femmes en tailleur suivaient, les jambes gainées de soie, les cheveux au vent. De l'ombre du patio au portail de la rue haute où attendaient les voitures, il fallait monter les marches du

petit jardin étagé et ombragé, assez touffu pour
abriter nos cachettes. Au-delà du portail en fer, la
lumière crue et le bruit de la ville emportaient les
corps et les visages dérobés. Après cette frontière,
les dames voilées ne nous appartenaient plus. Les
moteurs tournaient ; le lourd portail de fer pivotait
sur ses gonds et se refermait avec autant de bruit.
Les portières claquaient enfin, et les voitures démar-
raient. Nous pouvions tranquillement commencer
nos jeux.

Les images refoulées par l'indifférence de tant
d'années sourdent malgré les obstacles. Se frayant
jusqu'à moi un chemin entre tant d'événements, la
maison de Saint-Eugène s'anime furtivement dans
un langage inconnu et me pénètre ; jusqu'à la fra-
grance des jasmins de la tonnelle, mêlée à celle du
m'sk lil, le musc de la nuit, qui, dès les premières
lueurs vespérales, répandait une odeur douceâtre
et entêtante, et dont le seul nom était promesse de
plaisir ; jusqu'aux images grisées de la terrasse dans
la pénombre et des silhouettes en ombre chinoise
des hommes assis face à la mer, attendant le dîner.
Les volutes blanches de la fumée des cigarettes disparaissaient lentement. Tout me revient. Le brou-
haha de la fête pour la circoncision des garçons,
qui dura plusieurs jours, le jardin plein de monde,
la musique, les danseuses. Quand le médecin sacri-
ficateur (le cousin Smaïl) arriva, mes tantes et ma
grand-mère entourèrent ma mère, l'Européenne,
s'inquiétant qu'elle n'endure pas cette coutume.
Elles se trompaient : c'étaient les petites filles, les
sœurs et les cousines, qui ne supportaient pas de

regarder les garçons rois objets de tant d'hommages. En haut, dans leur chambre, mon frère et ses cousins recevaient au lit, revêtus d'une gandoura de soie grège, qu'ils devaient porter jusqu'à ce que leur plaie se referme. Ils souffraient, mais les corbeilles posées au pied de leur lit, remplies de billets déposés par les invités, les consolaient et nous rendaient jalouses. Pour nous, pas de fête, pas de musique, pas d'argent. Notre âme, comme celle des petits chats, ne méritait pas de cérémonie. Nous étions musulmanes, et sommées de le rester. Il paraît que cette alliance avec Dieu traumatise à vie les garçons. Ils n'en parlent pas beaucoup, comme pour protéger une tradition qui leur donne tant d'avantages.

Il y a aussi le bruit des vagues qui se cassent sur les rochers de la corniche, de l'autre côté de la rue, et la fébrilité des jours de grandes manœuvres, dans l'immense cuisine. On préparait les réserves de pâtes, de viandes séchées, de gâteaux aux amandes. Toutes ces merveilles étaient engrangées dans la chambre aux provisions. Ma grand-mère en gardait la clé en permanence dans sa poitrine, du moins l'imaginais-je en voyant le geste furtif qu'elle faisait dans l'instant précédant l'ouverture, quand s'échappaient de l'antre les odeurs mêlées de céréales, d'huile et d'amandes, et une bonne dose de mystère liée aux nourritures terrestres que l'usage du réfrigérateur et les rayons des supermarchés ont jetée aux oubliettes.

La cuisine résonnait de paroles, de rires et parfois de chansons. Autour de ma grand-mère, il y

avait toujours beaucoup de femmes, voisines, cousines éloignées, assistées, veuves ou vieilles filles au
statut flou, mi-servantes, mi-parentes. Le travail se
faisait sur des *meïdas*. Les femmes étaient assises
autour en tailleur, à même le sol, dans des postures d'idoles domestiques. Les enfants qui s'aven-
turaient dans le saint des saints étaient chassés par
les cris suraigus des femmes. Les hommes, eux,
pénétraient facilement dans l'antre des prêtresses
dionysiaques. Ils soulevaient les couvercles et goûtaient les plats savants portés jusqu'ici par les Turcs
et leurs cuisiniers arméniens ou par les *moriscos* de
légende, ces Andalous musulmans qui avaient été
contraints à renier leur foi et à se convertir au
christianisme mais n'avaient pu oublier ce qu'ils
étaient. Nos tables mêlaient les histoires et les
goûts de la Méditerranée, de la Byzance raffinée, à
ceux abrupts et corsés de la Berbérie kabyle, en
passant par les plats safranés d'*Al-Andalous*.

Je pouvais rester des heures dans les fumets des
viandes, les vapeurs de miel chaud, le cliquetis des
bracelets d'argent secoués par le geste circulaire
des rouleuses de couscous. Le bruit des pilons de
cuivre sonne encore à mes oreilles. Ma grand-mère
m'observait avec amour, j'étais la fille aînée du fils
aîné. Elle prophétisait pour moi un grand destin
de femme d'intérieur. Je prenais mes premières
leçons, et rien n'échappait à la petite fille longiligne, vêtue de vichy rose et affublée de rubans de
soie dans les cheveux. J'y apprenais plus que l'art
d'accommoder les plats. La faim des hommes
venus du dehors, le regard des femmes sur eux,

tout se jouait là. Cette scène primitive m'aiderait à comprendre plus tard les apories auxquelles se heurtent les luttes féministes. J'apprenais aussi l'art des provisions — dans chacune de mes maisons il y a des pâtes, de l'huile d'olive, des poivrons et des tomates séchés, de la viande confite. C'est là qu'a commencé ce qu'il faut bien appeler ma culture de femme musulmane, même si j'ai toujours tenu à distance ce qualificatif, jusqu'à le refuser pour ce qu'il représente aujourd'hui. C'est là que j'ai compris le pouvoir jaloux des femmes sur les hommes, aussi grand que leur capacité de donner et leur infinie patience. Le don des femmes jusqu'à l'oubli de soi, jusqu'à l'étouffement des hommes.

Miracle des mots écrits : l'un tire l'autre, et, si je prends le temps, c'est toute la maison qui revit, toujours plantée sur la corniche de Saint-Eugène. C'est par là que je passe chaque fois que je vais au cimetière des Bains-Romains. Elle se dresse silencieuse ; je ne l'interroge pas, mais je ne manque jamais de lui jeter un regard pour mesurer mon dépouillement. Dépouillée de tout, jusqu'aux noms de mes territoires. Bougie et Bône n'existent plus, devenus Bejaia et Annaba. Saint-Eugène dorénavant s'appelle Bologhine.

La « deuxième phase » de la révolution agraire

Je tenais la maison de Saint-Eugène au secret, comme le reste de mon histoire. Ceux qui m'entouraient ne savaient pas grand-chose de moi. Ils retenaient des tambours de la révolution que j'appartenais à une espèce en voie de disparition, la bourgeoisie nationale, l'ennemie du peuple. Ils m'avaient adoptée, marquant une distance, ténue mais bien présente. Moqueur et tendre, un des nôtres m'appelait « la Comtesse rouge », au risque de contrefaire l'histoire de ce pays sans mémoire et de m'agacer, moi qui revendiquais d'être la descendante d'un forban et de pionniers sans blason. Et puis, le temps n'était pas à la nostalgie ; le pays se faisait d'heure en heure, à grande vitesse, et j'étais dans ce train-là.

Dès les premiers jours de l'indépendance, je me livrai sans restriction au fleuve qui emportait tout un peuple. J'étais passionnée par la naissance de mon pays. La construction d'un pays était une aventure suffisamment concrète pour emporter les incertitudes de la cérébrale et rêveuse que j'étais, un cadeau du ciel que je n'allais pas refuser. Le 5 juillet 1962, l'Indépendance ! Moments de pure jubilation, de plaisir sans nuages. Je rejetai tous les esprits chagrins et ceux qui, dès les premiers instants, s'étaient sentis trahis : « Je ne me suis pas battu pour ça ! » La maison de Saint-Eugène s'effaçait, les ancêtres avec elle. Celle que j'avais été disparaissait dans le présent joyeux des commencements.

J'avais l'assurance de ceux qui ont enfin un destin. J'avais perdu des oncles et des cousins ? Je trouvais des centaines, des milliers de frères et de sœurs. Un sentiment d'empathie profond me gui-

dait. Je vivais pleinement à travers un « nous » collectif qui englobait aussi bien ceux avec qui je
partageais des idées, des rêves, que ceux que je ne
connaissais pas, dont je ne pouvais même pas imaginer les manières de vivre au quotidien, les coutumes conservées pieusement, les mœurs profondes
des montagnes, du Sud, des plateaux, un « nous »
qui embrassait l'immensité de mon pays patchwork.
Nous étions tous des frères. Jusqu'à aujourd'hui,
je n'arrive pas à faire la part des choses. Étais-je
emportée par un désir farouche de faire du neuf ?
Toute cette passion avait-elle été une simple et
banale crise d'adolescence tardive à laquelle l'histoire donnait la chance formidable de durer ? Non.
J'avais vingt ans, et je professais que l'on ne peut pas
trouver la liberté tout seul, toute seule. Aujourd'hui
encore, je le pense.

   L'histoire m'offrait une chance formidable, une
passion politique. Dix ans plus tard, malgré quelques
accrocs, c'était toujours cette passion qui me tenait
et que je partageais avec ceux qui hantaient la
Cinémathèque d'Alger, le dernier bastion du rêve,
une poignée de jeunes gens. C'étaient les années
1970, celles de la bande à Baader, de Lotta continua. Au Pérou, le Sentier lumineux, à Paris, la saison des fruits de Mai 1968. Les années de toutes les
audaces. La planète tournait vite, et *nous* avec elle.
Nos familles, nos amours, nos maisons tenaient
peu de place. Nous vivions notre histoire dans les
allées désertes de la salle mi-obscure de la Cinémathèque, dans les cafés, les gargotes ; *en extérieur*,
avec Alger dans le rôle principal. La ville était

gagnée par des mœurs campagnardes, incontour-
nables à la tombée du jour. Aussi mettions-nous un
point d'honneur à sauver ce qui pouvait être sauvé
de son âme citadine. Les commerces aux vitrines
grossières envahissaient la capitale, jusque dans la
rue principale, la rue Didouche, renvoyant bien
loin nos souvenirs de l'ancienne rue Michelet, l'ar-
tère principale de l'Alger coloniale, «le petit
Paris», comme aimaient l'appeler les pieds-noirs.
Envolées les lumières de la ville. Dans les replis de
ses rues, Alger libérée prenait des airs de gros
bourg. Aux mœurs paysannes s'ajoutait l'austérité
socialiste. Jaillissant des trouées qui s'ouvraient au
détour d'un boulevard, au bout d'une rue étroite
et sombre, s'allumait sur la mer, dès la tombée du
jour, une orgie de lumière venant d'on ne sait où.
De nos rêves sans doute. La nuit nous trouvait
seuls à la sortie d'un film, d'un restaurant. Je prenais souvent à témoin mes compagnons : «Nous
sommes seuls contre toute une ville qui dort, ça
donne le vertige!» À la fermeture des commerces,
les rideaux de fer étaient baissés comme dans les
villages. Dès la tombée de la nuit, les rues se
vidaient, la ville entrait dans une grande solitude
et nous avec. Pour accompagner nos déambula-
tions résistantes sous les réverbères d'une ville
éclairée pour rien, il n'y avait que les crissements
de quelques voitures ivres d'être seules sur le macadam, les cris des chats faméliques qui crevaient la
nuit comme des pleurs d'enfants, le bruit des poubelles renversées. Les nouveaux occupants de la
Ville Blanche tournaient le dos à la civilisation

électrique. La sale guerre était finie ; ils pouvaient dormir enfin. Personne ne frapperait à leur porte, la nuit, pour les emmener les yeux bandés dans un camion bâché, sans leur donner le temps de regarder derrière eux. Fini. C'était pour oublier la peur que la ville dormait maintenant. Et pour longtemps. Les rues se peuplaient d'ombres, de fantômes, de marlous. Et de nous.

Pour nous, c'était le temps de la révolution agraire et de la «campagne pour la deuxième phase», le pic de l'utopie collective. Nous vivions un printemps démesuré, un long printemps. Elle a duré longtemps, notre jeunesse. L'euphorie des premières années était relancée. Tout ce qui n'avait pas été fait se ferait, tout ce qui n'était pas advenu adviendrait, toutes les promesses de la révolution algérienne seraient réalisées. Pour la «campagne», le pouvoir recruta à gauche, décréta la mobilisation de tous et injecta un peu d'argent et des flots de rhétorique. Il en fallait : la deuxième phase n'était pas aussi évidente que la première.

La «première phase», la nationalisation des terres des Français, avait été facile ; ces terres avaient été arrachées aux ancêtres, c'était justice. La récupération se fit dès les premiers jours de l'indépendance, les exploitations agricoles ayant été abandonnées par les colons. Le président Ben Bella sauta sur l'occasion pour en faire une doctrine, et des paysans les héros de la révolution. Frantz Fanon fut accaparé, taillé sur mesure : «Les paysans ont libéré l'Algérie.» Les autres héros étaient sommés de se retirer de la photo de famille. Les révolutions agraires fleurissaient sur tous les continents, sous toutes les formes, soviétique, cubaine, yougoslave, avec leurs coopératives autogérées. C'était cette dernière qui avait la préférence du bureau d'études du ministère de l'Agriculture, où, à la fin de mes études de droit, je fis un passage éclair dans le Landerneau de l'administration socialiste algérienne, où il était difficile de reconnaître le socialisme comme l'Algérie. Le bureau d'études abritait de fervents partisans de «la terre aux paysans», des Algériens, mais aussi des Français, appelés, non sans sarcasme, pieds-rouges. J'étais licenciée depuis quelques semaines. Mon premier travail de juriste : les coopératives agricoles autogérées.

Les colons avaient quitté leurs terres, abandonnant tout, pris de panique comme tous les autres Français. L'Algérie s'était vidée des Français en quelques semaines. Dès l'annonce du cessez-le-feu, en mars 1962, le pays était devenu le théâtre de scènes de rage impuissante. Le ressentiment avait chassé la peine hors des cœurs des «petits blancs» et rempli les têtes de désirs de mort. Les derniers mois de l'Algérie française avaient porté au paroxysme la haine de l'Arabe. La terreur et la peur montaient en puissance sans que rien ne pût les arrêter. Nos camarades de classe s'armaient. Les cafetiers en tricot de peau avaient pris la tête de l'insurrection et de la croisade anti-indigènes. M. Ortiz, le patron de la cafétéria de la place d'El Biar, où j'allais en sortant du lycée, était en bonne place : «Ils vont nous jeter à la mer, nous n'avons

rien à perdre!» Un jeu de massacre à thèmes fut
imaginé par les pieds-noirs : chaque jour, on choi-
sissait une cible, aujourd'hui les balayeurs, la veille
les femmes de ménage, l'avant-veille les marchands
de journaux. Des exécutions en pleine ville. Les
crimes étaient perpétrés au petit matin, à la levée
du couvre-feu. En allant à la fac le matin, sur les
trottoirs de la rue Michelet, le cœur de la forte-
resse «Algérie française», je trouvais, allongés tous
les cent mètres, des cadavres au corps encore mou,
chrétiennement recouverts de journaux. Les victimes furent exécutées devant les passants, qui ne
disaient rien, par peur ou acquiescement. De l'am-
phi, j'entendais le bruit sec des coups de feu tirés à
bout portant. Les cours continuaient. À la mort
des uns répondait la mort des autres. Arabes et
Français tombaient en alternance. C'était le temps
où un regard appuyé vous collait la mort aux
trousses. On tuait à la tête ; une tête d'Arabe, une
tête de Français. Les blonds, les bruns, on ne
demandait pas les papiers d'identité. On tirait à
vue. Mon printemps 62 fut un printemps noir.
Beau cadeau de la vie, j'avais vingt ans ; le sang
dégoulinait de partout. La nuit aussi se peuplait
d'assassins. Les femmes, alors, entraient en scène.
Des appels au secours s'élevaient en aveugle. Aux
concerts de casseroles des partisanes de l'OAS
scandant «Al-gé-rie-fran-çaise» répondaient les
youyous qui montaient des quartiers arabes plongés dans l'obscurité totale. Les réverbères éteints
étaient le signe annonciateur des bourreaux. Des
hommes en cagoule enlevaient ceux qui avaient

été désignés pour mourir comme des chiens. La ville en douleur poussait des cris de femmes impuissantes.

Dès la signature des accords d'Évian, en mars 1962, l'exode des petits blancs commença. Les bateaux, les avions étaient pris d'assaut. Une fuite folle rendue nécessaire par les crimes de l'OAS. L'image du fellaga égorgeur était dans toutes les têtes. « La valise ou le cercueil ! » Une folie cathartique s'emparait du pays, elle exultait par le feu et la destruction. Tout y passait. Des hommes, des femmes et des enfants innocents entraînés par le spectacle jubilatoire précipitaient de leurs fenêtres réfrigérateurs, télévisions, lampadaires, vaisselle, vases : « C'est toujours ça qu'ils n'auront pas ! » Et les tracteurs, et les semences. L'aéroport fut pris d'assaut. Les voitures se poussaient les unes les autres sur la route Moutonnière. Sur le bas-côté brûlaient les carcasses de celles qui avaient été abandonnées. Toujours ça qu'ils n'auraient pas ! L'aéroport était jonché de valises, de sacs grossièrement ficelés. Désemparés et gris, les gens étaient assis à même le sol. Des enfants au biberon vide braillaient. Il y avait aussi les vieillards silencieux, l'œil sec, errant dans leur pays perdu, des femmes éplorées et échevelées, des hommes silencieux et vaincus. Une mère appelait son enfant avec un accent de comédie. Pataouète pleurait. Le soleil plombait les toits métalliques. Les corps sentaient la peur et la sueur. Une balle multicolore alla rebondir sur la crête de l'amoncellement de ballots, de valises, de caisses ; le destin faisait un pied de nez au chagrin des hommes. Une scène que l'histoire seule sait faire. Les appartements des quartiers européens laissés vides seraient occupés par les Algériens libérés, les terres abandonnées organisées en comités d'autogestion et confiées aux ouvriers. Ben Bella lança la «première phase de la révolution agraire», qui se déroula dans l'euphorie générale, et le silence des absents.

La «deuxième phase de la révolution agraire» décrétée le 17 juin 1972 ne fut pas aussi simple. Le colonel Boumediene, qui avait arraché le pouvoir à Ben Bella le 19 juin 1965, voulait l'offrir au peuple algérien, une gratification pour la première décennie de son règne. Il s'agissait cette fois d'exproprier des Algériens, tous les propriétaires algériens, gros et petits, ainsi que ceux qui étaient revenus des maquis ou de l'exil. C'était une justice qu'il fallait expliquer. La télévision nationale nous abreuva de documentaires sur la pauvreté des frères paysans. Une campagne vigoureuse fut lancée, «la campagne nationale pour la deuxième phase de la révolution agraire». Elle s'étendit à tout le pays. Certains propriétaires, hauts fonctionnaires, donnèrent même quelques arpents de terre. Fidel Castro, lors d'un meeting à Alger, s'extasia sur l'exceptionnelle fraternité algérienne : des propriétaires terriens qui donnaient d'eux-mêmes des terres à la révolution agraire, le *Líder máximo* n'avait jamais vu ça! Les discours politiques retrouvaient les accents des premiers jours. Le peuple algérien se levait de nouveau pour reconquérir la terre algérienne. Sur des Algériens, cette fois.

Autour de moi, de nombreux parents et amis se disaient «spoliés». Spoliés et profondément blessés. Pour ma famille, c'était un deuxième coup dur. Nous avions déjà fait les frais des mœurs du pouvoir. En 1963, dans les flonflons de l'indépendance, après avoir été vilipendé et hissé au rang d'ennemi du peuple par Ben Bella, un de mes grands-oncles avait été «nationalisé». Son usine d'oléagineux sur le port, le symbole de la notoriété de la famille, avait été confisquée après une longue mise à mort. Là, de nouveau nous étions touchés. En plus du commerce et de l'industrie, ma famille avait acquis plusieurs propriétés agricoles, rachetées à des colons, à partir des années 1930. «Nous libérons un morceau de l'Algérie!» disait-on devant les enfants ébahis. Certains d'entre nous y vivaient, mais nous n'étions pas vraiment des gens de la terre. Toutes les fermes de la famille furent visées par la collectivisation, à Tizi Ouzou, en Kabylie, à l'Arbaa, dans la plaine de la Mitidja, à Bône, le domaine du Ruisseau d'or, et, la plus importante pour moi, celle près de Bougie, à onze kilomètres, «la ferme du onzième», achetée en 1946. C'était là que nous vivions, mes parents, mon frère, ma sœur et moi, quand la guerre nous en chassa, en 1955. J'avais quatorze ans. Pensant quitter la ferme provisoirement, nous nous étions installés à Bougie dans un appartement qui surplombait le port et la porte Sarrasine. La ferme était une belle et prospère exploitation agricole. Elle formait un paysage colonial emblématique, avec ses vignes, son orangeraie, ses bâtiments de ferme aux toits de tuiles roses, ses cuves à vin, ses vaches normandes, aussi grasses que là-bas. Aujourd'hui encore, quand je me promène en Bourgogne, dans le Mâconnais, je pense à elle et à toutes les fermes environnantes, dont la plupart, comme la nôtre, avaient été implantées par des Lyonnais avec la détermination d'ignorer le pays où ils se trouvaient et de faire ici, au pied des montagnes kabyles, une petite France.

La ferme était au fond du golfe de Bougie, au pied des Bibans et des Babors, entre le cap Carbon, et le cap Sigly. Elle était bordée d'une longue plage de sable ininterrompue. À l'entrée, un énorme mimosa vous accueillait, et beaucoup de fleurs ; des massifs, des tonnelles, des haies, des allées de fleurs, des zinnias aux couleurs vives, des pois de senteur pastel, des oiseaux du paradis, des arums, des iris, des roses. Beaucoup de roses. Ma mère les faisait venir de Hollande. Elles étaient de toutes sortes, les anciennes modestes et odorantes et celles à pedigree. Un jardin potager pour l'usage de notre table, la ferme nous nourrissait de légumes, de viande, d'œufs et de lait. Le lait frais puait la vache. De grosses pellicules de crème restaient collées au palais, et nous nous pincions le nez pour avaler l'obligatoire verre de 4 heures.

« Qu'est-ce qu'il y a à manger, maman ? — Demande au cuisinier. » C'était un jour « légumes du jardin ». Mohand, le jardinier, pompeusement baptisé cuisinier, était le spécialiste des soupes trop cuites et trop longtemps réchauffées. La cuillère tenait droite dans les légumes moulinés. Bois ton lait, mange ta soupe ! Des enfants martyrs.

À l'écart des bâtiments de la ferme, surélevée, «La Maison», notre maison, dominait les terres et l'orangeraie qui déroulait sa géométrie parfaite jusqu'à la route. Elle était là pour l'éternité, celle qui est restée Ma Maison. C'est de l'avoir perdue que je cours après les maisons. Les multiplier, les posséder, les transformer, les habiter, souvent inachevées, les abandonner enfin, aucune ne ressemblant à «La Maison». Elle était couronnée d'une forêt de pins parasols aux troncs rouges, qui rougissaient encore plus dans la lumière de l'aprèsmidi, annonçant les cieux embrasés de la tombée du jour. Couverte de roses grimpantes sur le devant, elle dominait de larges massifs de roses, encore des roses. La Maison avait une fausse allure de château, comme l'appelaient les gens du coin. Elle avait été construite par un noblaillon lyonnais soucieux de son rang et portait la marque de réminiscences de la Louisiane avec ses colonnes de grès noir et sa corniche blanche. Faux château mais vrai paradis, elle étonnait déjà et avait tout pour devenir un objet de désir.

Des balcons de notre appartement de Bougie, tous les soirs, avant d'aller se coucher, mon père regardait pendant de longs moments, le temps d'une cigarette, la ferme, ou plus exactement, l'endroit où elle devait être tapie dans le noir, de l'autre côté de la baie. Il devait avoir quarante-six ans et était donc beaucoup plus jeune que moi aujourd'hui. Je réalise en écrivant combien il était silencieux et combien nous respections ce silence. C'est des balcons de Bougie que nous avons assisté

à l'incendie qui détruisit les étables en 1956. J'étais
fascinée par la scène. De l'autre côté de la baie
sombre et scintillante, dans laquelle elles se reflé-
taient, s'élevaient des flammes dans un ciel aussi
sombre que l'eau. Si loin, si près. J'avais peur, et
j'aurais voulu que ça dure : «C'est la ferme!»
Effroi délicieux. La solennité du moment me rapprochait de ce père trop occupé, distant par tem-
pérament. Il avait mis sa main sur ma tête. Pour
me protéger? se rassurer? Je ne bougeais pas, lui
non plus. Sentait-il que les coups de la guerre se
rapprochaient? L'aurait-il pensé? Se serait-il résolu
à l'exil comme presque tous les siens? Le pensa-
t-il, et resta-t-il jusqu'au dénouement parce qu'il
croyait en sa bonne étoile, ou encore parce qu'il
ne pouvait s'imaginer vivre ailleurs, même provisoirement? Les militaires dirent que c'étaient les
terroristes, comme ils appelaient les combattants
algériens, qui avaient mis le feu. Les militaires
français occupaient la ferme et La Maison depuis
notre départ. La même explication fut donnée
quelques mois plus tard quand une grande partie
des orangers furent coupés à la scie électrique. En
une si grande quantité qu'il était impossible
d'avoir pu le faire à la barbe des militaires... Personne n'était dupe, mais chacun était tenu par son
rôle. Mon père plus que les autres. La comédie
culminait pendant les constats des experts des
assurances, en présence de l'officier français occupant les lieux. L'assureur prenait note conscien-
cieusement des dires du militaire : «Dans la nuit,
les fellagas ont incendié, les étables...» Plus tard,

ils scièrent les milliers d'arbres : «Nous avons la consigne de ne prendre aucun risque pour les biens agricoles!» Personnalité en vue de la ville, mon père était ménagé par les autorités politiques et civiles, qui voulaient faire croire que la guerre était menée par les ventres creux et qu'il suffisait de quelques réformes économiques pour que tout rentre dans l'ordre. Les militaires et les services parallèles de sécurité ne l'entendaient pas ainsi. Pour eux, nos fermes étaient des refuges, des caches pour blessés, des lieux de transbordement d'armes, et sans doute l'étaient-elles, comme tous les lieux appartenant à des Algériens. Pour donner le change, nous avons suivi le mouvement des propriétaires terriens à l'entour, tous Français, et nous nous étions installés en ville. Les militaires n'étaient pas dupes. Ils étaient engagés dans une sale guerre, et mon père était dans le camp des ennemis, comme tous les Arabes. Des fermes environnantes, la nôtre fut la seule à être sauvagement saccagée par l'occupation militaire, ses cultures piétinées au grand jour par des bataillons de soldats français. Des camps de toile étaient installés sur la partie de la ferme qui longeait la mer. Des centaines de tentes. La ferme de Bône, le Ruisseau d'or, fut elle aussi détruite par les forces d'occupation. Placée en zone interdite, alors qu'elle était à l'orée de la ville, elle fut pilonnée et était devenue méconnaissable quand les militaires la quittèrent à la fin de la guerre. «Des nids à fellagas», pour reprendre l'expression consacrée par la presse et le langage politique de l'époque, manière de rabaisser les nationalistes à l'état animal, avec nids et terriers.

Des centaines, parfois mille soldats stationnaient sur la ferme. Ils étaient en attente de quelque expédition meurtrière, au pied des montagnes kabyles. La résistance contrôlait les villages, bâtis jusque sur les pics les plus inaccessibles, avec le vieux savoir des peuples livrés aux envahisseurs de tous les horizons, Romains, Vandales, Espagnols, Arabes, Turcs, Français. Une résistance séculaire et inexpugnable marquait de son sceau le génie du peuple des montagnes. Inexpugnable, sauf à le détruire totalement. Ce qui fut fait : les soldats qui occupaient la ferme étaient là pour ça.

Quelques années plus tard, en 1971, je me suis retrouvée, à l'occasion d'une aventure cocasse, au milieu de ces villages kabyles dévastés. Youssef M. et un ami étaient entrés dans mon bureau, rue des Frères Kheladi. J'étais avocate. «Tu dois nous aider à convaincre un cousin qui se cache dans la montagne de se rendre à la justice, me dit Youssef. — Qu'est-ce qu'il a fait? Qui est-ce? — Un officier. Il a tué sa sœur, et il se cache dans les montagnes. Il faut qu'il se rende à la justice militaire!»

J'étais ébahie. «Il a tué sa sœur!» Moi qui refusais systématiquement de défendre un violeur, je me voyais embarquée dans une histoire de crime d'honneur! Les deux hommes m'accordaient une confiance paralysante en m'introduisant au cœur d'un secret et d'un clan.

Youssef, son ami et l'assassin étaient du même village. La sœur vivait seule à Alger, et le frère vou-

lait qu'elle revienne au village. Il l'accusait de se
prostituer, ou de se conduire en prostituée ; c'était
tout comme. Comme elle refusait, il a sorti son
revolver et tiré sur elle, la blessant mortellement
devant toute la famille. Je demandais si la famille
était consentante, si c'était une exécution familiale : « Mais non ! » me dit le pauvre Youssef.

« Il faut le convaincre de se rendre. Il sera jugé
par un tribunal militaire et emprisonné par l'armée. Il ne s'en tirera pas comme ça, tu peux en
être sûre, il sera sévèrement puni. » J'étais loin
d'en être aussi sûre, et ça se voyait. Trente ans plus
tard, en 2005, chez moi à Paris, j'ai appris par
hasard la véritable histoire de la bouche du neveu
du fugitif, un cinéaste et collectionneur d'histoires
extraordinaires. Le frère avait en réalité déclaré
ses sœurs mortes pour capter l'héritage du père.
Quand elles sont venues réclamer leur part, il a
sorti son fusil, blessé la première et tué la seconde.
« Quelques années après avoir purgé une peine
très courte dans une prison militaire, me révéla le
cinéaste, mon oncle a été libéré. Peu de temps
après, il tuait un voisin, pour je ne sais plus quelle
raison. Il était revenu du maquis comme ça, il voulait tuer tout le monde. Ça lui semblait la seule
manière de résoudre ses problèmes. » Le jeune
cinéaste souriait en me regardant. Moi aussi je souriais. Nous étions en 2005, l'Algérie nous dépassait.

« Tu peux en être sûre », avaient dit mes deux
visiteurs afin de lever les résistances qu'ils lisaient
sur mon visage. « Comment va-t-on le rencontrer ?

demandai-je. — Il sait que nous arrivons demain, dans la voiture de Youssef. »

La Mercedes blanche avait été ramenée par Youssef de Berne, où il avait été en poste à l'ambassade d'Algérie en même temps que l'assassin. Elle tomba en panne en cours de route, et nous dûmes terminer le voyage dans une vieille Peugeot. Notre homme s'était envolé. Nous avons attendu en vain au milieu des ruines du village où nous avions rendez-vous, assis avec une vieille femme qui semblait vivre seule dans les décombres, vêtue de laines usées, sombre et maigre. Momifiée, et en même temps agile, elle disparaissait et surgissait sans cesse, s'immobilisant face à nous, nous regardant sans un mot. Avait-elle sa raison ? Nous avons grillé quelques côtelettes d'agneau sur un feu de bois, dans un décor panoramique de douars détruits. Les ruines se confondaient avec les pics des montagnes. Les bombardements étaient venus de la mer et de la terre. Les soldats étaient peut-être ceux qui avaient occupé la ferme, ceux qui avaient joué au volley dans notre verger, en contrebas de La Maison, et qui avaient dormi dans ma chambre. J'ai vu de près un des officiers qui ont occupé La Maison. C'était en 1958, peut-être l'été. Je me souviens qu'il faisait chaud. De l'année, je suis certaine. Mon père avait été tué en décembre 1957. Ma mère avait décidé de quitter Bougie à la fin de l'année scolaire et de s'installer à Alger, chez mon grand-père : « Je veux que mes enfants aient une éducation algérienne. »

Avant de partir pour Alger, elle dit qu'elle voulait vérifier que les meubles qui avaient été entreposés à la ferme depuis notre départ étaient bien protégés. Lors de notre déménagement de la ferme pour l'appartement de Bougie, nous avions laissé des meubles et de la vaisselle dans la salle de billard de La Maison. C'était une grande pièce du rez-de-chaussée, au sol de pierres brutes. Rarement ouverte, elle abritait une table de billard, un des plaisirs du petit comte lyonnais qui avait bâti La Maison. Quand nous habitions là, c'était un lieu négligé. Mon père, qui aimait aussi le billard, préférait jouer en ville, au café de la Plaine, avec ses amis. Avec la guerre, la salle de billard avait trouvé la destination qu'elle attendait depuis que la ferme était passée des mains du nobliau à celles d'un Arabe. Une cave y avait été creusée, et elle était devenue une cache d'armes pour une révolution. Du comte lyonnais au marchand de Bougie, chacun donna ses lettres de noblesse à l'endroit. Un jour, à l'occasion d'un déjeuner, mon père expliqua à ma mère que les militaires avaient découvert la cache et qu'ils l'avaient convoqué. Il leur avait dit qu'il y avait entreposé, et déplacé à leur arrivée, des bouteilles de vin d'une récolte de la ferme d'une année exceptionnelle. Il avait dit aussi que ces bouteilles particulières étaient réservées aux vingt ans de sa fille. Je n'ai jamais eu vingt ans à la ferme.

La maison était occupée déjà depuis au moins trois ans, et nous n'y étions jamais retournés. Je suivais ma mère, sans réaliser dans quel gouffre de pensées elle se trouvait. Je ne comprenais pas

qu'elle venait dire adieu au bonheur. À quinze
ans, on ne sait pas que le malheur n'a pas de
limites. À la place du verger et des plantations de
fleurs, il y avait un terrain de volley-ball. Devant la
maison et sur la façade, les roses avaient disparu.
Dans les plates-bandes qui longeaient les murs,
entre la double volée d'escaliers qui menaient à la
véranda, on avait planté des cactus, et un âne était
attaché au palmier, au départ de l'escalier. C'est
mon père qui avait fait planter ce jeune palmier
robuste à notre arrivée dans la ferme.

«Cela s'intègre mieux au paysage, non?» Le
colonel était content de lui. L'âne était à sa place,
moi plus du tout. J'avais l'impression d'être une
voleuse. Dans ma chambre, des photos de Brigitte
Bardot et de pin-up dévêtues apportaient des pous-
sières de rêve à l'ordonnance du colonel. Le militaire fut encore plus fier de nous montrer le
trophée accroché au mur du grand salon où il
avait installé son bureau et une table de réunion :
«Un drapeau gagné aux terroristes, Madame!» Un
immense étendard rouge et vert, si neuf qu'on
aurait pu croire qu'il venait d'être fait.

La seule chose que ma mère devait raconter plus
tard de cette visite, sur un ton léger, fut ce qu'elle
répondit au colonel devant l'oriflamme vert et
rouge : «Que c'est étrange de voir ce drapeau dans
cette maison!» Elle pensait sans doute à l'homme
qui lui avait confié ses rêves d'indépendance, de
liberté pour son pays, l'Algérie. À elle, la fille de
l'émigré espagnol fuyant son pays, à elle, arrachée
du village de son enfance à l'âge de quatre ans et

emmenée, avec sa mère, sans aucun projet raisonnable sur la terre d'Afrique, à elle, qui avait partagé ses rêves, mon père, qu'elle aimait encore et
encore, lui avait donné l'amour de ce pays. Elle
était émue de voir le drapeau algérien dans son
salon, dans leur maison. Avec ce que j'ai appris à
connaître d'elle, avec ce que je sais maintenant de
ce grand amour, je suis persuadée qu'elle lui parlait, lui décrivait le drapeau algérien dans leur
maison.

Je ne suis pas certaine que le colonel l'ait comprise, lui qui avait fait arracher les roses parce
qu'elles ne faisaient pas couleur locale. Il la voulait, sa guerre coloniale. Cette maison, cette ferme
n'étaient pas assez exotiques. Il mettait toute son
énergie de soldat d'arrière-front pour se fabriquer
un décor. On sentait cette énergie jusque dans la
danse incessante de la pointe de sa badine caressant ses bottes cirées. À quoi s'arrête la mémoire ?
Pourquoi dois-je me souvenir de cet homme et de
sa badine ? Qui peut le dire ?

Nous avons quitté la ferme en 1955, provisoirement pensions-nous. Sommes-nous partis la nuit ?
en hiver ? J'ai le vague souvenir de M. Colomba, le
gérant, posant une couverture sur nos genoux. Est-
ce que je ne dramatise pas ? La nuit ! L'hiver ! La
réalité nourrissait l'esprit romanesque de l'adolescente qui vivait entre les grandes terres et la mer,
au milieu de la guerre. Le départ de nuit pouvait
être un tout autre départ. Nous voyagions toujours
de nuit pour aller chez mes grands-parents, à
Saint-Eugène. Mais c'était avant la guerre. Pendant

la guerre, nous ne prenions plus aussi facilement la route, et surtout pas de nuit. C'était en avion que nous allions à Alger, des petits coucous à hélices, de quatre ou cinq places, qui volaient si bas qu'on avait l'impression qu'ils allaient de branche en branche, et parfois aussi par mer. Invités sur les cargos de la société Schiaffino, nous occupions alors la cabine de l'armateur. Nous étions familiers de ces grands navires. Nous organisions des courses d'un pont à l'autre sous l'œil bienveillant des marins, tout en prenant cérémonieusement nos repas à la table du commandant. Les bateaux longeaient la côte djidjellienne, parfois pour des voyages de jour. J'étais introduite dans un monde minéral d'une beauté sauvage sans limites, un monde que je rechercherais partout et que je devais finir par trouver en Corse, longtemps après. Lors de mon premier voyage dans l'île, j'ai téléphoné la nouvelle à mon frère, à ma sœur : «J'ai retrouvé l'Algérie de notre enfance, la mer, les montagnes qui s'y reflètent! C'est aussi beau que les Aiguades, l'île des Pisans, Boulimate, le cap Carbon. Il faut que vous veniez!» Depuis, j'ai là-bas un refuge, dans un des plus beaux villages de la Méditerranée, Bonifacio, qui surveille de ses murailles génoises, roses de lumière, le mince passage entre la pointe extrême de la France et la Sardaigne, un passage homérique. Comme Ulysse, j'y ai fait naufrage.

Avons-nous quitté la ferme la nuit? Avons-nous fui sous quelque menace secrète? Tout cela demeure sans réponse, les adultes de la scène du départ ne sont plus là pour témoigner. Ce départ de nuit, ou de jour, présenté comme provisoire, fut en tout cas définitif.

Après l'indépendance, nous sommes restés à Alger, et la ferme n'a plus été exploitée. La nationalisation des terres fut brandie comme un droit du peuple algérien dès que le pouvoir se mit en place, et ma famille l'attendait. La maison devint une sorte de maison secondaire où passait toute la famille. Et La Maison, qui avait été ma maison, me devint étrangère. Je l'effaçais de ma mémoire vive comme font les survivants d'un cataclysme. Est-ce parce que la perte de la maison et la mort de mon père étaient liées et que cette mort encombrait mon présent?

Aux longues années d'occupation militaire s'ajouta le semi-abandon dans lequel la maison était laissée du fait de la négligence des membres de la famille, frères et sœurs de mon père qui y passaient, pour des temps courts. Ainsi allait l'organisation tribale de la famille : mon père mort, la maison appartenait à tous. Ma mère n'y revint jamais. Nous qui avions été son âme, ses bruits, ses couleurs, étions installés définitivement à Alger. J'habitais désormais sur l'ancienne rue Michelet, dans un bel appartement haussmannien, au cœur de la révolution socialiste. Quand je passais quelques jours à la ferme, c'était en passante. L'allégresse des retrouvailles de la paix creusait encore plus grand le trou de chagrin laissé par l'assassinat de mon père. La véranda de la maison était devenue silencieuse, un silence têtu qui pointait sous les palabres des veillées autour de ceux qui revenaient d'exil. Ils avaient tant de choses à raconter qu'ils remarquaient à peine mon mutisme. Les rosiers avaient disparu depuis longtemps, mais à présent irrémédiablement, puisque je savais qu'ils ne seraient jamais replantés, ni par moi, ni par ma mère, ni par quiconque avait vécu là, dans le parfum de leurs fleurs. Les autres, même s'ils étaient mes oncles ou mes cousins, que savaient-ils de ce temps? Je sens bien aujourd'hui que je n'ai jamais accepté de voir la maison devenir la propriété de tous. Pour moi, ils étaient des intrus. Parfois, sur les graviers, je croyais entendre le bruit d'une Citroën noire, qui, pendant des années, avait annoncé l'heure de passer à table : «Les enfants, à table! Papa est arrivé.» Les lianes de l'hévéa centenaire, dont les racines tentaculaires soulèvent la terre autour du tronc dans un rayon de plusieurs dizaines de mètres, pendaient inutilement. Le vent poussait doucement une balançoire restée accrochée dans ma tête, comme une toile d'araignée. «Ma maison!» L'histoire coupait ma vie en deux : il y avait avant et après. Avant la fuite, avant la mort de mon père; après la guerre, après l'indépendance. Depuis lors, chaque fois que je m'y arrêtais, c'était en voyageuse. Je m'y installais sans états d'âme. Il n'y avait plus aucune trace du passé, et je n'en cherchais pas. J'avais de l'indifférence pour l'adolescente qui avait habité là. J'étais prise dans une autre histoire. La révolution ne partageait pas ses fiancées.

La nationalisation de la ferme, en 1972, ne surprit personne. La nationalisation des terres des Algériens était annoncée depuis de nombreuses années dans les meetings, les journaux, les déclarations politiques, les congrès des syndicats d'étudiants. Je pourrais dire que je l'avais « su » avant tout le monde, avant même que le monde entier sache que nous étions socialistes. C'était un jour de juillet 1962. Nous étions réunis à la ferme pour accueillir de retour d'exil, de Tunis à Alger, les amis, les amis des amis, les compagnons de lutte, les colonels et autres chefs de guerre autour d'une table abondamment servie. Mon grand-père, hissé au rang de patriarche, se tenait devant les fils vivants revenus de l'exil, les enfants nés au loin dans les montagnes neigeuses de Suisse, devant les orphelins de la guerre. Ce jour de juillet 1962, le vieil homme s'extasiait de la paix revenue et remerciait Dieu d'avoir arrêté de maltraiter sa famille. Nous regardant tous, goguenard, mon oncle Seddik, le fils puîné qui avait passé beaucoup de son temps au service de la révolution, mais aussi quelques mois dans ses geôles, lança à son père : « Tu n'as rien vu encore. C'est maintenant que le sang va couler, et tes terres, on te les prendra ! » Son passage entre les mains des tortionnaires de l'organisation lui avait donné des accents prophétiques. Les longs jours d'emprisonnement avaient marqué son corps et son esprit. Il avait tout vu, il attendait le pire de ses frères d'armes. « Mais mon fils, ce sont aussi tes terres ! » Pauvre grand-père. L'Algérie nouvelle ne ménageait pas ses vieux. Il mourut avant la nationalisation, et ce fut bien ainsi. La guerre lui avait déjà beaucoup pris. Plus que tout, son fils aîné, le préféré.

Quand la nationalisation arriva, j'avais le cœur léger. J'étais prise ailleurs, immergée dans le nouveau pays. Ce qui se rattachait au passé n'avait plus beaucoup de sens pour moi. Dire que j'étais contente de cette nationalisation serait exagéré, mais je croyais en la révolution en général et aux vertus de la révolution agraire pour nous en rapprocher. Je me promenais beaucoup à vélo par les chemins de terre, la tête nue au soleil. J'adorais moi aussi le soleil. J'avais la peau cuivrée, la même que ma mère, la Valenciana, brune comme une Arabe, en toute saison et dans toutes les phases de la révolution algérienne. J'allais en saharienne kaki et patsugas, j'étais en campagne. La révolution agraire ? Quoi de plus normal. La dépossession de ma famille ? Elle me touchait peu. Ne suivais-je pas une trajectoire qui ne devait plus rien aux possessions, à la fortune et à l'argent ? D'ailleurs, j'avais été élevée en dehors de la notion de l'argent, sans frivolité. Le travail et l'accroissement du patrimoine avaient été la base de la conduite familiale : nous avions de la fortune, mais pas d'argent. Ce qui arrivait me plaçait dans une continuité historique dont j'étais fortement convaincue. Cela me donnait une assurance plus grande que n'aurait pu le faire la simple vanité d'appartenir à une famille riche. Hier, nous avions joui de nombreux biens matériels ; aujourd'hui il nous restait le reste, et ce n'était pas peu : le savoir, la culture, l'utopie, le rêve d'être plus grands, plus heureux que les premiers enfants d'Ismaël et d'accomplir son rêve de grandeur. Cette continuité me portait. Ce n'était plus une ferme, une usine, un magasin qui s'offraient à moi, mais toute l'Algérie, avec l'amour des « frères » en plus.

J'engageais de longues discussions avec les attributaires de la révolution agraire, ceux des comités de gestion qui nous entouraient, installés dans les anciennes fermes des Français. Je désespérais de rencontrer des paysans enthousiastes et convaincus. Une fois j'ai arrêté mon vélo à hauteur d'un jeune paysan qui marchait sur la route coupant les terres de la ferme en leur milieu, parallèlement à la mer, et je lui ai demandé des nouvelles de son comité de gestion : « Ça marche ? » Il me répondit, laconique, en me montrant d'un signe de la tête ma maison et la ferme : « Le seul comité de gestion qui marche, c'est le comité Tamzali. » Misère de paysan ! Et dire que nous faisions la révolution pour lui ! Je dus y aller de mon explication sur la différence entre la propriété privée et celle du peuple. Nous étions en janvier ; le ciel était bleu, l'air sec et doux. Au lieu de me repaître de la frondaison des orangers, de la beauté du mimosa géant qui marquait encore l'entrée de la ferme, au lieu de me gorger de la mer étale, au lieu de forcer ma mémoire à emmagasiner les couleurs et les bruits des années du bonheur qui venaient juste de passer, au lieu de comprendre que l'on était en train de m'arracher un membre, je me perdais dans la révolution. Au lieu de profiter des derniers instants, de cet entre-deux, de l'indépendance à la

nationalisation, quand la maison ressemblait encore
à La Maison, même si les rosiers avaient disparu, je
feignais de ne plus la connaître. Misère de la jeunesse ! Tu auras tout le temps de pleurer sur les
mimosas et les orangers sous le ciel gris de Paris.
Tu apprendras la peine de ne plus être vraiment
chez toi dans le monde.

   Aujourd'hui, je cligne désespérément des yeux
pour apercevoir l'adolescente de la belle maison.
Peut-être là sur la balançoire, devant la voiture
arrêtée, cette enfant qui suit difficilement son
papa aux longues jambes, pendue à sa main ? Elle
n'est plus tellement gringalette. Elle porte un sur-
vêtement, et elle a les cheveux courts. Pourquoi
m'y intéressai-je subitement ? Que peut-elle m'apprendre ? Peut-elle, d'un geste léger, lever le chagrin qui m'oppresse aujourd'hui devant la maison
pourfendue et me rendre à la nostalgie ?

   « La maison pourfendue » désigne ce qu'elle est
devenue aujourd'hui. De vingt ans en vingt ans, la
maison n'a cessé de se défaire. Quand je l'ai revue
après la « restitution », les terres nationalisées ayant
été rendues, dans un inutile et cruel mouvement
de yo-yo de l'histoire, elle avait subi pendant
presque vingt ans l'occupation sauvage des sans-
terre et des sans-abri qui s'y étaient installés indûment à la faveur de la nationalisation de la ferme.
Vingt ans plus tard, en 2005, elle était toujours
indûment occupée, cette fois avec la complicité
des autorités locales, qui n'ont jamais tout à fait
accepté que l'on nous rendît la ferme. Aujourd'hui,
elle est si irrémédiablement défigurée qu'elle

m'enlève l'espoir d'un recommencement et que je ne trouve pour la décrire que ce mot, «pourfendue». La maison était pourfendue par l'histoire, comme moi, comme l'Algérie. Ce mot limite serait le dernier de mon vocabulaire du malheur. Un mot déplacé dans ces premiers pas du récit, un mot que je ne suis pas encore censée connaître. Mais la mémoire prend la main à mon insu, brouille la construction du récit que j'essaie de faire de mon histoire. Je réalise que je tente l'impossible : faire tenir ensemble plusieurs temps, le passé, c'est-à-dire le présent de l'événement, ce qu'il en reste aujourd'hui à l'abri des pertes de la mémoire, et le futur, celui de l'accomplissement des cycles, s'il peut jamais y avoir d'accomplissement.

Le printemps de la Cinémathèque

Tout le monde était embarqué. La campagne pour la «deuxième phase de la révolution agraire» mobilisa les jeunes et les étudiants dans les «chantiers du Volontariat», que le pouvoir, dans un de ses tours de passe-passe, avait confié de la main gauche aux partis groupusculaires marxistes et trotskistes qu'il interdisait de la main droite. Qu'importait, pourvu qu'il y eût l'ivresse. Les chantiers du Volontariat furent le creuset de beaucoup d'espoir. Pour plus d'une étudiante, c'était l'occasion de découcher et d'échapper au contrôle des hommes de la famille sur leur vie sexuelle, un droit que la révolution socialiste n'avait pas remis en question.

Quand nous rentrions à la maison après les meetings pour la libération des peuples opprimés, nous,
le peuple des femmes, retrouvions nos oppresseurs
familiers et bien-aimés, nos pères, nos frères et, le
matin, à l'université et au bureau, nos oppresseurs
patentés, les petits fonctionnaires socialistes tristes
et moralistes qui tenaient les affaires courantes du
pays. Les chambres des filles à la Cité universitaire
étaient strictement interdites aux garçons.

La tribu archaïque s'enfonçait dans sa nuit derrière un écran de mots, une lente dérive, mais la
révolution agraire allait balayer tout et libérer les
femmes. Hier par la guerre de libération, maintenant par la révolution agraire, nous (les femmes)
forgions nos discours à la pointe du sacrifice et de
la bonne conduite. Nous étions à fond dans la campagne, oubliant l'ambiguïté du pouvoir à notre
égard. Nous espérions y trouver l'occasion de faire
entendre nos revendications. Cela faisait dix ans
que nous attendions de voir reconnaître nos droits ;
nous touchions au but. La « deuxième phase » donnait du grain à moudre à nos idées utopiques. La
liberté balbutiante des corps et des esprits était
bien là. Petit poisson deviendra grand pourvu que
Dieu lui prête vie. C'était le cas de le dire.

La Cinémathèque était le centre de ce charivari.
C'était aussi le lieu de ralliement de la tribu que
j'avais rejointe à la fin des années 1960, déçue par
les autres tribus, la mienne d'origine et celle des
révolutionnaires au pouvoir, les « grands frères ».
Une tribu refuge, particulière ; mixte : regroupant
des hommes et des femmes ensemble, dans un

pays qui pratiquait la ségrégation sexuelle ; francophone, dans un pays qui avait déclaré la guerre
aux séquelles du colonialisme ; culturelle, dans un
pays qui pratiquait le culte du dieu-pétrole et de
«l'industrie industrialisante», qui confondait la
culture avec un fatras identitaire et qui affamait ses
artistes et ses intellectuels. Combien ai-je suscité de
petites pointes qui se voulaient mondaines quand
j'arrivais en retard dans les dîners de famille ou
dans ceux, très fermés, de la nomenklatura et que,
pour m'excuser, je disais que je venais du cinéma,
du théâtre : «À Alger ?» Pour beaucoup la culture,
le cinéma, le théâtre étaient ailleurs, et d'ailleurs. Ce qui se créait chez eux était méconnu,
méprisé ou laissé dans l'indifférence : «Comment
peux-tu aller à la Cinémathèque ? Ça pue la pisse ! »
J'étais classée «originale» par ma famille — je faisais tout pour ça —, mais aussi par les révolutionnaires officiels.

Je pourrais ajouter, dans le langage d'aujourd'hui,
une tribu *pluriethnique*, mais il ne nous serait pas
venu à l'idée de nous dire une tribu — n'étions-
nous pas le peuple algérien ? —, et encore moins
pluriethnique. Il n'empêche que, dans notre petite
société, se retrouvaient des pieds-rouges, comme
on appelait les Français venus travailler dans l'Algérie indépendante, des pieds-noirs qui avaient
choisi de rester, des Juifs algériens qui avaient
repris leur place dans la nation après en être sortis
par le décret Crémieux, des étrangers en poste à
Alger, des coopérants, des réfugiés politiques de
tous les continents. Il y avait aussi des Algériens

atypiques, journalistes frondeurs des journaux éta-
tiques, professeurs d'université pas encore trop rangés, des peintres et des collectionneurs de tableaux.
Des Algériens d'origine française. Il y avait aussi, ce
que je ne savais pas encore et eux non plus, un
grand nombre de futurs exilés et de Français d'origine algérienne à venir. Bref, il y avait là toutes les
cibles futures des fondamentalistes islamistes. Si le
pouvoir nous tolérait jusqu'à un certain point,
ceux-là ne nous toléraient pas du tout. Pour résu-
mer d'un mot, il y avait les intellectuels d'Alger.

Ils étaient assez nombreux pour remplir la moitié
de la salle de la Cinémathèque. Dans l'autre moitié, assis aux derniers rangs, les jeunes désœuvrés
du quartier et d'ailleurs constituaient eux aussi,
d'une certaine manière, une tribu de la Cinémathèque, la deuxième tribu. Ils étaient là par ennui
et parce que c'était la salle la moins chère de la
ville. Les gamins remuants s'installaient dans les
rangs du fond, les intellectuels devant. Tous frater-
nisaient dans les allées de la Cinémathèque, dans
une ambiance populiste et bon enfant, dont certains des nôtres faisaient leur miel. Les uns et les
autres s'appelaient *ya kho*, « mon frère », un de ces
petits mots arabes qui s'accrochaient au français,
que tout le monde parlait, plus ou moins bien,
mais spontanément et en roulant les *r*. Les *r* bien
roulés affirmaient une identité que l'usage presque
exclusif du français mettait en péril. Le parler gut-
tural était un signe d'appartenance à l'idéologie
dominante, comme on disait chez Tahar.

Au premier congrès de l'Union nationale des

étudiants algériens, l'UNEA, en octobre 1962, la question de la langue avait été mise au vote à la suite d'une interruption du discours du président par un jeune homme qui se demandait pourquoi on n'utilisait pas l'arabe. La salle rigola. Le président, surpris mais bon démocrate, décida de faire voter l'assemblée. Après un vote massif en faveur du français et alors que le récalcitrant levait encore la main, le président impatient lui lança : «Camarade, tu es démocrate, tu dois accepter le vote. Nous utiliserons le français.» Le jeune homme s'accrocha : «D'accord, mais alors en roulant les *r*. — Pourquoi ? — Ça fait plus viril.»

La salle rit de plus belle. On riait tout le temps. Que la politique était gaie en l'an I de l'Algérie ! Plus d'une fois un ami a changé de ton devant moi et s'est mis à rouler les *r* au téléphone avec un interlocuteur qui était sans doute un responsable politique qu'il fallait flatter ou un subordonné qu'il fallait circonvenir. Devant mon questionnement muet, il souriait. Je souriais aussi. Nous étions complices, nous étions si intelligents ! Rirait bien qui rirait le dernier. Avec le temps, ceux qui roulaient vraiment les *r* nous ont mangés tout crus.

La Cinémathèque faisait le plein tous les soirs. Chacun venait chercher sa part de rêve. Les uns débattaient des affaires du monde et de la révolution, avec pugnacité et avec les plus grands, Godard, Miguel Littin, le Chilien, Barbet Schroeder, le Suisse, Eustache, venu présenter *La Maman et la Putain*, Paolo et Vittorio Taviani, Gutiérrez, de Cuba, Youssef Chahine, l'Alexandrin, entouré de ses jeunes acteurs boutonneux aux yeux doux, version arabe et *soft* de l'amant pasolinien, Diopril Diop et Sembène Ousmane, nos frères africains, et tant d'autres... J'ai même vu pleurer Pierre Schoendoerffer dans le débat qui suivit la projection de *La 317e Section*, son chef-d'œuvre sur l'épopée d'un groupe de parachutistes français au Viêtnam. Les fils de la révolution algérienne donnaient une leçon au petit soldat de l'Empire. La deuxième tribu, les gamins remuants qui s'installaient au fond de la salle, était encore plus délirante que nous. Tous leurs fantasmes, sexuels et machos, jaillissaient dans le noir. Les interjections de l'un étaient reprises par tous, les sifflements, les mots crus et drôles, le bon sens populaire faisaient sauter en éclats les constructions psychologiques compliquées, si bien que nous ne pouvions plus suivre le film. Toute la salle riait. Nous aussi. Les petits hommes de la deuxième tribu ne supportaient pas de voir écornée la virilité, la *régela*, ce mal qui tuait Omar Guetlato, le héros du film de Merzak Allouache consacré à la misère sexuelle de la jeunesse révolutionnaire algérienne. *Régela*, le mot magique qui traversait les classes et les âges de la société. Du paysan au citadin, du plus jeune au plus vieux, tous communiaient en cette religion, certains en secret, honteusement, les jeunes de la Cinémathèque ouvertement, sûrs de détenir une vérité universelle : la supériorité de l'homme sur la femme. Ils se moquaient bruyamment de la folle outrecuidance de Jeanne Moreau qui quittait Jim pour retourner à Jules, et vice versa. Ils n'avaient pas de mots assez méprisants pour le mari complaisant. Ils s'esclaffèrent et ravalèrent leur superbe quand une blonde héroïne de Bergman ordonne à un prétendant de lui déclarer son amour «à genoux» et que celui-ci s'exécute. Ils applaudirent à la gifle infligée à Monica Vitti dans *Le Désert rouge*, quand, en combinaison noire contre le mur, sur un lit d'hôtel, elle essaye d'échapper à l'étreinte de l'inconnu qui l'accompagne dans sa déambulation triste. La salle avait suivi, haletante, la belle blonde à la voix sourde magnifiée par la caméra amoureuse d'Antonioni.

C'est devant ces tribus remuantes qu'Andreas Kovacs, le Hongrois, montra son film sur l'entrée des chars soviétiques à Budapest, en 1956. «Camarade, lui demanda-t-on, n'as-tu pas peur qu'en dénonçant les frères soviétiques tu donnes des armes aux impérialo-capitalistes?» Il répondit qu'il était plus important pour les intellectuels de dénoncer les tares intérieures de leur pays que de les couvrir de silence de peur que l'ennemi ne s'en empare. Magistrale leçon de maître Kovacs, que personne ne retiendra, et merveilleuse rencontre. Tout dans cet homme aux cheveux blancs me plaisait. Il regardait notre fougue révolutionnaire avec une tendre ironie; il avait une longue pratique du socialisme. Après la semaine du film hongrois à la Cinémathèque, il nous avait accompagnés avec une curiosité juvénile dans une virée dans le Sud sur le tournage d'un film. Nous nous étions arrêtés à Laghouat pour déjeuner dans le patio ombragé d'un hôtel. Kovacs passa tout le déjeuner à photographier mon visage et ma bouche. J'ajouterai les clichés de l'étrange homme au bel et étrange album de cette époque que je ferai plus tard quand je serai assise face à la mer, sous un olivier, pouvant dire enfin : «Je suis bien ici.» En attente du jour où tout sera classé, j'ai épinglé une photo prise pendant ce voyage près de ma table de travail dans mon appartement de la rue Didouche où je reviens maintenant pour de longues escales. C'est la photo d'une jeune femme, belle comme on peut l'être à cet âge, quand on a toute la vie devant soi, qu'on vit sous les feux d'une révolution et qu'on est nimbée de la lumière d'une fin d'après-midi dans le désert. Près de moi se tient un jeune homme. Pour se protéger du vent et du sable, il a ceint sa tête de Gaulois du keffieh noir et blanc des Palestiniens. Le cinéma, en ce temps-là, était plus que du cinéma.

Tous les cinéastes étaient engagés dans la campagne de la «deuxième phase de la révolution agraire», les bons et les autres. Le meilleur et le pire, comme toujours dans ces circonstances. Il y a eu des films, et en bonus la naissance du cinéma algérien : une vingtaine de films, produits presque coup sur coup, et au résultat deux ou trois miracles et beaucoup d'œuvres convenues. Qu'importe, c'est aujourd'hui la seule trace tangible de cette ferveur qui nous tenait ensemble, si difficile à imaginer à présent. Pour moi, ce fut une aventure unique que j'aimerais pouvoir raconter par le menu. Le temps est passé dessus, mais aussi loin que j'ai remisé cette aventure, et aussi incongrue qu'elle paraisse par rapport au présent, c'est elle qui me tient éveillée et vivante dans le retour au pays que je tente. Ce temps envolé a laissé derrière lui pour les années arides à venir, pour nourrir mon goût des recommencements, ne serait-ce que furtifs, des réminiscences de moments de pure émotion quand, avec les jeunes gens qui m'entouraient, je renouais charnellement avec les temps mythiques du soulèvement de tout un peuple. Cette grande aventure m'a empêchée de m'attarder sur la disparition du monde auquel j'appartenais.

Presque tous les films tournés à cette époque avaient pour sujet l'héroïsme du peuple algérien. Avril 1974, nous avions rendez-vous devant Barberousse, la prison principale de la ville, en haut de la Casbah. C'était pour le premier tour de manivelle de *Hassen Terro s'est évadé*, l'épopée tragicomique d'un héros affublé du surnom affectueux que les Algérois donnaient à ceux que les forces de pacification appelaient les terroristes. La prison était bien connue des Algérois, et particulièrement des femmes. Leurs hommes y étaient incarcérés, et leurs filles et leurs sœurs parfois. Tout au long de la guerre, les files d'attente des femmes en *haïks* blancs étaient une image familière de la ville, comme celle du para français en sentinelle à l'entrée de la Casbah. Les couffins étaient lourds à porter quand on devait attendre des heures le bon vouloir de l'administration pénitentiaire et des gardiens zélés. Mille petites cruautés quotidiennes assaillaient les femmes dans la grande guerre des hommes. Mille actes de bravoure étaient accomplis, sans liturgie ni flonflon. Le sinistre bâtiment fut ensuite transformé en musée. À la porte de chaque cellule, on avait inscrit sur une étiquette les noms et dates d'entrée et d'exécution des résistants. Tout était là : les marches, les rampes polies par les mains qui transpiraient de peur, les lucarnes à la lumière avare, les filets de grillage pour empêcher les condamnés de se jeter de crainte de faillir sous la torture. Nous étions nombreux dans la pénombre du couloir qui menait à la guillotine. Nous parlions bas, de peur de réveiller les morts, graves et comme apaisés. Apaisés de quoi? Nos corps se mouvaient sans gestes inconsidérés, avançant lentement dans un silence ouaté. Nous partagions un mystère qui balayait bien loin les mots et les idées. Il n'y avait rien à comprendre. La fraternité nous prenait à la gorge.

Ce silence n'était pas dans nos habitudes. Les jeunes gens qui m'entouraient étaient ivres de paroles, et moi avec. C'étaient des jeunes hommes pour la plupart. Les filles, jeunes et moins jeunes, avaient déserté rues et cafés à la fin des années 1970, enfin presque toutes. Notre point de ralliement était un bureau exigu et sans fenêtres, au sous-sol du 27 de la rue Ben-Mehidi, à l'entrée de la salle de projection de la Cinémathèque. Les commentaires passionnés sur les films étaient un prétexte pour prolonger sous la ville, l'entre soi qui nous tenait ensemble. Nous tournions notre propre scénario, que nous poursuivions à table, chez Tahar ou chez Omar, au rosé, au Selecto.

Pour notre éducation politique, nous avons choisi le cinéma cubain et le théâtre de Brecht. Sans craindre les collisions, nous encensions le grand frère russe et prenions en marche le train des premiers libertaires venus de l'Est. Nous nous repaissions d'images divines et vivions nos amours ambiguës au grand jour. Nous repassions à satiété *Cendres et diamants*, d'Andrzej Wajda, sur le désespoir des enfants du stalinisme qui annonçait Polanski et le «cul-de-sac» dans lequel nous ne tarderions pas à nous retrouver, nous aussi. Nous étions les nouveaux romantiques. Fragiles et légers, nous allions, grisés par la vie, comme Jeanne, Jules et Jim parcourant la lande normande à bicyclette. Nous avions élu secrètement comme *alter ego* pour ce présent exacerbé le beau Maïakovski, ignorant les mauvais présages. Un des nôtres, Khéiredine, poète lui aussi, le plus prolixe en mots, le plus exalté, s'en souviendra, bien après. Il y avait aussi, et surtout, Boudj, qui deviendra directeur de la Cinémathèque et tiendra bon pendant la décennie noire, et son compère Yazid, l'un aussi blond et rasé de près que l'autre était brun et chevelu. Kader Alloula, le directeur du théâtre d'Oran, toujours souriant, arborait une moustache digne d'un gendarme sorti d'un film de Louis de Funès. Le silencieux Mustapha, perdu dans ses rêves insondables, Abdou, aux yeux de braise, comme on dit dans les romans; il fera frissonner d'un souffle éphémère la télévision nationale momifiée, intermezzo réformateur dans un pays qui, décidément, ne se réformerait pas. Farouk B. était le cinéaste

d'un seul film, mais quel film ! Il décrivait l'errance
romantique d'un journaliste dans le Beyrouth
détruit par la guerre civile. Ce film me donne
aujourd'hui encore le regret le plus aigu de notre
Algérie étouffée dans l'œuf. Merzak, timide
comme son personnage Omar Guetlato, fut le premier héros à n'avoir pas connu la guerre de libération pour cause de jeunesse, un crime dans
l'Algérie nationaliste, guerrière et fanatiquement
passéiste. Il y avait aussi Bouamari, le metteur en
scène de *La Femme du charbonnier*, et Fatouma, sa
femme. Son film intimiste, blanc et gris, presque
muet portait sur le pays et le couple un regard
nouveau. Ce film était un pur miracle néoréaliste
en ce temps de fresques américanisantes dédiées
à la lutte de libération. Le réalisateur filmait sa
femme avec autant de sensualité que la censure le
permettait. À la première du film, la Cinémathèque était en émoi quand Fatouma enlevait la
ceinture de laine de sa gandoura sous le regard de
son mari. La salle n'en pouvait plus, elle qui sifflait
avec concupiscence et sans retenue le moindre
dévoilement, les combinaisons noires de Monica
Vitti ou d'Annie Girardot, quand, dans *Rocco et ses
frères,* parabole chrétienne de Visconti, l'actrice,
recluse dans une chambre provinciale pour les
beaux yeux d'Alain Delon, ouvrait sa fenêtre de
colère — en combinaison noire — et hurlait aux
voisines cachées derrière leurs persiennes : *«Sono
una putana.»* Le bon petit peuple n'était pas loin
de nous prendre pour des *putanas*, nous, les filles

de la révolution, sauf que nous n'avions pas d'Alain Delon pour adoucir nos chagrins.

La Girardot oui, la Vitti oui, mais Fatouma non. Ce geste, même allusif, heurtait la pudeur du public. C'était la mère, la sœur qui se préparait à une nuit d'amour, et c'était insoutenable pour le public de petits hommes enfoncés dans le noir, planqués aux derniers rangs. Allez savoir pourquoi! Une des raisons de leur présence était que les films étrangers n'étaient pas soumis à la censure et leur réservaient donc des surprises divines, de vrais baisers, du cul parfois! Que faisaient-ils du leur? Il y avait aussi Tolbi, un météore dans le ciel du cinéma algérien. Son film *Noua*, un ovni, nous éclata au visage. En nous plongeant, à la façon du Buñuel mexicain, dans un monde paysan algérien inquiétant de cruauté, il balayait les images d'Épinal dont nous nous bercions de film en film, de discours en discours. Nous n'avons pas été attentifs à ses prédications : «Méfiez-vous, les méchants sont parmi nous!» Nous n'entendions pas les poètes. Le quotidien était trop bruyant, et notre ennemi c'était le colonisateur, l'impérialiste, le Français, le néo-impérialiste, le bourgeois. Notre cinéma, c'était «du cinéma».

Il nous donnait l'illusion d'être libres. Trompeuse liberté. La culture était le seul espace où l'ordinateur supérieur de la nation lâchait un peu de lest. Nos ébats culturels et cinématographiques étaient balisés par un système de contrôle raffiné qui monopolisait tout et avait mis notre vie sous surveillance. Contre toutes les évidences, contre le pays qui s'enfonçait lentement dans l'oubli des promesses des premiers matins, nous continuions à croire, dans le sous-sol de la Cinémathèque, que nous étions les artisans de demain et les seuls à signifier quelque chose dans l'Algérie en train de se faire. Nous faisions des analyses compliquées, accoudés au comptoir de chez Tahar, et nous arrivions à la conclusion que le pouvoir avait une stratégie à long terme, qu'il nourrissait en secret les mêmes rêves que nous. La preuve n'en était-elle pas fournie par la révolution agraire? Certains d'entre nous, organisés dans des petites structures marxistes, collaboraient plus ou moins avec lui. Le pouvoir était notre allié objectif, et nous étions les alliés objectifs du pouvoir. Il fallait persévérer et tenir bon. En attendant, nous portions la bonne parole à l'extérieur, pour le plus grand plaisir de notre allié objectif, à ses frais, et avec son autorisation, et ses ordres de mission. Nos voix ne tremblaient pas quand, dans les festivals de cinéma, à Leipzig, Berlin, Locarno, Carthage, Ouagadougou, Pesaro, nous nous levions pour donner des leçons de révolution au public des pays nantis ou à nos voisins de Tunisie, «un petit pays», ou du Maroc, «une monarchie vermoulue».

C'est en allant à la ixe Mostra de Pesaro, en septembre 1973, que j'appris l'assassinat de Salvador Allende. Le festival de Pesaro accueillait cette année-là les cinéastes d'Amérique latine, après qu'ils eurent présenté leurs films à Alger, aux Rencontres tricontinentales organisées par la Cinémathèque sous le titre «Le cinéma, une arme». Les

rencontres s'étaient tenues parallèlement à la gigantesque Conférence des pays non alignés convoquée
en août 1973 par le colonel Boumediene. Digne
héritière de la conférence de Bandung de 1955, qui
avait réuni pour la première fois trente-six pays des
trois continents à l'invitation du Premier ministre
indien, Nehru, pour poser les bases du mouvement tiers-mondiste, la conférence d'Alger consacrait l'éclatante réussite de la diplomatie du
régime en place, dirigée par le jeune et charismatique ministre des Affaires étrangères, Abdelaziz
Bouteflika. L'Algérie, leader du tiers-monde !
C'était le bon temps de la guerre froide, le monde
coupé en deux. Le Pentagone et le Kremlin battaient la mesure.

Le long du boulevard du Front de mer et de la
corniche conduisant aux banlieues balnéaires se
dressaient des échafaudages avec d'immenses banderoles à la gloire des peuples et de leurs guides.
Les façades des immeubles étaient repeintes en
blanc, les balcons et les volets en bleu. La conférence devait se tenir au Club des pins, à trente
kilomètres d'Alger, l'ancienne station balnéaire du
nec plus ultra des colons français, en lisière du
domaine de Borgeaud. Un centre de conférence
et des résidences pour les chefs d'État devaient
être construits. Une véritable bataille fut livrée.
Tout Alger, du préfet au terrassier, travailla sans
compter. Les villages de bord de mer alentour,
Moretti, Zéralda, Sidi Ferruch, furent vidés de
leurs habitants pour accueillir les milliers d'invités.
Nous avons quitté notre maison de Moretti en

plein mois de juillet : c'était normal, tout était normal aux temps de la révolution algérienne ! L'Algérie se mit en quatre. Il en allait de l'honneur de tous.

La conférence réunit en grande pompe les chefs d'État de cent cinq pays des trois continents. Il y avait là les porteurs des rêves de plus d'un milliard d'hommes et de femmes enfin débarrassés du joug occidental, les pères de la nation, les guides du peuple : Bourguiba, mon préféré, et celui de beaucoup de femmes, Indira Gandhi, la seule dame, mais si grande, le encore beau Tito et le sexy Kadhafi. Le ton était à l'audace : «Pauvres du monde entier, unissez-vous ! »

Chaque détail fut étudié avec le soin dont seuls sont capables les systèmes voués au culte de la personnalité. Il s'agissait de rien de moins que d'organiser le séjour terrestre de cent cinq divinités. Les réfrigérateurs furent remplis suivant des plans minutieux établis par le service du protocole de chaque chef d'État et les nombreux services algériens. Hailé Sélassié ne se nourrissait que de caviar et de thé vert, Kadhafi de lait. Tous les matins deux cents litres de lait cru étaient livrés au bungalow du Libyen, et autant en étaient jetés. Tout était parfait. L'Algérie recevait en grand, avec un luxe et une générosité sans limites. On disait que même des filles avaient été prévues. C'est partout pareil, bien sûr, mais pas toujours planifié par l'État...

La Tricontinentale du cinéma était la première rencontre de cette importance, et le ton était à la hauteur des clameurs du Club des pins. Sur l'affiche du festival, il y avait le béret du Che, en ombre chinoise une kalachnikov et le slogan : «Le cinéma, une arme». Les idées étaient simples, les mots nus. De gros moyens financiers furent mis à la disposition des organisateurs. Ils étaient tous là les cinéastes des trois continents, avec des films aux titres parlants : *Les Assoiffés*, de l'Irakien Baundir er-Rakim; *Le Martyre de Bandung*, d'un Indonésien dont j'ai oublié le nom, le très beau *Nous avons toute la mort pour dormir*, du Mauritanien Med Hondo, un film sur l'éveil de l'Afrique; *Mexico, la révolution congelée*, de l'Argentin Raymundo Gleyzer; le *Novo Cinema* brésilien et le magnétique Glauber Rochas; *Les Jours de l'O*, d'Octavio Gómez, et l'école très officielle mais très talentueuse de Cuba, avec notamment le grand Tomás Gutiérrez Alea; il y avait aussi Miguel Littin et Elvir Sotto et les deux ou trois films produits sous l'éphémère démocratie chilienne, dont un documentaire sur les manifestations anti-Allende. Personne dans la salle de la Cinémathèque ne prit au sérieux les défilés des bourgeoises chiliennes et leur concert de casseroles dans les rues de Santiago. Nous nous moquions de ces femmes que nous assimilions aux partisanes de l'OAS des derniers jours de la colonisation. Nous étions de piètres scrutateurs politiques.

À l'ombre des prophètes, les enfants de la révolution algérienne lancèrent l'idée de la Tricontinentale du film. Nous allions porter la bonne nouvelle au-delà des mers : «Alger sera la capitale du cinéma des trois continents.» Boudj, avec un long manteau noir à la Garibaldi, Yazid, Mustapha, Mouloud de Paris, moi, avec des lunettes de star, nous étions tous à Pesaro pour annoncer la bonne nouvelle. La révolution ! Les camarades ! L'Italie ! Le cinéma ! (Mais aussi la *pasta* et le chianti.) Nous étions intelligents, beaux et drôles. Notre cinéma, c'était un sacré cinéma ! J'avais fait le voyage avec Raymundo Gleyzer. C'était le temps glorieux où l'amour et la révolution prenaient le même vol. La fête fut gâchée. Nous quittâmes Alger au début du putsch des militaires chiliens et arrivâmes à Rome à la fin du drame. Le 11 septembre 1973, notre 11 septembre. Les Américains, dans leur scénario préféré, tout faire pour empêcher l'espoir, avaient vite apporté une réponse aux discours fleuves du Club des Pins. Dans le bus de l'aéroport qui nous conduisait à Rome nous apprenions, incrédules, que les militaires chiliens avaient écrasé le président débonnaire. Lui qui rêvait d'une révolution socialiste consensuelle pour son pays ! Le bon docteur Allende, qui ressemblait à s'y méprendre à un médecin de famille et que l'ambassadeur des États-Unis appelait dans ses mémoires «l'enfant de salaud». Le 11 septembre 1973 fut le premier coup de semence contre la montée en puissance des peuples des trois continents. Sur la piazza Lazzarini, la place parfaite de la petite ville de Pesaro, le port marchand de la montagneuse Urbino, avec son château renaissance, *La Profanation de l'hostie*, de Paolo Uccello, que je voyais pour la première fois et que j'admirais avec dévotion, avec sa bibliothèque en trompe-l'œil, l'image même de l'humanisme européen qui me fascinait et me rendait si critique à l'égard des miens, là, au cœur de la beauté et de la civilisation, je découvrais le mensonge de la politique. Devant l'impuissance générale, les images du drame étaient déversées d'heure en heure en direct à la télévision. Nous basculions dans l'horreur. Vint alors le bombardement aérien du palais de la Moneda, où étaient réfugiés Allende et ses collaborateurs. À la fin, devant la mort, il choisira d'être seul et se suicidera avec l'arme offerte par son ami Castro, entrant dans la légende, et nous laissant dans le chagrin. Puis vint la violence sanguinaire des militaires sur les civils, les milliers d'hommes et de femmes parqués dans le stade. Victor Jara, le guitariste auquel ils coupèrent les doigts, tué de trente-quatre balles... «Vous me demandez : Pourquoi ta poésie / Ne nous parle pas du rêve, des feuilles / Des grands volcans de ton pays natal? / Venez voir le sang dans les rues / Venez voir / Le sang dans les rues / Venez voir le sang / Dans les rues.» Pablo Neruda mourut à Santiago peu de temps après Allende, le laissant passer devant, encore une fois, lui qui avait renoncé à se présenter aux élections en apprenant que son ami le faisait.

Sur la place Lazzarini, on avait dressé une tribune et recouvert de draps blancs les panneaux de la Mostra. Les draps, comme des linceuls souillés, étaient éclaboussés par les mots rouges de colère mêlant dans un même martyre le Viêtnam, la Palestine et le peuple chilien. Les habitants nous regardaient avec bienveillance. Nous avions déserté le Theatro Sperimentale pour rejoindre la place, avec des milliers de personnes, emportés par la force des discours dans une langue que nous ne comprenions pas, mais dont nous devinions le sens. C'était un moment d'une sombre beauté. Des politiques et des syndicalistes italiens haranguaient la foule, criaient leur colère devant le drame et le soutien des Américains aux criminels. Un peu du cœur du monde battait ici. Les oiseaux indifférents faisaient leur habituel ballet dans le ciel rougissant des fins d'après-midi d'automne, tandis que les pigeons se lavaient dans la fontaine de marbre blanc. Nous recevions notre première gifle, le premier bain de sang qui emportait nos rêves. Il y en aurait d'autres.

Les cinéastes latinos venus là n'étaient pas des enfants de chœur, et, la fiction précédant la réalité, certains films préfiguraient ce qui venait d'arriver. Quand, dans des images d'actualités rapportées dans un film, je vis apparaître Allende le jour de son investiture, rajeuni, ressuscité, entouré de parlementaires aux visages sombres, déjà excédés, j'eus envie de crier : «Attention Presidente!» Trop tard.

Je ne reverrais pas Raymundo après Pesaro. Les militaires argentins, dopés par le succès de Pinochet et l'impunité de ses crimes, intensifièrent leur répression. Quelque temps après Pesaro, à la descente du vol de Buenos Aires, à New York, il fut enlevé. Je n'eus plus jamais de nouvelles de lui. Ni moi, ni ses compagnons de lutte argentins. La réalité nous rattrapait. À la sortie des débats emphatiques sur le cinéma, l'ennemi posait une main bien réelle sur l'épaule d'un camarade.

Il ne me reste qu'une photo polaroïd prise dans un village en Kabylie, un prénom rond et sonore, une silhouette dégingandée près de moi sur la place Navona déserte, un jeune homme et une jeune femme, un Argentin et une Algérienne, plongés dans la nuit, emportés par le monde qui chavirait. Tout le reste de lui et de moi s'était dissous. Mémoire infidèle, une autre réalité. Je rentrai à Alger. La lutte continuait.

Il n'y eut pas de deuxième rencontre triconti-nentale, mais, pendant de longues années encore, Alger continuerait d'accueillir tous ceux qui lut-taient pour la libération des peuples. Le monde tournait autour d'Alger, et nous tournions autour du monde : Chiliens, Palestiniens, Espagnols, Marocains, Portugais... La ville avait alors l'âme d'une métropole. L'internationale des utopistes nous regardait avec les yeux de Chimène, et je n'étais pas peu fière d'être l'hôtesse recherchée de ce lieu magique. Nous avions toujours la passion des commencements, nous avions la chance unique d'être les enfants de l'an I de l'Algérie. Nous ne vieillissions pas au même rythme que le calendrier. Oui, elle a duré longtemps notre jeu-nesse.

J'ai croisé beaucoup d'hommes et de femmes après les années 1970, mais mes jeunes gens de la Cinémathèque ont poursuivi en moi une longue gestation et continuent toujours de résonner, mal-gré les départs, les séparations, l'éloignement, le

temps. Mes jeunes gens. Et une femme, une seule :
Assia Djebar, revenue de Paris avec un film dans
ses valises d'écrivain, *La Nouba des femmes du mont
Chenoua*. Elle était amicale et distante à la fois, à des
lieux de nos fracas révolutionnaires. Elle arrivait en
pleine campagne nationale pour la «deuxième
phase de la révolution agraire», avec des réserves
de liberté dont nous étions sevrés. Un soir, lors
d'un dîner chez moi, souveraine, elle dansa sur
la table. Elle nous dépassait tous, et de beaucoup.
Ce fut à l'occasion de la projection de son film en
avant-première à la Cinémathèque que je pris
conscience pour la première fois de l'ornière dans
laquelle nous nous enfoncions et de l'irréversible
dérive des esprits, annonciatrice de l'épuisement
du monde. Le film nous propulsait au cœur d'une
subjectivité que nous avions recouverte de mots et
de slogans musclés et péremptoires, comme ceux
que j'entendais ce soir-là, plus bêtes que jamais. La
campagne de la collectivisation des terres enflam-
mait les esprits, et le slogan «la révolution socialiste va libérer les femmes» était sur toutes les
lèvres.

Lenteur, silence, mémoire retrouvée, sensualité,
le film d'Assia tentait de nous conduire loin de
notre présent bruyant et dogmatique. Il essayait de
nous faire saisir par des voies inhabituelles l'intimité des femmes confinées. La langue de l'ombre,
le langage des corps. Le film se déroulait quelque
part entre Cherchell et Tipaza. La beauté des lieux
conduisait le récit aux portes de l'enchantement
mythologique, sans rien enlever de son réalisme à

la blessure existentielle enfouie sous le silence des personnages. L'héroïne, une jeune architecte, retournait dans la maison de sa grand-mère. Elle cherchait dans les montagnes environnantes les traces de l'histoire de sa mère, une résistante morte au maquis pendant la guerre de libération. Pour ce voyage, elle était accompagnée de sa fille, une enfant, et de son mari, handicapé, se déplaçant en fauteuil roulant. Cette quête mettait à nu la difficulté de vivre de toute une génération de femmes. Dans l'obscurité et par le miracle du cinéma, nous touchions à un peu de vérité, comme une plongée dans notre réalité inexplorée. Pour ce voyage difficile, l'héroïne était accompagnée par un infirme, métaphore sur l'impuissance de l'homme algérien à participer à cette marche vers soi engagée par certaines femmes de ma génération. La salle fut choquée. Nous ne supportions pas d'être mis devant la réalité. Le psychodrame qu'il déclencha parmi les jeunes femmes présentes le soir de l'avant-première donnait une idée de l'ampleur du refoulé. Il éclairait crûment la condition dans laquelle l'Algérie éternelle nous tenait, cette Algérie qui freinait des deux pieds devant la modernité, intellectuels compris, hommes et femmes confondus. Les jeunes femmes présentes dans la salle donnaient à voir un échantillon des effets de dix années d'endoctrinement. Elles crièrent au scandale, au nom de toutes les femmes algériennes, et firent tomber leur sentence : elles accusaient la cinéaste d'avoir utilisé « la chance » de faire un film, le premier film d'une « femme

algérienne ! », et d'en avoir fait un film « personnel », ce qui était le plus grand des anathèmes dans
ce pays où se mêlaient intimement le collectivisme
socialiste et le communautarisme arabo-berbère et
musulman.

Scandaleux ! Un film volé aux « femmes algériennes » et au peuple algérien et qui ne parlait pas
de la libération des femmes par la guerre de libération et par la construction du pays ! Dogmatisme,
sectarisme, intolérance, insensibilité, la salle débal-
lait sa misère. J'écoutais, sidérée, les diatribes des
jeunes femmes dans la salle. Une belle manifestation, une de plus, du totalitarisme dans lequel
nous nous enfoncions. Les jeunes du quartier se
tenaient cois, pour une fois. Au lieu de chahuter,
ils se taisaient. Ils découvraient une violence plus
violente que la leur. Et entre femmes !

Devant l'autre moitié de la salle, composée de
« socialistes spécifiques », marxistes, nationalistes
de gauche, communistes, trotskistes, devant cette
Algérie coincée entre populisme identitaire et
nationalisme marxisant, Assia, la normalienne, la
francophone, l'écrivain, la cinéaste de la mémoire
ensevelie des femmes, incarnait la solitude dans
laquelle se réfugiera la pensée à la fin des années
1970, la fin de nos utopies. Elle repartit pour Paris.
Après Paris, elle s'enfonça plus loin encore, plus
avant dans le monde, loin des terres algériennes.
Elle est absente à jamais dorénavant, silencieuse
derrière ses livres et ses reconnaissances internationales. Toujours présente à moi, comme ce soir-là,
pendant les débats, quand je devinais en elle une

sorte de gémellité, un sentiment rare au pays de mes racines.

Elle choisit l'exil, comme presque tous ceux qui se retrouvaient au 27 de la Rue Ben-Mehidi et s'emparaient naïvement du cinéma comme de l'arme absolue. Moi aussi je suis partie un jour, mais il m'a fallu du temps pour me décider. Je restais collée au pays. Sans m'engager réellement, puisque j'avais choisi d'être avocate, j'étais fascinée par l'Algérie de Boumediene, une Algérie en chantier. J'étais comme un guetteur à l'affût, la main en visière, tâchant d'apercevoir l'homme nouveau que partout on annonçait : «Nous rattraperons la France en une génération!» J'étais confiante, le regard fixé sur l'horizon, sans voir où je mettais les pieds. Et l'horizon, comme tous les horizons, me fuyait. Ce que j'espérais n'arrivait pas. Pour reprendre mon souffle, je m'évadais pour de courtes absences. Je revenais toujours au point de départ de cette *noria* d'allers-retours, d'Alger à Rome, de Rome à Paris, de Paris à Alger. Je colportais partout la bonne nouvelle : l'Algérie allait accoucher d'un homme nouveau. La révolution algérienne était plus facile à vivre en dehors de l'Algérie.

«Pourquoi tu ne t'installes pas ici?» J'étais de plus en plus souvent en Tunisie, à Sidi Bou Saïd, plus exactement, mon camp retranché favori, à quelques dizaines de kilomètres de Tunis. Ce village à flanc de colline avait été peu chamboulé par la colonisation et la décolonisation. *Contact*, le premier journal indépendant du Maghreb, dont j'étais la rédactrice en chef, se fabriquait à Tunis. Nous tenions nos réunions dans le bureau de Hamadi Essid, qui dirigeait la Société tunisienne de production et de distribution cinématographique. C'est lui qui avait eu l'idée du journal. Pour me sortir du marasme dans lequel je m'enfonçais, il m'avait entraînée avec lui. Il était le complice parfait de ces périodes d'attente. Jusqu'à aujourd'hui il me manque. Sa mort a fait un trou dans ma vie que le temps ne remplit pas. Il devinait combien j'étais désemparée, coupée en deux. Il m'offrit *Le Chevalier inexistant* et *Le Vicomte pourfendu*, d'Italo Calvino, mi-blagueur, mi-pervers. Il m'accueillait dans sa maison pour de brefs séjours aux longs tête-à-tête, où les plaisirs de l'amitié, des mots de la politique et de la poésie trouvaient leur compte : «Tu ne peux pas imaginer ce que tu perds en ne lisant ni ne comprenant l'arabe. La langue arabe est si belle. La poésie si grande. Le Coran est intraduisible!» Lui seul me donnait la mesure de ce que je perdais et me laissait entrevoir la richesse que serait une culture arabe vivante. Lui seul, car chaque fois que je rencontrais un des laudateurs de cette langue, je me réjouissais d'avoir échappé à la chape mortifère qui recouvrait leur pensée.

Sa maison envahie par les tableaux et les livres se tenait au cœur de Sidi Bou Saïd. La chambre que j'occupais donnait directement sur la terrasse. De là, je surplombais un des plus beaux paysages du monde. La baie déroulait au fil des heures une somptueuse galerie d'estampes japonaises. Au loin, deux montagnes se dressaient, hautes silhouettes dans un plat pays où la mer et le ciel se confondaient. Le village était enfoui dans un cocon humide propice à une luxuriante nature et à une langueur que je recherchais, antidote aux fracas algériens, mais une langueur que je fuyais aussi, de peur de me déliter comme la chaux qui recouvrait les hauts murs des maisons patriciennes. Je m'installais pendant de longs moments contre les murs blancs de la terrasse, dans la lumière aveuglante d'un soleil jamais trop chaud, avec l'endurance de l'iguane. Hamadi me surprenait dans ces moments d'oubli parfait. Il apparaissait à l'improviste, clignant des yeux d'une manière appuyée : «Comment peux-tu rester dans cette lumière, cette chaleur?» Il se calfeutrait dans la maison pendant les heures chaudes du jour, les persiennes tirées. Sa peau était blanche comme celle des femmes de la maison de Saint-Eugène. Il arrêtait ses lectures solitaires pour partager avec moi un café et les trésors découverts dans ses chers livres.

Une fois, il m'attira à l'ombre. Il tenait dans ses mains un livre à la couverture rose de chez Stock, *La Cosmopolite,* d'un auteur japonais. Le livre posé sur les genoux et l'air pensif, il me dit : «L'auteur raconte que, quand il était enfant, sa mère le réveillait pour lui annoncer l'arrivée du printemps. Elle l'entraînait alors au jardin à demi éveillé pour lui montrer les fleurs écloses dans la nuit. Jamais ma mère ne m'a emmené au jardin pour me montrer les fleurs nouvelles...» Ça le rendait triste. Cet érudit insatiable ne cessait d'interroger sa société au miroir de la culture des autres, sans complaisance, mais avec un amour immense. Élégant, légèrement voûté, il hantait les capitales étrangères, les plateaux de télévision, les restaurants raffinés et, avec plus d'appétit encore, les librairies. Il poussa l'amour de la littérature jusqu'à contracter la maladie des écrivains, l'asthme, et c'est d'avoir oublié son flacon de Ventoline qu'il mourut, une vingtaine d'années plus tard, en novembre 1991, à Paris. Il me laissa l'âme en peine, jusqu'à ce jour.

Il a essayé plus d'une fois de me convaincre de m'installer en Tunisie. Il comprenait mon désarroi. Comme pour beaucoup de Tunisiens et de Marocains de sa génération, l'Algérie avait représenté un espoir dans la marche vers la modernité des Maghrébins. Nous en parlions sans cesse : l'histoire de l'Algérie, c'était son histoire. Mais je lui faisais remarquer que s'il pouvait la regarder du haut de sa terrasse, moi non ; elle me passait dessus, me pourfendait, avec ses violences, ses haines, son nationalisme névrosé, ses bulldozers, son urbanisme aberrant. Elle m'écrasait et, dans le même temps, me retenait prisonnière. Je ressemblais à la chèvre de M. Seguin : mon errance se faisait au bout d'une corde qui me tenait fermement amarrée.

Un jour, à force de tirer dessus, la corde s'est cassée, et je suis partie, pour longtemps. Aujourd'hui, je suis revenue au pays de ma jeunesse. Aujourd'hui, c'est le vide. Kader est mort pour toujours, tué à Oran par de jeunes islamistes à quelques pas de son théâtre. Assia vit en Amérique. Merzak va et vient, un peu comme moi. Khéiredine, lui, s'est souvenu de Maïakovski : comme le poète, il s'est tué avec le revolver censé le protéger des terroristes islamistes. Il s'est tué alors que nous commencions à sortir de la décennie noire des années 1990. Dandysme ou désespoir, quelle connerie, en tout cas ! La mort de Khérédine fut notre mort à tous. J'en sentis le souffle ; elle me mit en rage. Quant à Boudj, le pilier, il fut mis à la retraite et chassé de la Cinémathèque, entraînant dans son exil intérieur tout ce que nous représentions.

Qu'importe leurs noms et leurs prénoms, qu'importe où ils sont aujourd'hui et ce qu'ils font, qu'ils furent blonds ou bruns, prolixes ou silencieux, les camarades de la Cinémathèque, leurs films bons ou mauvais, je voulais simplement dire que nous étions des personnages de chair et de sang, avec des rêves politiques, même s'ils ressemblaient comme deux gouttes d'eau à des utopies. C'est grâce à cette passion que nous avons vécu vaillamment ces années, à cause d'elle que je reviens aujourd'hui dans mon pays, en réponse à l'entreprise de démolition qui l'a raviné. C'est grâce à elle qu'il me reste un peu d'espoir. C'est par manque d'espoir que les jeunes gens d'aujourd'hui rêvent de partir vivre ailleurs. Qu'avons-nous à leur dire ? Comment leur faire comprendre la passion qui nous porta pendant tant d'années ? Est-ce que je comprends moi-même ! Comment comprendre cet aveuglement, cet éblouissement, devrais-je dire, pour rester fidèle à la jeune femme qui me regarde sur la photo, la peau tannée par le soleil du désert? L'éblouissement qui m'aveugla en 1962, et dont les lumières se sont éteintes dans un long *sunset*.

Les enfants de l'an I

Juillet 1962, un cadeau de la vie : l'Algérie de l'an I n'était que chansons et danses. On mettait les bouchées doubles. C'était l'époque où «dimanche, c'était dimanche» et où, dès le vendredi soir, on faisait la fête. Les survivants de la longue guerre se retrouvaient, les exilés revenaient au pays. Je découvrais des femmes et des hommes plus grands que nature. J'allais comme une enfant aux vitrines de Noël, les mains et le nez collés sur la surface transparente qui me séparait des objets de mes désirs, me repaissant les yeux et me bourrant le crâne de rêves et de songes. On se mariait beaucoup. Les parades prénuptiales s'organisaient; les réunions de famille, les dîners, les soirées, servaient principalement à ça. Les matrones marieuses officiaient à visage découvert. C'était tout juste si l'on ne vous palpait pas pour mesurer la tendresse de votre chair, la souplesse de vos attaches. J'avais vingt ans, et j'attirais de nombreuses mères. Les cousins à marier étaient nombreux, et aussi nombreux les jeunes révolutionnaires; ils parlaient haut de socialisme et de révolution, mais jetaient des regards en coin sur les jeunes bourgeoises éduquées et «modernes». Un grand bourgeois d'Alger, conseiller de Ben Bella, inquiet de voir tourner autour de moi de jeunes révolutionnaires, ses amis, me dit en confidence : «Épouse un révolutionnaire si tu veux, mais un bourgeois révolutionnaire.» J'écoutai à peine ; j'avais le cœur sauvage. J'allais d'une fête à l'autre. Le grand théâtre de la révolution se donnait à voir joyeusement. Il me prenait dans ses bras. Ma vie, en vérité, commençait en même temps que l'Algérie. Je calais ma mesure sur celle du pays. Comment aurais-je pu refuser ce qui s'offrait à moi ?

Ce soir, je serais la plus belle. Le mariage de M., la belle pasionaria kabyle, ex-détenue dans les prisons françaises, avec un des jeunes princes du régime fut un mariage emblématique de l'euphorie des commencements. Il l'enleva dans un burnous blanc devant une foule d'invités conquis ; nous étions indépendants, et tout était permis. La fête se tenait dans l'ancienne maison des Germain, de grands propriétaires pieds-noirs, transformée en restaurant, Le Baron. La maison, pompeuse, hésitait entre le néogothique et les Mille et Une Nuits, suspendue au-dessus de la mer, en contrebas de la corniche, pas très loin de la maison de Saint-Eugène. Le colonel Saddek, un membre influent de l'ALN, l'Armée de libération nationale, l'avait reçue comme butin de guerre. Cet homme sympathique n'était pas vraiment à sa place dans ces lieux, où il paraissait un peu perdu. J'allais parfois lui rendre visite avec mon oncle, Hamid ; tous deux s'étaient connus au maquis. Le colonel racontait, avec l'humour et la modestie de ceux qui ont affronté mille dangers, comment il avait décidé de rejoindre le maquis. Les frères étaient venus le recruter pour lui confier le soin de l'armement. Il avait fait la Deuxième Guerre mondiale, et ça lui donnait du prestige. On lui montra les armes, en piteux état, sans doute enterrées depuis la guerre ou l'insurrection de 1945. Elles étaient recouvertes de rouille : « C'est avec ça que vous voulez chasser les Français ? Revenez quand vous serez plus sérieux. » Le soir même, il rêva de la chèvre qu'il adorait enfant. Elle était de l'autre côté d'une rivière en crue et allait être emportée par les eaux ; il lui criait de le rejoindre, et la chèvre marchait sur l'eau et traversait. Le matin, il se dit que si une chèvre pouvait marcher sur l'eau, les Algériens pouvaient gagner avec des fusils vieux d'une guerre. La chèvre christique fit de lui un héros. Il se fit attribuer la maison des Germain. Les belles demeures pieds-noires étaient la cible des vainqueurs. Elles jouaient un rôle important dans l'Algérie libérée et étaient parfois au cœur des tractations politiques et des compromissions. La révolution, c'était aussi ça : prendre possession du vide.

Le colonel passait son temps de médaillé dans cette maison sur la mer, où se trouvaient encore les meubles de l'ancien propriétaire, dont un orgue de Barbarie qui jouait *La Marseillaise*. Il y avait ouvert un restaurant pour se sentir moins seul. C'était là que se célébraient les fêtes de la nomenklatura algérienne. Les noces de ce jour-là illustraient bien la joie retrouvée — honni soit qui mal y pense. Les mariés étaient beaux, jeunes et de

véritables héros. Elle siégeait à l'Assemblée constituante ; lui était un jeune officier proche de Boumediene — il deviendra ministre. Personne mieux
que M., quand elle chantait la complainte triste et
nostalgique *Tizi Ouzou*, ne savait me rendre aux
malheurs de cette longue guerre dont nous sor-
tions à peine. En ces temps-là, les députés chan-
taient les peuples anciens.

Il y avait Z., avocate elle aussi. Malgré sa place
enviable au sein des sphères dirigeantes, elle avait
gardé l'air craintif qu'on lui voyait sur une photo
prise le jour de son arrestation par les Français, au
sortir d'une cache, par des hommes en civil. Elle
semblait avoir tout juste quinze ans. C'est elle qui
me fit attribuer un bureau d'avocat, rue des Frères
Kheladi, que j'aurai eu du mal à obtenir seule,
dans un système où, pour être servi, il fallait faire
partie des cercles de pouvoir.

Et beaucoup d'autres encore. Il y avait le si intelligent K., revenu de Gardimaou à l'assaut du pouvoir ; A., passionné de littérature, embarqué, à
peine sorti de l'âge des jeux interdits, dans le
grand théâtre de l'histoire ; D., si libre dans sa tête,
libre pour lui et pour les autres, une denrée rare,
même en ces premiers jours de l'indépendance ; et
puis H. et B. Mes héros. La vie était un roman. Ils
étaient mes amis. J'étais fascinée par ce qu'ils
avaient été, par ce qu'ils étaient, et que je n'étais
pas. La passion du pays, les blessures de la guerre,
la folle et téméraire décision qui les avait poussés à
se rebeller encore adolescents les nimbaient de
grâce. En dépit de la lourdeur des masques du

pouvoir qui les couvraient déjà, ces jeunes gens et ces jeunes femmes garderont longtemps à mes yeux l'attrait des premiers jours. Ils étaient beaux, jeunes, intelligents. Ils avaient le pouvoir, tous les pouvoirs, et surtout celui de me séduire. Inutile de savoir qui se cache derrière les points de leurs initiales : c'est de l'histoire ancienne. Il faut juste croire aux histoires anciennes, même si elles n'existent plus.

À côté des héros de la guerre de libération, les grands frères et les grandes sœurs qui restaient bien campés sur leurs postures de héros, il y avait les jeunes pionniers. Eux aussi avaient parfois été de véritables héros, mais ils avaient remisé leur tenue de guerriers d'un autre temps et livraient la « bataille du développement », le nouveau culte de toute une génération. L'« industrie industrialisante » et les entreprises publiques étaient devenues leur passion. Dès les valises de l'exil posées à terre, les jeunes gens enthousiastes revenus bardés de diplômes des universités françaises, américaines, russes, yougoslaves, anglaises s'enrôlaient dans l'industrie, le pétrole, le tourisme — et la police, il en fallait bien. Ils devenaient des responsables. « C'est un responsable ! » « Mon fils est un responsable ! » « Mon mari est un responsable ! » Tout le monde se gargarisait de mots-valises — « attributaires », « responsables », « frères et sœurs », « première phase », « deuxième phase » de la révolution agraire —, mais aussi d'injures — « bourgeois », « suppôts du capitalisme », « néocolonialistes », « séquelles du colonialisme », « intellectuels», etc. La politique se construisait sur des malentendus — «authenticité», «identité», «socialisme spécifique», «femmes algériennes»! Au centre du jargon algérien trônait le mot «responsable». Il avait une longue histoire, qui renvoyait à l'époque où l'organisation clandestine et cloisonnée de la lutte armée conférait à celui qui y avait droit un pouvoir mystérieux et absolu. On appelait ainsi, à tort, les jeunes cadres des entreprises publiques. Ils étaient brillants et pugnaces dans les négociations et avaient longtemps servi d'interface entre l'Algérie et le monde, contribuant à l'image flatteuse que l'on se faisait de nous. Mais ils étaient paralysés chez eux, très souvent placés sous la coupe de petits chefs, consentant à n'importe quelle ânerie venant de leur part, dont ils s'amusaient le soir entre eux, avant de se retrouver le matin au garde-à-vous. La foi l'emportait sur la raison. Ils n'avaient jamais envisagé autre chose que d'édifier l'Algérie dont ils rêvaient et de lui faire accoucher en vingt ans d'un nouvel Algérien : «Nous rattraperons la France en vingt ans!» N'avions-nous pas vaincu une des armées les plus puissantes du monde? Quand viendraient le temps des doutes puis celui des catastrophes, de la faillite économique et politique du système, les responsables feraient taire les critiques et les questions qu'ils se posaient parfois dans la solitude de leur bureau, par un définitif : «Je ne travaille pas pour Boumediene, mais pour l'Algérie! C'est de l'intérieur qu'il faut modifier le système!» Combien de fois l'ai-je entendu dans mes discussions passion-

nées avec les pionniers de l'«édification nationale», comme le disait une des formules de ce
temps! «C'est facile de choisir de ne pas s'engager», me disaient-ils.

Je n'avais rien d'une héroïne. Mon instinct me
faisait toujours choisir le chemin qui me ménageait une porte de sortie. J'avais échappé à l'attraction du service public, sans doute parce que j'étais
une femme et que j'avais peu de chance de devenir «responsable». Une expérience, une seule
m'avait suffi, au ministère de l'Agriculture, à la fin
de mes études de droit, en 1966, quand mes oncles
avaient accepté que je travaille parce qu'un cousin
de mon père, le beau Nany, y était secrétaire général et qu'il était censé garder un œil sur moi. Les
petits chefs de l'administration, qui portaient
encore le treillis et la moustache du maquisard,
même s'ils n'avaient pas fait le maquis, me prenaient tous pour une secrétaire à leur service. Ils
m'appelaient «la petite» ou «la sœur». J'ai vite
pris mes jambes à mon cou et suis devenue avocate. Je restais néanmoins fascinée par le pays en
train de se faire et solidaire des jeunes pionniers.
Ils ferraillaient avec une réalité trop grande pour
eux. «On rattrapera la France en une génération»,
disaient-ils, et ça me plaisait. Ça m'a plu longtemps. Aujourd'hui encore, je pose un regard
d'amour sur cette génération tenue suspecte par le
pouvoir pendant le temps qu'elle le servait, avant
d'être broyée par lui et réduite à l'impuissance.
Malgré l'échec de l'aventure, ils y avaient cru et s'y
étaient donnés à fond. Malgré le discrédit que les

pratiques de corruption et de népotisme jetait sur eux, ils avaient été, pour la grande majorité d'entre eux, porteurs d'innocence et d'enthousiasme, démiurges agaçants de certitudes, mais mes frères pourtant.

Pour moi aussi c'était le temps des certitudes. Je croyais totalement à la nécessité d'un changement radical, même s'il fallait balayer le monde auquel j'appartenais. J'y croyais, sinon comment expliquer toutes ces années de passion, ces discussions sans relâche dans les cafés, les amphis? Comment expliquer cette indifférence au monde d'où je venais, cette insensibilité aux coups portés par Ben Bella à ma famille et à moi-même, dès le début de l'indépendance, dans un jeu inventé par lui au plus fort de son délire? — un délire que Boumediene ne reniera pas par la suite. Pour entretenir la flamme révolutionnaire, le «président tribun» s'adressait à son peuple dans des meetings réunissant des foules immenses, aussi enthousiastes pour la création d'une fédération de cyclisme que pour la libération de l'Angola. Les discours improvisés du premier président de la République algérienne démocratique et populaire enflèrent avec le temps. Devant son peuple enamouré, il prenait à partie le monde et l'histoire. La révolution algérienne avait un agenda chargé. Pas une semaine sans une avancée mémorable sur nos ennemis, intérieurs comme extérieurs. Bien vite, l'image du méchant Français perdit de sa force, au profit d'un nouvel ennemi, la bourgeoisie nationale, qui devint ainsi la victime propitiatoire de l'Algérie indépendante.

Le nom de ma famille fut lancé à la vindicte publique le 10 mai 1963, à l'occasion de la Journée de l'Arbre, que je n'oublierai jamais. Ce jour-là, mon histoire personnelle est entrée dans la grande histoire. Je croyais qu'il s'agissait d'une journée de «lutte contre la désertification». C'était un dimanche, quand dimanche était encore dimanche. Nous étions des milliers à crapahuter sur les versants des montagnes qui entourent le barrage du Hammiz, pour y planter des arbres sous un soleil trop chaud. Nous avions le cœur à l'ouvrage ; nous allions rejoindre le président Ben Bella et son hôte, *el comandante* Che Guevara. L'ex-gouverneur de la Banque de Cuba, l'ex-ministre de l'Industrie, comprenant qu'il ne deviendrait pas un apparatchik, avait repris la route. S'était-il arrêté à Alger sur les conseils de sa mère, qui lui écrivait : «Si, pour une raison ou pour une autre, les portes se ferment pour toi à Cuba, il y a en Algérie un Ben Bella qui te serait reconnaissant d'y organiser l'économie»? Il ne resta pas en Algérie, pour son bien et celui de l'économie algérienne, qui ne perdait rien pour attendre. Il reprit la route, avec, comme il l'écrivit à Castro, «dans mes talons les côtes de Rossinante...» Qui de Marx ou de Cervantès marqua nos destins ?

Des trains et des bus avaient été mis gratuitement à la disposition des Algérois. C'est dire s'il y avait du monde, sur la route, dans les fossés, sur les pentes, dans les fourrés. Nous étions un petit groupe d'étudiants de la fac de droit d'Alger, perdus dans la masse des milliers d'hommes et de femmes qui prenaient d'assaut les chemins escarpés. Pour aller plus vite ou par anarchie ancestrale, nous délaissions la route goudronnée sur laquelle se succédaient les centaines de voitures noires des hiérarques du pouvoir portant des polos et, pour les plus zélés, des vestes militaires. La révolution antibourgeoise et les odeurs de la guerre des sables sur la frontière marocaine dictaient leur mode et interdisaient les cravates. Les berlines aux vitres fumées étaient conduites par des chauffeurs. Les dignitaires étaient assis près d'eux, à l'avant, fraternité oblige. La fraternité entre les classes, le mot d'ordre qui réglait les rites du pouvoir, se mettait en place.

Le peuple algérien prenait possession, au propre comme au figuré, de la terre algérienne que le président tribun lui rendait de meeting en meeting. À travers champs, par des chemins de chèvres, les enfants de la révolution socialiste avançaient, les uns poussant les autres. Ils écrasaient tout sur leur passage, arrachaient et mangeaient sur pied les artichauts de la victoire, à peine mûrs pour la saison, qui n'était tout compte fait que celle des harangues. Arrivés sur un plateau, attirés par un énorme caroubier, à l'heure où les ombres ne sont que de minces filets aux bosquets du maquis, où la sienne tient entre ses pas, nous étions affalés sous l'arbre, moi et mes camarades de fac. Ceux qui passaient nous regardaient avec désapprobation, et même colère. La fatigue les enivrait. Nous offrions l'image d'une jeunesse insouciante que le bon peuple, qui avait fait du sacrifice la vertu cardinale de l'Algérien, réprouvait. Nous nous lançâmes dans un débat passionné sur l'utilité de la journée. Celle qui avait été la plus enthousiaste au départ, c'est-à-dire moi, était devenue la plus dubitative. Arriva alors une vieille femme, unijambiste, qui marchait sur une béquille taillée dans du mauvais bois. Théâtralement, elle exhibait son mal et son patriotisme et m'accablait de ses reproches. Elle venait de m'entendre mettre en doute l'avenir de nos plantations et de toute l'opération politique. On ne badine pas avec les certitudes du peuple.

Loin, très loin, la foule serpentait, comme dans le film d'Eisenstein où le tsar fou regarde du haut de son donjon le peuple avancer en un long cordon noir dans la neige blanche. Ici, sous un soleil éclatant, la foule bigarrée avançait au milieu des lentisques et des genêts en fleur. C'était la chaîne continue du tout, d'un peuple en extase, hors de lui, d'une communauté en ordre de marche. Cette journée me marqua à jamais. C'est à cette foule que je penserais, longtemps après, au Capodimonte, à Naples, devant le tableau de Bruegel, *Les Aveugles*, féroce illustration de la parabole de l'Évangile : « Et si un aveugle en conduit un autre, tous les deux tomberont dans le fossé. » Vingt millions d'hommes et de femmes étaient prêts, ce jour-là, à tomber dans les pièges de la fraternité.

Après avoir entendu pour la énième fois un paysan dire à un pauvre Algérois déboussolé par tant d'espace : « C'est juste là », je me suis arrêtée, et j'ai laissé filer le long ruban humain. Mon enthousiasme du matin se délitait à mesure que m'apparaissait la beauté immuable des lieux, avec, au loin, la mer camusienne, et que s'estompaient les bruits des milliers d'hommes et de femmes soufflant, transpirant, arrachant du chemin, des pierres, de la poussière, et le rêve d'être plus grands. Ils perdaient le premier rôle dans la scénographie accomplie du ciel, des montagnes et de la mer. La complétude offerte du monde me rendait à moi. Et c'est alors que monta lentement, sournoisement, la vieille angoisse de ne pas être immortelle, qui m'extrayait du monde alentour. Laissant partir le peuple en marche, je m'arrêtai sous le caroubier et restai immobile sur le bord du chemin, abandonnée par l'aventure du matin. J'étais inadoptable.

Je restais là, en compagnie d'un jeune homme inconnu, timide et seul dans cette foule. Lui aussi semblait pris par la magie des lieux. Quand il s'aperçut que nous étions seuls sur le plateau, il s'enhardit, me proposa de partager son déjeuner, du pain accompagné de fèves crues trempées dans du sel et d'une bouteille de Selecto. Cet homme était postier, comme il me le confia ; longtemps, je le croiserais, distribuant le courrier dans ma rue Didouche. Changea-t-il ensuite de quartier ou finit-il par se fondre dans la foule ? Je ne sais plus, mais il s'évapora. Je n'ai pas vu Ben Bella planter son arbre, ni entendu le discours en français du Che. En ce temps-là, tout le monde parlait français, les guides de la révolution algérienne, comme le plus prestigieux des camarades cubains. Cette langue courait les rues d'Alger en toute liberté, conquise par les accents du Cap-Vert en lutte ou de la Galice rebelle à Franco. Tous, des hauts plateaux algériens aux bords du Tage, avec un français roulant les *r* ou les avalant, nous croisions nos histoires, mélangeant nos ancêtres et nos héros, de l'Estrémadure à la Soummam, en cet an I de l'Algérie. Au fond des amphis houleux, ignorant la *pop music* et les garçons de Liverpool, nous chantions *L'Affiche rouge* en sourdine, avec Ferré et Aragon.

Quand je rejoignis la route, les voitures noires redescendaient à la queue leu leu. L'un des bus bondés qui ramenaient les manifestants à Alger s'arrêta devant moi. En m'apercevant, mes compagnons du matin s'extirpèrent du bus, excités et rigolards : «Tu as bien fait de ne pas monter. Ben Bella a attaqué ta famille!» *Suppôt du capitalisme international*, comme je devais le lire le lendemain à la une du journal unique. On parlait comme ça à l'époque. C'était non seulement ridicule, mais injuste et dangereux, compte tenu des mœurs vengeresses archaïques présentes jusqu'au cœur du pouvoir. Pour moi qui avais rêvé le matin même de me fondre dans le peuple, c'était raté. Mais ça, je ne le formulerais que plus tard. À cette époque, je mettais ce type d'état d'âme sur le compte des penchants petits-bourgeois que je m'amusais à débusquer chez quelques-uns de mes amis, fils et filles de la bourgeoisie, deux chats et trois tondus qui constituaient cette terrifiante classe devenue la cible favorite des meetings du président tribun. C'était la saison des discours fleuves déclenchant des enthousiasmes inconditionnels, ou plutôt si conditionnés que je pus assister un jour à une scène de rue réjouissante : dans la Casbah d'Alger, au passage d'une camionnette qui faisait la publicité d'une lessive par porte-voix, « Isy lave plus blanc », les enfants criaient en s'accrochant au véhicule : *« Tahia Ben Bella ! Tahia Ben Bella ! »* J'ai longtemps été parasitée par ces cris cadencés, et avant eux par le langage en morse des coups de klaxon : « Al-gé-rie-fran-çaise ! Al-gé-rie-fran-çaise ! », le tintamarre des casseroles et les youyous dans la nuit, quand les assassins de l'OAS s'approchaient des quartiers arabes. Mes musiques intérieures étaient émeutières.

« Tahia Ben Bella ! » Le président tribun lavait plus blanc. Il désignait au peuple ses ennemis et entretenait la révolution permanente à peu de frais. Après avoir rabâché à satiété les noms de Borgeaud, le maître de la Trappe, et de Germain, l'ancien propriétaire de la maison du Baron, les symboles de l'Algérie coloniale, il se rabattait sur des familles algériennes, attribuant à chacune, avec un réel talent de dramaturge, une tare particulière, un rôle dans le théâtre de la révolution socialiste algérienne ; pour les unes, c'était d'avoir reçu trop de médailles, de terres et de titres de l'occupant ; pour les autres, c'était d'être ou d'avoir été trop riches. « Tamzali, suppôt du capitalisme international ! » avait lancé à la foule le chantre du « socialisme spécifique ».

Socialiste, je ne sais pas, revanchard, oui. Le soir de la nationalisation des biens de mon grand-oncle Mustapha, qui survint quelques mois après les insultes du 10 mai 1963, à la soirée donnée en honneur de Julius Nyerere, le père de la nation tanzanienne, Ben Bella s'en vanta en termes graveleux auprès de Ferhat Abbas, le président de l'Assemblée constituante : « Les Tamzali, tu as vu ce que je leur ai fait, je les ai bien eus ! » Celui-ci lui répondit : « Tu les as volés. Tu ne sais pas ce que c'est que le travail. » Le secrétaire particulier d'Abbas qui nous rapporta cette anecdote ne nous a pas dit si le premier personnage du pays avait accompagné ces mots du geste que les gamins d'Alger font en la circonstance.

Pauvre famille volée, sortie exsangue de la guerre à laquelle elle avait plus que contribué, utilisant avec audace son statut de notable dans la société coloniale. Elle avait donné des hommes, de l'argent ; elle avait mis tous les moyens qu'elle avait au service de la lutte clandestine : villas dans les beaux quartiers à l'abri des soupçons, usines, entrepôts, magasins, fermes pour sauver les fuyards, transférer de l'argent, entreposer et transporter des armes ; voyages d'affaires à l'étranger et à l'intérieur du pays pour transmettre des documents, comme ceux du congrès de la Soummam de 1956, qui posa les bases politiques et idéologiques de la révolution algérienne, portés par un cousin de mon père, comme ceux que j'ai portés sur l'estomac, sous mon pull, d'Alger à Genève. La fin de la guerre approchait — c'était en 1961 —, et les documents avaient trait à un transport d'armes. Je devais les remettre à mon oncle Hamid, le plus jeune frère de mon père, qui appartenait à la cel-

lule suisse du prestigieux et redouté service du
MALG, le ministère du gouvernement provisoire
algérien chargé de l'approvisionnement en armes
et du renseignement. L'usine sur le port d'Alger
recevait des fûts à double fond, bourrés d'armes,
qui transitaient à la barbe des douaniers. C'était
Salah Tamzali, le fils de Mahmoud, le plus jeune
des fils d'Ismaël, qui avait mis au point le système.
Les fûts étaient vidés, puis dessoudés. Les armes
étaient retenues par des fixateurs, et les munitions
protégées dans des sachets de plastique. Pas moins
de onze tonnes d'armement entrèrent ainsi en
Algérie. Déchargées par les ouvriers de l'usine, les
armes étaient ensuite déposées à la villa La Madeleine, où habitait Salah. Elles étaient destinées
aux régions militaires de la Kabylie et de l'Algérois.
C'est Salah qui me scotcha sur la peau les documents pour Genève. La Suisse était devenue le
deuxième pays de ma famille, de nombreux
membres y ayant trouvé refuge. Mon autre oncle,
Seddik, celui qui avait assombri nos premiers jours
par ses prophéties terrifiantes et justes, était aussi
en Suisse, mais hors service. Il était allé se mettre
au vert dans les montagnes pour se guérir des
tortures infligées par ses compagnons d'armes. Il
avait tout le temps pour réfléchir à la guerre des
clans. Ses enfants allaient à l'école à ski. Les descendants du marchand de Bougie ont décidément
beaucoup voyagé, et la vie ne leur a pas fait de
cadeau.

Comme tous les autres Algériens, les petits-fils
d'Ismaël furent poursuivis, arrêtés, torturés, exilés,

tués, mon père d'une balle à bout portant, Smaïl B., après avoir été torturé par l'armée française. Enlevé à Médéa, où il exerçait comme médecin, il fut retrouvé sans ongles et sans yeux dans la forêt environnante. Les deux cousins avaient été tués à quelques mois d'intervalle. Leur mort fit basculer pour toujours dans le deuil la génération des anciens et marqua au coin le futur des plus jeunes. Plus tard, ils seraient insultés, dépossédés, plus que beaucoup d'autres Algériens. Ils revenaient d'exil et essayaient de reprendre le cours d'une vie qu'ils avaient bouleversée pour une aventure plus exigeante que leur vie de notable, la libération, sans réclamer de butin de guerre ni chercher gloriole ou avantages. Le caractère austère de ma famille m'a toujours réjouie : riches, sans jamais le montrer, patriotes, sans s'en vanter. Les réunions de famille fourmillaient d'anecdotes, certaines extraordinaires. Ces faits d'armes étaient restés à usage interne. Je suis la première à rompre la réserve familiale.

Par ses insultes démagogiques et clownesques destinées à séduire son peuple, le président Ben Bella a diabolisé pour longtemps — jusqu'à ce jour — le nom que je porte. La chute du socialisme n'a pas complètement effacé les paroles de haine. Le premier accroc à mes rêves coûta plus cher que je ne le pensais. Je ne mesurais pas la portée réelle et les conséquences de ce coup, empêtrée que j'étais par la mauvaise conscience d'appartenir à la bourgeoisie nationale et subjuguée par la révolution. Comment expliquer autrement mon insensibilité, même devant les plus vieux que j'aimais, admirais, respectais infiniment, qui prirent de plein fouet le discours du 10 mai et les nombreuses autres attaques qui suivirent? Comment expliquer mon apitoiement condescendant vis-à-vis des oncles, des cousins outragés, eux qui avaient tant fait et attendaient la paix de l'indépendance pour retourner à l'anonymat, cette vertu cultivée par la famille, sans parler de ceux qui étaient morts et qui ne pouvaient plus rien dire? Au malheur de la guerre, aux morts, aux fermes détruites, à la fortune envolée, s'ajoutait un sentiment d'injustice. La belle quiétude qui nous suivait depuis la maison de Saint-Eugène vola en éclats. Nos réunions familiales s'assombrirent.

J'avais conservé dans les temps nouveaux la vieille habitude d'accompagner ma mère à ces réunions dominicales. Je menais de front des vies parallèles. Cousins, cousines, tante, oncle, grand-oncle, grand-tante, frères, beaux-frères, neveux, nièces de tous âges se retrouvaient tous les dimanches à La Madeleine, une petite propriété nichée au Val d'Hydra, sur les hauteurs d'Alger. Un grand portail ouvrait sur un chemin ombragé qui conduisait à deux maisons. La végétation des jardins était quasi tropicale, et des sous-bois montait l'odeur de la terre putréfiée. Des banquettes d'azulejos aux formes incurvées accueillaient dès les premiers beaux jours le cercle de famille. Deux de mes grands-oncles habitaient là. Tous les dimanches, nous nous y retrouvions, de préférence dans la plus ancienne des maisons, une villa néomauresque où habitait Mahmoud, le père de Salah, le plus jeune frère de mon grand-père, et sa nombreuse parentèle. La plus récente abritait la solitude de l'oncle Mustapha, le «suppôt du capitalisme international», le plus puissant et le plus riche des fils d'Ismaël. Pendant les derniers mois de la guerre, la période du terrorisme OAS, la vieille maison nous avait souvent accueillis pour la nuit, le couvre-feu débutant à 4 heures de l'après-midi. C'était un camp retranché, et nous étions souvent nombreux à y dormir. Comme toujours dans les moments tragiques, la vie s'inventait des récréations. De longs repas, d'interminables et bruyantes parties de cartes, avec rires et jurons. Les dernières Chesterfield s'arrachaient. Nous attendions la fin de la guerre. La Madeleine était pleine d'attentes et de rires. En l'an I de l'Algérie libérée, les rires s'étaient éteints. Les injures, les attaques contre nous avaient pénétré le royaume édifié farouchement, à l'écart des Français comme des Algériens, par trois générations d'hommes arrivés par leur travail au sommet de l'échelle sociale. Ils se sentaient aujourd'hui piégés par la singularité qu'ils avaient entretenue. Les murs d'enceinte du parc n'y pouvaient rien. La famille était désemparée. Finies les réunions aux accents tchékhoviens qui me mettaient au comble de l'ennui. *La Cerisaie* laissait place à *Guerre et paix*. Les vieux étaient silencieux, abasourdis par la tournure que prenait l'indépendance. Les plus jeunes, en particulier ceux qui avaient participé activement à la Résistance, étaient indignés. Ils avaient le sentiment d'avoir été trahis : «Nous ne nous sommes pas battus pour ça! Il n'y a pas de bourgeois en Algérie. » Je les regardais, élégants, enrobés d'un confort discret mais réel, je souriais. J'oubliais combien je leur ressemblais et combien j'aimais ces odeurs de café mêlées à celles des cigarettes anglaises et des parfums français. Je ne savais pas encore combien j'étais attachée à cet art de vivre lentement sécrété, de la villa du front de mer de Saint-Eugène à La Madeleine, de la vieille maison du quartier turc de Bougie à la maison de la ferme, un art de vivre dont je ne ressentirais la nostalgie que bien plus tard. Mes grands-oncles et mon grand-père posaient sur la console de l'entrée leurs hauts fez rouges, leurs écharpes de cachemire anglais, écossaises ou à chevrons, et leurs cannes, identiques et patinées. Me remémorant à présent ces petites choses, c'est tout un monde qui m'assaille et m'émeut. Mais je ne voyais alors dans ces longs et tumultueux déjeuners que les manifestations d'un monde dépassé, d'un ordre ancien que j'enterrais sans états d'âme. J'avais l'assurance d'être dans le siècle et décidé que la vraie vie était ailleurs.

Dans les amphis chauffés à blanc de la fac de droit, dernière année, nous étions une trentaine d'étudiants. J'étais la seule fille, et c'était moi qui parlais le plus fort de la révolution. L'Algérie de l'an I vivait au rythme des meetings et défilés. Tout n'était que grandes parades, et j'étais de toutes les parades. Pour le premier Premier Mai, celui de 1963, tous les corps de la société nouvelle défilèrent en rangs serrés sous un soleil de plomb, de la place des Martyrs à celle du Premier-Mai. Le cortège passait par le boulevard du Front de mer, comme tous les cortèges. Les facs venaient après le corps médical, après les infirmières, la section des étudiants en droit en tête. J'étais évidemment à la tête de la tête. Les slogans étaient repris par la foule au passage des sections : «À bas les bourgeois!» dominait les autres. «Pas avec Wassyla!» a dit notre meneur, par délicatesse. Nous avons alors scandé «Vive la révolution socialiste!» J'étais aussi de toutes les batailles oratoires du resto U, où je mangeais joyeusement du mauvais couscous. J'étais partout, j'entraînais les autres. C'est moi qui avais organisé notre petit groupe pour la Journée de l'Arbre, et, ce dimanche-là, comme pour tous les raouts de l'Algérie des commencements, j'avais l'allégresse au cœur en quittant ma rue. Qu'importait le calendrier agricole, la vérité de ce matin-là, comme celle de nombreux matins des premières années de l'indépendance, était que je me fichais de savoir ce que j'allais planter. La vérité de ce matin, de ces matins, forte et simple comme aucune des vérités que je croirais trouver plus tard, était que j'allais rejoindre les autres enfants de l'Algérie de l'an I, qu'ils étaient tellement nombreux et différents de moi que nous formions un peuple fraternel et que ce peuple me tirait de ma singularité. Captivant fiancé, j'allais à lui comme une promise confiante. Je donnais mes vingt ans, et j'avais l'éternité en échange. C'est cela que m'apportaient la révolution socialiste algérienne et ses prophètes : l'éternité sur l'aile de l'histoire. Alors, même si je sais aujourd'hui la farce que m'a jouée l'histoire, je fredonne encore « Il faut croire aux histoires anciennes... ».

Je ne voyais pas le piège qui se mettait en place et qui irait jusqu'au bout. Plus que sur tout autre, il se refermerait violemment sur moi, puisque j'étais dans le camp des ennemis du peuple. J'aurais dû prendre mes jambes à mon cou et partir chercher un pays. J'étais peut-être encore adoptable. Mais j'attendais le grand jour.

Je suis restée longtemps campée sur ces positions, laissant passer la vraie vie. *Mea culpa.* Je n'ai rien vu de 1968, ni les pavés, ni les Beatles, comme beaucoup d'Algériens de ma génération. Nous étions nombreux à nous être engouffrés dans la bouche dévorante de l'Algérie naissante et à avoir succombé à son emprise sur nos mémoires et nos désirs. Qui ou quoi aurait pu nous préparer à plus de clairvoyance ? Sûrement pas le long mépris des colons d'hier, relayé par l'esprit de croisade des Occidentaux, qui, encore et toujours, nous obligeait à serrer les coudes dans une fraternité née du ressentiment, un sentiment subtilement utilisé par les maîtres de l'Algérie pour nous rassembler derrière eux en ordre de marche.

Nous avions fait table rase de tout ce qui avait précédé, de tout ce qui dépassait ou était en conflit avec l'identité arabo-islamico-socialiste, que le journal national, la télévision nationale et le parti unique martelaient jour après jour. Nous étions nés de la révolution algérienne, et pour elle. Dans les bureaux, les universités, les journaux, par nos prises de position, nos jugements sans appel, nos condamnations, nous creusions le lit du pouvoir. Contre nos intérêts les plus élémentaires, nous lui tracions une voie triomphante, les uns dans l'exécution zélée de leurs fonctions, aux postes les plus hauts de la hiérarchie, comme aux plus humbles, d'autres par leurs articles ou leurs films, d'autres encore par leurs déclarations et leurs projets de motion dans les amphis, les conseils de classe, les hôpitaux, les syndicats, les organisations de masse, et jusque dans les vénérables ordres des avocats, des médecins, mais aussi chez les juges, les professeurs, etc. Quand les étudiants en révolte se retranchèrent dans la fac d'Alger, en mai 1968, le président du Conseil de la Révolution, le colonel Boumediene, convoqua tout le corps professoral à une réunion à la salle des Actes : « On nous dit que l'Université est inviolable. Eh bien, nous l'avons violée ! » Toute la salle applaudit aux paroles viriles. Les professeurs de toutes les disciplines, des hommes savants et intelligents, s'étaient levés et avaient ovationné le nouveau tribun de l'Algérie. C'était une des premières performances oratoires du président colonel qui sortait peu à peu de sa réserve légendaire, rattrapant vite Ben Bella, auquel il avait cloué le bec. Il avait été dopé par les émois de la guerre des Six Jours contre Israël. D'une phrase volée à de Gaulle, il avait consolé l'orgueil blessé des Algériens de la défaite cuisante des Arabes : « On a perdu une bataille, on n'a pas perdu la guerre ! » La statue de Nasser et le panarabisme ayant été brisés en mille morceaux au Pan-

théon de la nation arabe, le peuple algérien se jeta
dans les bras de Boumediene. Massés sous les
fenêtres de la présidence, nous étions des milliers
venus là spontanément. Devant ce mouvement
populaire, les derniers récalcitrants, ceux qui
avaient refusé le coup d'État du 19 juin 1965, les
communistes entre autres, décidèrent de rejoindre
le pouvoir. La nation retrouvait l'illusion lyrique qui
avait bercé les premières années de l'indépendance.
Nous ne faisions qu'un tout fraternel autour du
grand frère colonel.

L'opposition farouche au régime de nombreux
membres de ma famille, les injures contre le nom
que je porte ne m'aidaient pas à prendre du recul,
ne me rendaient pas plus critique que l'ensemble
de mes camarades étudiants et du bon peuple qui
applaudissait à tout va. J'étais médusée, envoûtée,
tombée en catalepsie, comme beaucoup de ceux
qui auraient pu se rebeller pour le plus grand bien
de l'Algérie. Je prenais à la légère l'évidence des
choses, j'entrais dans le temps des périodes transi-
toires et des bonheurs à venir. Ainsi avions-nous
tous contribué, du moins presque tous, à forger
cette unanimité sans faille qui légitima longtemps
le pouvoir, ce pouvoir dont je ne connaissais pas
vraiment les tenants et les aboutissants et dont,
aujourd'hui encore, je ne sais rien avec certitude,
sinon que je ne dois pas écrire pouvoir avec un P
majuscule.

À notre décharge, il faut dire que l'aventure
était séduisante, qu'elle avait du panache et dépassait le cadre de nos frontières. Nous servions avec

enthousiasme de relais au dogme officiel du tiers-
mondisme triomphant des années 1960. Qu'il
fût accouplé à un nationalisme exacerbé ne nous
gênait en rien. Nous étions plus que fiers de voir
l'Algérie jouer un rôle de premier plan dans le
clan des anti-impérialistes. N'étais-je pas de cette
terre et de ce peuple qui avaient donné leurs lettres
de noblesse aux luttes anticoloniales ? Frantz Fanon
et Sartre n'avaient-ils pas écrit à partir de l'Algérie
leur bréviaire anti-occidental *Les Damnés de la terre*,
qui guidait nos cœurs et nos têtes ? Avec eux, nous
répétions que les paysans avaient libéré l'Algérie
de l'impérialisme français et qu'ils feraient barrage
au néo-impérialisme américain et au capitalisme
international. Le président colonel parlait aux fel-
lahs les yeux dans les yeux. Il portait comme eux le
burnous de laine brune de Maghrébin, la moustache rustique, les pommettes hautes, le visage
taillé à la serpe par une faim séculaire que les ors
de la nation et l'usage des Cohibas, les cigares de
l'ami Castro, mettraient longtemps à apprivoiser.
Nous ne réalisions pas encore que nous serions
privés de liberté en leur nom et qu'ils seraient les
dindons de la farce, comme nous.

Comment eût-il pu en être autrement ? Nous
avions une si forte envie de croire, d'oublier la
longue et terrible nuit de la guerre, les humiliations, la misère de l'occupation, de nous retrouver
des mille et des cents, un peuple. Nous étions une
nation pour la première fois devant l'histoire. Et
quelle nation ! Notre pays, né dans la lutte contre
le colonisateur, était porté sur les fonts baptismaux

par la fraternité des peuples opprimés de tous
les continents. Nous réalisions les prophéties de
Bandung. La présence à Alger de nombreux mouvements en lutte, des Black Panthers aux antifran-
quistes espagnols, des Marocains condamnés à
mort par Hassan II aux Angolais, Brésiliens ou Portugais, le regard enamouré des intellectuels de
gauche de nombreux pays, tout nous faisait croire
que nous étions en orbite pour la grande aventure.
Les plus valeureux et les plus talentueux passaient
par ici. Henri Langlois avait choisi Alger pour clo-
ner la Cinémathèque de Paris. Niemeyer, le père
de Brasilia, avait dessiné l'université de Constantine, et il était en passe de réconcilier le vieux culte
avec l'art moderne par une mosquée toute blanche
en apesanteur sur les eaux de la baie d'Alger. Dans
les allées de la fac, nous croisions Bourdieu, pâtre
grec — kabyle, aurait-il revendiqué —, timide avec
les filles, chaleureux avec tous, et tant d'autres
venus des vieilles nations, assister ici, attentifs, à la
naissance de la nôtre. Pour l'heure, nos chemins
allaient en montant. Nous y croyions tellement
que nous pensions être sur le départ de notre
aventure, alors que nous étions à son apogée et
que c'était déjà une clarté crépusculaire qui guidait nos pas. Nous étions éblouis par les élans de la
fraternité, à l'aise dans les habits neufs du «socialisme spécifique», enivrés par l'épopée algérienne,
que les guides de la nation nous fabriquaient,
d'Abd el-Kader le fédérateur, le poète des chevaux
et des femmes, l'ami tardif des Français, à Amirouche, le colonel analphabète, le héros embléma-

tique des maquis. Ce passé devait être à la mesure
du futur qui nous attendait. Oubliant la Berbérie
antique de Jugurtha, les vieux brassages, les métro-
poles cosmopolites qui berçaient nos mémoires,
notre âme méditerranéenne, les marques indélébiles des conquérants que nous avions faites nôtres,
nous acceptions unanimement d'être des « socia-
loarabomusulmans », et exclusivement ça. Les
chantres de nos guides bâtissaient une épopée sim-
plifiée, qui nous prenait dans ses bras, nous conso-
lait de tant et tant de peines, de tant et tant de
morts, qu'elle était plus nécessaire que la vérité. La
question n'était donc pas d'y avoir cru, mais de
savoir comment en revenir.

Nous n'avions pas pris la mesure des accouplements acrobatiques auxquels les guides de la nation
nous conviaient, nous donnant le baptême tous les
jours, comme le prêtre l'hostie. Eux seuls avaient
ce droit. Ils avaient vite mis la main sur l'histoire
algérienne. Elle était devenue une entreprise nationale, comme le pétrole, les terres, les immeubles
vacants, l'école, le tourisme, la médecine, l'art, l'édi-
tion, la diffusion des idées, des livres, des films, des
disques, de l'information, l'histoire. Plus grave
encore, la guerre de libération, qui appartenait au
peuple algérien, était mise sous haute surveillance.
Plongés dans le jus de l'époque, nous n'y voyions
que du feu. Les survivants avaient pris la parole
aux morts, et le pouvoir sur les vivants.

C'est facile de dire maintenant que les enfants
de l'an I de l'Algérie se trompaient, que nous nous
fourvoyions. Mais comme elle était belle, notre

erreur! C'était une histoire d'amour, avec ses colères et ses indulgences. Dis-moi quelle fut ton erreur, et je te dirais qui tu es, et je te dirais si je t'aime. N'est-ce pas implicitement la question que je pose aux inconnus : où étiez-vous dans les années 1960? Il est faux de croire que l'on ne peut plus se faire d'amis avec le temps. Ce qui est difficile, c'est de changer d'erreur, de tribu. Ce qui désespère, c'est de renier ses amours passées.

« Les autres »

Nous n'avions pas mesuré combien la partie serait inégale, et les jeux de pouvoir facilités par les faiblesses du pays maintenu dans l'obscurantisme et la misère par cent trente ans de colonialisme. Nous n'avions pas prévu que le pays tout entier, ou presque, se ruerait avidement sur tout ce qui pouvait le rassurer sur ce qu'il était ou rêvait d'être. Nous n'avions pas compris, car nous nous bercions de l'illusion que la libération du pays ouvrait la voie à la liberté des cœurs et des têtes. Comme la pirogue, nous étions quelques-uns à nous être détachés de l'arbre des origines, sans l'oublier pour autant, et nous attendions pour voguer que tout le peuple s'embarque avec nous. Nous étions si fiers de nos fragiles pirogues, si confiants. Mais le peuple se tournait vers d'autres que nous, vers « les autres » (ils n'étaient pas encore identifiés, ils n'avaient pas encore de nom), et prenait avec eux un train d'enfer vers le passé, la défunte civilisation islamique, et la religion.

Pour « les autres », nous étions les parties prisonnières de l'arbre qu'ils enfonçaient de plus en plus dans la terre trempée du sang des martyrs, une terre magnifiée par les héros de l'âge d'or de l'islam. Avaient-ils peur de leur soudaine liberté ? Avaient-ils peur des tempêtes qu'il leur fallait affronter maintenant qu'ils étaient dans l'histoire ? À certains l'ivresse de la liberté, à d'autres la crainte d'exister. Le chemin qui menait de la libération à la liberté était tordu, et jamais la libération ne garantissait la liberté. Plus le temps passait, et plus j'apprenais à faire la différence entre les deux. La libération et la liberté, même racine et faux amis. Ce que je sais aujourd'hui, c'est que dans mon pays, dès les premières années, la libération, portée par un souffle dont on sentit longtemps la puissance, avait effrayé la liberté ; si jamais elle avait eu des velléités de se montrer, mais ça, nous ne le saurons jamais.

Dès la fin des années 1960, nous avions engagé avec « les autres », ceux qui n'avaient pas encore de nom, un face-à-face qui ferait un jour imploser la société algérienne. Deux camps pointaient le nez sous les discours faussement unitaires, faussement fraternels. Chacun utilisait l'espace que le pouvoir lui octroyait avec une intelligence satanique. Chaque camp avançait ses pions sous l'œil du FLN, dépositaire de la légitimité nationaliste. Dans les organes de presse tenus d'une main de fer, la culture était notre pré carré. Dans le journal du week-end, *Alger Actualité*, à nous les pages de cinéma et de théâtre, aux autres les pages d'histoire et de philosophie, comme ils appellent les longues ratiocinations sur le passé, l'identité. Passéisme, religiosité, bigoterie étaient leur style, avant de devenir leur programme. L'opinion publique, comme on dit, celle sans opinion particulière ni camp déterminé, celle des sans-voix, c'est-à-dire le gros du peuple algérien, penchait peu à peu pour «les autres» et leur fatras pseudo-intellectuel, pseudo-spirituel. Elle se délectait des pages de notre journal national envahies par des références aux héros d'un passé poussiéreux; pas Ferhat Abbas, ni Aït Ahmed; Abanne Ramdane, non plus, éliminé par les siens. Nulle place pour les Français ou les Algériens d'origine européenne, juifs ou non, communistes ou non, qui s'étaient battus avec nous — Éliette Lou, Henri Alleg, Fernand Iveton, le seul Français exécuté pendant la guerre d'Algérie, Daniel Timsit, Maillot —, silence sur leur espoir d'une Algérie fraternelle. De ces êtres de chair et de sang — leurs corps ensanglantés —, on avait mis à la va-vite et sans flonflons les noms sur les plaques de nos places et de nos rues. On leur avait enlevé la parole — «déjà vous n'êtes plus que pour avoir péri». On se tournait vers des héros moins encombrants, morts depuis longtemps : l'émir Abd el-Kader, le père de la nation, Ben Badis, le fondateur des oulémas, dont la photo ornait les murs de nos consulats, même s'il n'avait pas cru à la capacité des Algériens de se gouverner, et la kyrielle des héros de l'âge d'or de la civilisation islamique, dont le rapport plus que distendu avec l'Algérie du présent ne dérangeait pas les philistins qui étaient légion dans les sphères idéologiques et politiques de l'Algérie naissante : Averroès, qui se retournait dans sa tombe d'être mis au service d'une entreprise obscurantiste, et Omar Khayyam, réquisitionné par tout le monde. Son nom brillait aux enseignes des pâtisseries et sur les étiquettes de vin, mais combien de ses laudateurs savaient que ses vers d'amours sulfureuses auraient plongé dans l'embarras le peuple avide de respectabilité ? Le bon peuple ne pouvait imaginer l'irrévérence des poètes arabes dont il se réclamait. On lisait peu, et presque pas en arabe, en ce temps-là. Leurs noms étaient utilisés comme des bonbons qu'on suce pour faire passer un mauvais goût, le goût de la culture française. À travers cette opération de récupération, le conservatisme s'installait lentement et sûrement dans les cœurs et les têtes, enterrant définitivement les restes de la civilisation arabo-islamique et ses chances de renaissance.

« Les autres » avaient aussi leurs entrées dans les écoles, les tribunaux, à la télévision et, évidemment, dans les mosquées. Nous, nous occupions la Cinémathèque, et avions quelques rôles obscurs dans des bureaux d'études ou des officines ministérielles. Ajoutons à ce partage de territoires l'usage des langues, qui faisait de « nous » des francophones et des « autres » des arabisants. La lutte qui s'engageait sournoisement dès la fin des années 1960 était celle du pot de terre contre le pot de fer. Elle finira par ressembler à une guerre de religion, aussi âpre que celles des catholiques et des protestants dans l'Europe du XVIIᵉ siècle et qui occasionnera des milliers de morts entre les années 1992 et 2000, la bien nommée «décennie noire».

En même temps que la lente et inexorable montée des «autres», l'intolérance et le dogmatisme s'installaient, avec des relents de fascisme, dans le quotidien de tous, et jusque sous la plume des «éditorialistes» du journal officiel. Beaucoup de ceux qui m'entouraient n'y prenaient pas garde. La colère que je manifestais parfois était, je le sentais bien, perçue comme le ressentiment d'une «bourgeoise malgré elle». Je déboulais hors de moi dans le bureau de la Cinémathèque, montrais un article et proposais de le lire en changeant les mots «monde arabe et musulman», qui abondaient dans tous les articles, à propos de n'importe quel sujet, par «Occident et chrétienté», dans l'espoir d'entendre hurler les impétrants ès libertés. Mais ils me répondaient sur un ton amusé : «O.K., c'est mal écrit. Mais de là à en faire de la littérature fasciste, tu ne trouves pas que tu exagères?» Rirait bien qui rirait le dernier. Je répondais, brandissant le titre d'un film allemand qui deviendra ma devise dans cette période entre chien et loup : «En cas de grand danger, le chemin du milieu mène directement à la mort!»

J'exagérais? Au milieu du champ de bataille qui se mettait en place, devant «les autres», qui fourbissaient leurs armes à l'eau bénite, qui distribuaient la bonne parole aux pauvres d'esprit et des nourritures terrestres aux ventres creux, devant « les autres », qui savaient leur dire qui « ils étaient », nous, les enfants de l'Algérie de l'an I, qui ne savions pas encore qui nous étions, nous qui nous cherchions dans les mots et les images de la révolution universelle, nous parlions. Pendant que nous parlions, l'autre Algérie, pas celle dont nous nous gargarisions à longueur de journée et que nous vantions à ceux qui venaient nous voir de l'étranger, et ils étaient encore nombreux, tant était forte l'attraction de l'Algérie révolutionnaire, non, l'autre Algérie, celle des « autres », ceux qui n'avaient pas encore de nom, prenait ses aises sous nos yeux, dans les rues et les maisons amies.

Nous étions de plus en plus marginalisés, réduits à des mœurs quasi cénobitiques. Je m'amusais à nous comparer aux premiers chrétiens, qui se réunissaient dans des cryptes, tandis que nous passions de plus en plus de temps dans les sous-sols de la Cinémathèque. Les Algérois, longtemps adeptes des mœurs pieds-noirs, de la *mouna*, le gâteau du lundi pascal, à la bûche de Noël, faisaient maintenant du ramadan la règle absolue de leur spiritualité. À l'école, les maîtres zélateurs interrogeaient les élèves pour savoir si leurs parents faisaient le ramadan. Plus encore, ils les piégeaient en leur demandant d'apporter des bouchons de liège en classe, qu'ils brandissaient, sous le visage apeuré des enfants, comme la preuve que leurs parents buvaient du vin. Ils livraient les petits à l'ire générale, avec des yeux de fous à hanter le sommeil des fils et filles des impies. Jusque dans les maisons s'exerçait un contrôle inquisitorial. Il fallait faire attention aux enfants, et pour cause, à la bonne, à la belle-mère, aux voisins. Hypocrisie et tartufferie s'emparaient du pays, misère d'une pensée religieuse marquée par la déculturation profonde de tout un peuple.

La religion devenait une affaire nationale, et le pays entier s'y pliait. Les cafés de la ville, comme ceux du pays, presque tous, étaient maintenant fermés pendant le mois de carême. Quelques établissements, autour de la fac, tinrent quelques années, mince résistance devant le processus d'islamisation qui s'était mis en place dès le début de l'indépendance. Nous avions été assez niais ou aveugles pour ne pas le voir. Comme je l'ai déjà dit, nous étions de piètres scrutateurs politiques. L'inquisition qui avait subrepticement commencé dès les premiers jours de l'indépendance s'étala vite au grand jour. « Non, pas depuis le début ! C'est depuis la prise de pouvoir par les militaires ; ils ont cassé l'élan révolutionnaire du peuple algérien en renversant Ben Bella ! » Ah oui, camarade ? Eh bien, non ! Car alors, que faisait Ben Bella, la mine renfrognée, surgissant au Café des facs, faisant du regard le tour des tables, sinon marquer sa réprobation des casseurs de carême que nous étions ? C'était la première année de la fac algérienne libre et révolutionnaire, en 1963, ou peut-être 1964. On avait le président qu'on pouvait. Rien à voir avec Bourguiba, le président des Tunisiens, prenant un verre de lait à la télévision pour expliquer à son peuple que le jeûne était une affaire privée. L'un se réclamait des Lumières, l'autre de la révolution. Il était vêtu pendant le ramadan d'un burnous marron. Silencieux, il nous regardait les uns après les autres pour nous faire prendre la mesure de la gravité de notre comportement. Alors que nous baignions jusqu'au cou dans le pathos révolutionnaire, se mettait en place la machine incroyablement puissante d'islamisation des mœurs, conduite par les grands frères et par le plus grand d'entre eux. Merde ! Nous nous cachions déjà, faisant tout pour ne pas offenser les jeûneurs. Les chaises de la terrasse du Café des facs étaient ostensiblement relevées, et l'intérieur fonctionnait dans une demi-pénombre. Nous faisions profil bas, consommions des cigarettes et du café noir pendant tout le jour, d'autant plus que, même pour nous, il n'était pas question de manger. Tous les soirs, pratiquant, libre-penseur, athée ou non, révolutionnaire ou non, moi la première, nous nous précipitions sur la sacro-sainte *chorba*, la soupe de la rupture du jeûne, sans prières et sans remords, sans avoir peur des contradictions. Avec le peuple algérien, retrouvant tous, dans un même élan, à la même heure, avec le même menu, le temps sacré de la tribu unie et réconciliée avec elle.

Il s'agissait non de ferveur religieuse, mais d'une réponse au matérialisme primaire et stérile du «socialisme algérien spécifique», réponse à la dépossession de soi par des idéologues médiocres. La religiosité avançait inexorablement, gommant jour après jour la gouaille et la bonhomie du petit peuple, dont on gardera le souvenir grâce à *Tahia ya Didou*, le premier film dédié à la

légende urbaine de la Ville Blanche. Le film avait
été mis sous séquestre ; il dérangeait par ses pieds
de nez au sérieux pompeux de l'État socialiste qui
se mettait en place. Il tournait en ridicule la méga-
lomanie de l'industrialisation du pays, de l'« industrie industrialisante ». Travelling sur une charrette
bringuebalante, tirée par un âne passant lentement devant un monumental camion de la Société
nationale des transports, dont le sigle s'étirait
sur le mastodonte, SNTR... Séquence d'un petit
homme en bleu de Chine délavé et turban à l'algéroise, balayant un Boeing d'Air Algérie tout neuf
avec un balai de paille... Scène chaplinesque d'une
poursuite d'enfant par un flic : tous deux montaient et descendaient en accéléré l'escalier en Z
reliant la place Émir Abd el-Kader et la rue Ran-
don. Aujourd'hui, les initiés, les cinéphiles et les
gamins du quartier qui s'engouffraient aux derniers rangs de la Cinémathèque, appellent cet
escalier Zinet, du nom du réalisateur du film, longtemps disparu dans les tiroirs de la mairie d'Alger,
le commanditaire. Zinet, visage de clown triste,
silhouette incertaine, disparut quant à lui pour
toujours dans l'alcool, laissant la nomenklatura
béotienne à ses rêves de grandeur. Le funambule
du cinéma algérien, devenu dignement clochard à
Paris, fut retrouvé un petit matin mort sur le trottoir. Il me disait : « Tout le monde me propose un
verre, personne ne m'invite à manger. »

Zinet, on meurt d'ennui dans ton pays
aujourd'hui. Momo de la Casbah, le guide lyrique
que tu avais choisi pour conduire la balade dans la

ville, le torse nu, la gorge gonflée par la colère, lançant au vent des paroles oscillant entre blasphèmes et prières ardentes, emporté par la passion de la Ville Blanche, Momo dont le cri résonne encore sur les falaises de Saint-Eugène battues par la mer rageuse, a fait après toi son dernier plongeon en apnée. Nous avec.

La jeune femme aux seins de pierre

Dans la queue des bataillons d'opprimés consentants, celui des femmes n'était pas le moindre. Elles avaient cette attitude étrange, et universelle, de l'opprimé qui prend la défense de son oppresseur. Nous étions les premières à monter au créneau pour défendre la révolution socialiste algérienne. Le féminisme était un mot tabou, une déviance gauchiste. Nous étions nombreuses à le penser. Mais que je ne fus pas la seule n'expliquait pas davantage mon aveuglement. Jours sans gloire.

J'ai mis du temps à accepter le mouvement de libération des femmes. Des féministes françaises étaient venues à nous en 1976. Elles avaient débarqué à Alger pour la première Foire internationale du livre, mais leurs livres des «Éditions des femmes» avaient vite été remballés. Normal, de la part de l'administration, du FLN et de la police. Mais les femmes ! Car elles furent aussi blackboulées par les femmes algériennes, moi la première ! Je défendais l'indéfendable, réagissais comme n'importe quel Algérien : «Touche pas à mon pays ! » Quand elles

vinrent me voir dans mon bureau, rue des Frères
Kheladi, j'expliquai, je motivai par l'histoire, la
culture, la religion, l'économie, la sociologie, l'anthropologie, la psychologie, la psychanalyse, le
colonialisme, l'anticolonialisme, l'impérialisme, le
néo-impérialisme, l'humiliation que nous subis-
sions : être des mineures à vie; une manière d'excuser l'inexcusable.

Dans le numéro de *Jeune Afrique* de juillet 1976,
une journaliste donna, à la sortie du livre de Germaine Tillon, *Le Harem et les Cousins*, un bel exemple
de ce masochisme collectif. Le livre sortait en plein
débat autour de la Charte nationale, que le Pouvoir, avec un P majuscule, avait imaginée pour
enterrer définitivement les vieux textes et les
vieilles promesses révolutionnaires et redorer son
blason. L'anthropologue des Aurès, la résistante,
qui nous observait avec empathie depuis longtemps ne se réfugiait pas derrière son savoir. La
grande dame se jetait dans la bataille en apportant
les raisons de notre avilissement et de l'enracine-
ment de ce dernier dans une culture qui ne devait
rien à l'islam, à la différence de ce que l'on commençait à entendre de façon persistante. C'était
trop, et de la plume d'une Française de surcroît.
On oubliait qu'elle avait été de notre côté pendant
la guerre d'Algérie. «Elle défendait l'honneur
français. Qu'elle nous laisse tranquilles!» disaient
les voix suraiguës des femmes en pleine crise de
nationalisme, qui, comme les hommes, ne supportaient pas que l'on regarde par le trou de la ser-
rure dans leur maison.

La journaliste de *Jeune Afrique* faisait la comparaison entre une dactylo occidentale dévergondée et une étudiante algérienne vivant harmonieusement sa tradition. Elle concluait : « On donnerait volontiers son appartement, sa voiture, son paquet d'amants et son chapelet d'aventures pour une part de vrais sentiments. » Plume mercenaire. Nous l'étions toutes et tous d'une certaine manière. *Mea culpa* encore. Quelle prose ! quel esprit tordu ! Avec le recul, il est difficile d'expliquer cette phrase, à moins de la renverser, d'y lire les désirs refoulés de toute une génération de femmes tiraillées entre deux mondes et toujours promptes à défendre le leur au prix d'acrobaties et de mensonges sur leurs aspirations profondes. Comme celles d'hier, nous portions un voile entre la vie et nous, incrusté dans notre chair. Comme les jeunes femmes de la Cinémathèque à la projection du film d'Assia Djebar, intellectuelles de gauche pour la plupart, nous n'avions pas échappé au mal profond qui plombait l'Algérie socialiste, un nationalisme exacerbé maintenu contre vents et marées, et contre soi-même, dans lequel nous nous enfermions dès qu'une critique était faite à notre pays, aux Arabes et aux musulmans. Quelle folie !

Là aussi, le pouvoir avait joué habilement de la tactique du « oui, mais ». Comme beaucoup, je pensais que ses hésitations, son immobilisme, son silence sur la loi de la famille — il mettra vingt-deux ans pour adopter un calamiteux code de la famille — était une stratégie. Nous étions tous des frères et des sœurs, et nous devions avoir la patience des enfants de famille nombreuse. Le pouvoir soufflait le chaud et le froid et s'offrait même le luxe d'encourager les femmes à arracher leurs droits. Certains discours officiels ressemblaient à s'y méprendre à des discours féministes. « La femme a arraché ses droits, nous ne lui faisons pas l'aumône et nous n'avons pas de sentiment paternaliste à son égard. » Qui a dit ça ? Une fille de la révolution ? Non : Houari Boumediene, le président du Conseil de la révolution, en 1966, lors d'une réunion des anciens moudjahidin. La *commedia* révolutionnaire avait la vie longue. Dix ans plus tard, le même homme devenu président de la République par plébiscite, l'homme qui avait tous les pouvoirs sur le peuple algérien, se plaignait de ceux qui faisaient barrage aux femmes quand elles réclamaient leurs droits. (À part lui, je ne voyais pas qui aurait pu sérieusement empêcher les femmes d'avoir des droits !) N'ayant peur d'aucun paradoxe, ou galvanisé par la ferveur de jeune marié sous l'influence de sa nouvelle femme, une avocate divorcée, qu'il avait épousée par amour, il dénonça au IIIe congrès de l'UNFA, le 1er avril 1974, l'existence d'esprits archaïques : « S'il existe des courants allant à l'encontre de l'évolution de la femme, ce seraient des courants allant à l'inverse de la révolution et du socialisme. »

À écrire ces mots, je suis emportée par mes souvenirs et le syndrome de la madeleine. Je suis émue, non par le président amoureux, mais par moi, lisant ce discours au soleil, à la terrasse du Novelty, devant une tasse de café amer, trop torréfié, à moitié renversé dans la soucoupe, accompagné d'une cuillère en mauvais métal, produite par notre économie socialiste planifiée et m'amusant à la casser en deux pour mettre le garçon devant notre grande misère. Mais que pouvait-il, il gagnait si peu? «Ah, Mademoiselle! Si vous aviez connu le Novelty avant!» me disait-il souvent. Ah, si vous saviez comme le printemps était beau à Alger, si plein de lumière, de couleurs, d'odeurs, de regards gourmands! Quel que fût l'état de la révolution, c'était malgré tout un temps heureux.

Au lieu de jouer à Proust, que je n'ai pas lu, je devrais plutôt dire que le président amoureux avait, comme le président tribun qui l'avait précédé et comme ceux qui suivraient, abandonné les femmes algériennes dans l'arène aux grands fauves. Je devrais expliquer mon endoctrinement, celui de toute une génération de femmes et d'hommes, et tenter d'apporter un peu de raison à cette affaire d'envoûtement collectif. Je devrais raconter comment on m'a grignoté le cerveau, pendant de longues années, et ce dès le début, quand je regardais l'avenir droit dans les yeux. Quand je me baladais à mes risques et périls en toute liberté dans les rues, des boucles de gitane aux oreilles, la peau bronzée, le corps délié. J'entrais triomphante dans le hall sombre du Palais de justice; c'était un jour de printemps électrique, et je recevais légère, pas rancunière, les clins d'œil des prévenus dans le box et ceux des gendarmes. Années de résistance jubilatoire. Je remontais une marée d'yeux avides, et je le faisais avec insolence.

Je n'étais pas seule ; nous étions une poignée de jeunes femmes à aller librement dans les lieux réservés aux hommes, et nous ne pensions pas que, pour mieux circuler, il fallait se voiler à tous les regards. Notre jeu favori était de faire baisser les yeux de l'ennemi.

J'étais sûre de moi et de l'avenir, même s'il tardait à venir. N'avais-je pas, dès l'enfance, reçu de mon père la conviction que j'étais l'égale de mon frère ? C'était un dimanche après-midi, à la ferme ; j'avais sans doute treize ans, car treize ans c'est l'âge où l'on commence à mettre les petites filles dans la case « Ce n'est plus une enfant ». Il y avait toujours une bonne âme dans les maisons pour rappeler ce qui se faisait et ce qui ne se faisait pas du côté des petites filles en fleur, surtout quand les parents marquaient de l'indifférence aux rites ancestraux. Ce fut donc en 1954 qu'eut lieu l'événement mineur qui m'installa au cœur d'un combat qui dure toujours. Cette histoire se passait-elle avant ou après la Toussaint rouge ? J'entrais ainsi dans deux révolutions, la lutte pour l'indépendance, qui se termina en 1962, et la lutte des femmes, qui ne se termine jamais. C'était un dimanche, à l'heure du goûter, servi comme d'habitude à l'office par la bonne. Sur la table se trouvaient le broc de lait frais recouvert d'une pellicule épaisse qu'il fallait avaler et un cake coupé en tranches inégales. Je tendis la main : « Laisse le gros morceau à ton frère, c'est un garçon ! » Pour la première fois, j'entendais qu'il y avait une différence entre moi et mon frère ; pour la première fois, on essayait de réfréner mes désirs parce que j'étais une fille. Je courus chez mon père absorbé par son journal pour lui demander si un garçon avait droit à la plus grosse part d'un gâteau. «Les garçons et les filles ont les mêmes droits», dit-il en levant à peine les yeux. Lisait-il le compte rendu du premier attentat de la guerre de libération, l'assassinat du couple d'instituteurs français, les Monnerot, dans les gorges de Tighaminine des montagnes du Ziban? Plus tard, aucun homme ne pourrait me convaincre du contraire. Aucune démonstration féministe n'aurait plus de poids que les paroles distraites de mon père. Elles font leur chemin à travers toutes les constructions religieuses, culturelles, sociales, idéologiques dans lesquelles on voudrait m'enfermer.

Comme quelques jeunes femmes de mon âge, citadines, étudiantes — nous n'étions pas nombreuses, mais nous existions —, j'avais conquis des espaces de liberté sur les territoires de la tradition. Me concernant, ça avait été facilité par le fait que ma famille avait été très tôt perméable aux modes de vie occidentaux. La voiture, les machines industrielles, la banque, mais aussi l'école et l'éducation pour les garçons et pour les filles. Les voyages en France étaient l'occasion pour les femmes, dès la génération de ma grand-mère, de s'essayer aux coutumes et aux vêtements européens. De retour à Bougie, à Alger, elles remettaient sans problème, du moins je le pense, leur caraco et leur *haïk* blanc. Leurs filles, mes tantes et leurs cousines, avaient été dévoilées sans drame. Du moins je le pense. La

tradition et la modernité se disputaient les mœurs
de la famille d'Ismaël, ce qui ne devait pas être aisé
tous les jours. Mais, cahin-caha, c'était bien dans le
sens de l'émancipation des femmes que l'on allait,
avec des butoirs et des freins, et aussi des déca-
lages, des alliances difficiles avec des familles qui
n'allaient pas au même rythme, même si toutes les
précautions étaient prises. N'était-ce pas pour cela
que l'on mariait les enfants d'une maison à l'autre
à Saint-Eugène? Les pères savaient alors à qui ils
donnaient leurs filles : «un homme de famille»,
qu'il soit riche ou pauvre, car les différences de
mœurs étaient si grandes en Algérie que les différences sociales ne suffisaient pas à les expliquer. Il
valait mieux rester entre soi, disaient les sages.
C'est pour cela que j'aurais dû choisir un révolutionnaire bourgeois, sans doute — je dis sans
doute, car je n'en ai pas trouvé, de bourgeois révolutionnaire. Malgré toutes ces précautions, les longues soirées de discussion en famille dans les
salons et les jardins le soir, entre les femmes de la
maison dans les cuisines, les longs chuchotements
qui précédaient les fiançailles et les négociations
secrètes dans les chambres à coucher entre le père
et la mère de la jeune fille, malgré tout cela et plus
encore, malgré les renseignements pris scrupuleusement — quand je demandais à mon grand-père
s'il se souvenait d'un cas de polygamie dans sa
famille, il me disait : «Jamais, car, vois-tu, une
famille où il y a un polygame ne peut pas marier
ses autres fils.» Eh bien, malgré tout cela, il y avait
des drames! Telle cousine germaine de mon père

vit sa fille retirée de l'école par le père de son mari
et mariée contre sa volonté. Plus près de moi, une
cousine du même âge que moi suivit la règle de sa
famille paternelle, une des grandes familles citadelles, défenderesse des traditions, d'une grande
ville de l'intérieur, ville citadelle elle aussi : elle fut
mariée sur échange de photos. C'était l'année du
bac. Elle avait échoué, et c'était prévu comme ça :
« Si tu échoues, tu te maries. » À l'annonce des
résultats, moi qui avais réussi, je me cachai dans la
ville, n'osant affronter la sentence qui ne manque-
rait pas de tomber sur ma camarade de jeux. La
fête nuptiale fut somptueuse, aussi démesurée que
mon désespoir. Le sucre des gâteaux nappait des
scènes insupportables : mes tantes au visage si
doux devenaient les ordonnatrices de la tradition,
celle du malheur des filles. J'étais peut-être leur
prochaine proie. Le lendemain des noces, on
apporta un poisson à écailler aux mariés, en gage
d'abondance. La scène confinait au cauchemar.
Ce jour-là, et d'autres fois encore, devant tant de
jeunes femmes reprises par la tradition au moment
du mariage, je prenais la mesure des gouffres d'humiliation dans lesquels on poussait les femmes au
nom des traditions. Ce jour-là me remplit d'effroi.
Je mettais ces pratiques sur le dos des turpitudes
bourgeoises, et c'est parce que je voulais les fuir
que je me jetais dans les bras de la révolution. Je
ne savais pas encore qu'il fallait être deux pour
cette révolution-là.

   Le mythe de la révolution des mœurs accompa-
gnant la révolution socialiste, qui avait motivé mon

engagement aux côtés des grands frères dans les premières années de l'indépendance, s'érodait peu à peu. Je finissais par comprendre que le double langage du pouvoir n'était pas une stratégie, mais la marque d'une duplicité profonde, dont il n'arriverait pas à se débarrasser. Ce que j'entendais de la bouche de ceux qui revenaient des maquis, de la clandestinité, et de ceux qui s'installaient au pouvoir, les grands frères, me blessait, comme la petite fille avait été blessée, à l'heure du goûter, par la bonne, avec qui les farouches révolutionnaires partageaient la même philosophie du rapport des sexes. Quoi ? Les guides de la révolution et la pauvre fille de ferme avaient la même philosophie ! Je dis les choses bien simplement aujourd'hui, mais à l'époque j'étais paralysée par l'idée que les grands frères représentaient le peuple algérien, et moi une classe coupable d'avoir mangé à sa faim, et plus, pendant les années du colonialisme. Comme les centurions de la Rome impériale, ceux de la révolution portaient sur la poitrine l'effigie de Méduse. Je ne réfléchissais pas. Pire encore, à la place d'une saine révolte, je laissais le chagrin s'installer subrepticement en moi et l'esprit de culpabilité distiller son poison et m'envahir par capillarité.

Dans l'Algérie indépendante, il n'y avait plus de père pour rétablir l'ordre des choses. Le pays qui s'annonçait devant l'histoire l'avait tué. C'était le règne des frères. À la jeune femme que j'étais, la fratrie donnait moins de droits que la famille patriarcale ne m'en avait donnés quand j'étais petite fille. Le pays avançait à reculons, mais ce n'était pas joué d'avance, je peux en témoigner.

Un jour, j'ai rangé mes boucles d'oreilles de gitane, et mon corps cessa peu à peu de chalouper dans les rues d'Alger de peur des mitrailles de regards à l'affût du moindre rêve. Je devins comme les autres une figure hiératique, une «femme algérienne». Mon endoctrinement intellectuel était plus difficile à comprendre que les concessions vestimentaires. Toute une génération de femmes algériennes avait accepté et longtemps justifié la condition dans laquelle elle était maintenue. Nous avions longtemps apporté notre soutien à l'idéologie nationalo-religieuse dominante, du moins nous ne nous en étions pas clairement démarquées. C'était une régression que j'acceptais pour des raisons longtemps restées obscures. Avant de rencontrer les révolutionnaires algériens, je n'avais pas idée de l'ostracisme qui pesait sur les femmes de mon pays. Sur la peau de mon corps gorgé de soleil et des senteurs des découvertes existentielles, à l'âge de la déhiscence, les sentences antiques s'amoncelaient, que je découvrais au fur et à mesure avec autant d'effarement que le dimanche à l'heure du goûter à la ferme, mais cette fois sans recours, sans mon père pour rétablir l'ordre du monde. Avec le temps, je n'échappais pas à la loi de la rue. Passer inaperçue, traverser les milliers de regards gluants des hommes qui me suivaient sans relâche dans les rues... cela ne me faisait plus sourire. Les hommes, les vieillards, les jeunes, et jusqu'aux enfants, étaient devenus les maîtres de la

rue et des femmes. L'ennemi, que je regardais
dans les yeux avec insolence, se multipliait, vainqueur et conquérant de toute la rue. Quand j'essayais de faire partager ma vision des difficultés de
plus en plus grandes des femmes de circuler dans
la ville et de l'urgence de mettre un frein à la religiosité qui nous envahissait un peu plus tous les
jours, on me répondait : «Tu ne comprends pas le
peuple algérien!» J'entrais dans des colères froides
et bagarreuses, heurtée par ces mots sortis de la
bouche des jeunes et bouillants révolutionnaires
algériens dont je mettais en cause la tiédeur à
l'égard des droits des femmes : «Ne crois pas que
les Algériennes soient comme toi! Tu n'es pas
comme les autres!» Ils n'imaginaient pas à quel
point leurs propos me blessaient. Me courtisaient-ils
aussi parce que j'étais différente? Se rendaient-ils
compte de la solitude à laquelle ils me condamnaient? Nous vivions des temps merveilleux et
cruels.

J'étais comme les autres, évidemment. Cette
famille particulière, qui attirait sur elle les regards,
les bons comme les mauvais, ne donnait pas facilement la liberté à ses filles. La liberté, jusqu'à moi, a
été un combat quotidien. Ici comme ailleurs, hier
comme aujourd'hui, la société patriarcale n'est pas
une invention d'intellectuels, mais une réalité avec
laquelle il faut négocier chaque jour pour chaque
petit pas en avant. Des petits pas qu'il fallait payer
cher : «Tu passes ton bac? D'accord, mais si tu
échoues, tu te maries!» Ce n'était pas une menace
en l'air. «Tu veux aller à la fac? D'accord, mais

jusqu'au mariage. » « Tu veux travailler ? D'accord, mais pas n'importe où. » Voilà pourquoi, à la fin de mes études de droit, je m'étais retrouvée au ministère de l'Agriculture. Il y avait aussi les petites batailles quotidiennes, parce qu'on m'avait vue en voiture, dans des cafés, avec des inconnus, comme on appelait ceux qui n'appartenaient pas au cercle des alliances, dans une société qui pratiquait la consanguinité jusque dans les déjeuners dominicaux. La ville avait mille yeux et autant de langues. Je n'étais invisible qu'à l'étranger. Alors, j'ai commencé à beaucoup voyager, fuyant tout à la fois la rue, ma famille, de plus en plus isolée, et les jeunes révolutionnaires, de plus en plus négligents des vrais problèmes de mon pays. Prendre un café à une terrasse de café, fumer une cigarette devenaient des exploits. L'air se raréfiait. Quand je ne parvenais plus à respirer, « quand ça allait mal », je partais.

Quand ça allait mal, je me croyais plongée dans une crise de mal vie que je cachais honteusement. Je ne formulais pas encore les choses clairement. Je ne voyais pas très bien ce qui se jouait autour de moi et en moi. Je naviguais à vue, avançant comme un crabe sur le sable. Je dessinais une graphie compliquée, faite d'allers et retours, passant d'une bourgeoisie confinée dans un espace de plus en plus restreint aux nouveaux maîtres du pays, qui singeaient de plus en plus cette bourgeoisie qu'ils décriaient publiquement. Une vie en dents de scie, avec des joies excessives, collectives et bruyantes, et des plongées vertigineuses dans une singularité qui se creusait lentement. Je construisais peu à peu une conscience claire de ce qui deviendrait un des centres de ma vie, mon oppression en tant que femme algérienne. Pour me libérer de cette oppression, il fallait que je me libère d'abord de ma fascination pour les grands mythes de la révolution et de la fraternité. Or j'étais loin de pouvoir le faire d'un coup. Ça me prendra jusqu'à aujourd'hui. Et encore...

«Pauvres petits hommes, les femmes sont le miroir dans lequel ils peuvent se voir plus grands qu'ils ne sont», m'enseigna une sage qui avait passé sa vie entre les murs de sa maison à servir père, mari, fils et petits-fils. Il me fallut de longues années pour atteindre cette sagesse et sortir de l'envoûtement qui était le mien. Ce fut une opération de déniaisement, une longue éducation, une éducation algérienne, sans doute pas celle à laquelle ma mère avait songé en quittant Bougie.

Les faits avaient beau être têtus, mon aveuglement l'était davantage. Ma découverte du double visage de la révolution, de la duplicité de ses hommes ne se fit pas en un jour. Lâchement, j'ai tenté de l'ignorer. Je me glissais lentement dans une savante distorsion de la réalité. Je survivais au prix d'un dédoublement de soi. Cette schizophrénie légère était assez répandue. Peut-être explique-t-elle le phénomène algérien de la victime consentante. Le peuple et moi rêvions notre réalité et applaudissions au passage de nos maîtres. L'illusion lyrique conduira longtemps la sarabande algérienne.

Mon éducation de femme algérienne avait commencé en 1966. Après mon passage au ministère de l'Agriculture, sous la protection du cousin de mon père, je décidai, faute de vocation, d'être avocate. Je dus faire deux ans de service civil, affectée à la Direction de la législation au ministère de la Justice, puis au parquet d'Alger. Le parquet était situé au premier étage du Palais de justice, «joyau» de la magnificence coloniale. Les salles étaient vétustes à vous ficher le bourdon, et pompeuses. La justice de la jeune République s'était installée dans les fastes poussiéreux de la justice coloniale. Nos magistrats, qui n'en étaient pas vraiment à cette époque, portaient avec aisance les robes et les hermines laissées dans les armoires par les Français. Les rites étaient scrupuleusement respectés. L'ascenseur de l'escalier d'honneur était réservé aux magistrats et aux avocats. Les «Bonjour Monsieur le Président, bonjour Monsieur le Procureur» plaçaient la journée sous de bons auspices. Les avocats stagiaires avaient droit au prestigieux ascenseur, ce qui me donnait l'occasion d'assister au petit théâtre des vanités. Les néomagistrats attachaient beaucoup d'importance à ces titres, que l'indépendance leur avait apportés en bonus. Ils n'oubliaient jamais de se faire des courbettes et des salamalecs dans l'ascenseur. Mais après l'euphorie de la promotion d'appariteurs et de greffiers au rang de magistrats, ils mesuraient leurs limites et celles de leurs collègues, peinant sur les dossiers qui s'empilaient. Notre chef, le procureur d'Alger, un ancien greffier, était un homme intelligent, à la vision pessimiste de la vie. Il accueillit avec soulagement la première promotion post-indépendance de la fac de droit d'Alger : quatre licenciés, trois garçons et moi, en l'an III de l'Algérie.

Tous les matins, les appariteurs ouvraient notre porte sans frapper et jetaient au sol, devant nos tables de bois triste, des paquets de dossiers attachés par une ficelle de chanvre : des dizaines de dossiers, plus les lettres et suppliques, par centaines. Chaque prison, chaque tribunal avait son plumitif, avec son style, ses tournures de phrase, ses fautes d'orthographe. Dans une demande en grâce, un détenu de la prison d'El-Harrach écrivait : «Monsieur le Ministre, je me jette à vos pieds avec grâce...» Une femme adressait au procureur une plainte d'abandon de famille : «J'ai onze enfants. Mon mari m'a laissée en abondance de famille.» Elles étaient nombreuses, les femmes abandonnées par leur mari. Tant qu'elles n'étaient pas abandonnées, elles supportaient tout, allant jusqu'au bout du mauvais sort fait à leur vie. Après, elles nous écrivaient et venaient au tribunal le jeudi, jour de réception des femmes. C'était moi qui les recevais. Tous les jeudis soir, je rentrais chez moi abattue par tant de misère. Je découvrais, éberluée, l'état de dénuement dans lequel se trouvaient certaines d'entre elles, comme cette jeune paysanne chassée du domicile conjugal perdu dans un des grands ensembles entourant la ville d'Alger, dont elle ne connaissait pas l'adresse, par un mari dont elle savait seulement qu'il s'appelait Mohamed et qu'elle était elle-même fille d'un

Mohamed, qui habitait là-bas au village, à la montagne, et qu'elle y était née à la période des figues. Elle avait les seins pleins de lait, elle allaitait son enfant quand elle fut chassée par son mari. Elle resta trois jours prostrée dans l'entrée de l'immeuble, avant d'errer dans la ville, les seins durs comme les pierres. Un passant lui avait conseillé d'aller au tribunal.

« Que dois-je faire, monsieur le Procureur ? — Je ne sais pas, le tribunal n'est pas un centre social. — Elle ne peut pas rester comme ça, avec les seins pleins de lait, c'est dangereux. — Envoyez-la à l'hôpital ! — Mais elle ne sait même pas où elle est, ni qui elle est. Elle a mis trois jours pour arriver jusqu'à nous. — Je ne sais pas, je ne sais pas... »

Le pessimisme du procureur grandissait de jour en jour, mais il ne voyait notre désastre qu'à sa porte. Il ne mesurait pas la misère sociale qui déboulait dans la ville faute de lois, de justice et de politique. Ce qui l'inquiétait, c'étaient les affaires en instance qui s'accumulaient. Les affaires pendantes, comme disent savamment les greffiers, car, en plus des robes, le Palais avait gardé le langage abscons de la justice française. « On ne s'en sortira jamais ! » Il parlait du tribunal, non de l'Algérie. Tout compte fait, c'était un pessimiste modéré. C'était aussi un homme consciencieux, que la promotion au grade de procureur principal rendait modeste, fragile et sympathique. Il disait sans fausse honte qu'il était dépassé par la situation du tribunal dont il avait la charge. Sa bête noire était les congés de maternité. Il se plaignait souvent à moi : « Elles attendent la rentrée judiciaire pour se mettre en congé de maternité. » Il y avait un peu de vrai dans ce qu'il disait. Les affaires judiciaires étaient sans cesse renvoyées *sine die*, mais il y avait de nombreuses raisons à cela, et les magistrates n'étaient pas les seules responsables. Un jour, excédée d'entendre ses plaintes, je lui conseillai d'établir une rotation et de leur demander de prendre la pilule. Il rougit. Il n'est plus jamais venu se plaindre des grossesses de ses collègues.

Avant de plonger dans la misère des femmes qui venaient au tribunal, j'étais passée au ministère de la Justice, Direction de la législation, là où se concoctaient les lois sur la famille. J'y avais rencontré mon premier « vieillard inaudible », un Tunisien en exil recruté à grands frais pour aider à l'élaboration du code de la famille. Notre seule discussion se termina mal. Nos bureaux étaient mitoyens. Apprenant qu'il était tunisien, j'étais allée vers lui confiante, pleine d'espoir. Un peu surprise par sa tenue vestimentaire, une superposition de gandouras, et son âge, un petit grand-père, je lui dis, malgré tout enthousiaste : « J'ai une grande admiration pour le président Bourguiba et pour ce qu'il a fait pour les femmes tunisiennes. — Ne me parlez pas de cet homme, il a trahi notre religion. Bourguiba sera puni par Dieu pour ce qu'il a fait. L'Algérie ne fera pas la même chose... »

Il se lança alors dans un discours hystérique, citant des versets, des sentences, des menaces et des promesses. Tout cela, disait-il, venait du Coran, qui devait être notre guide à tous. Je suffoquais de colère : « Connaissez-vous l'Algérie ? Savez-vous que les femmes se sont battues comme des hommes pour la libération de ce pays ? » Silence. « Vous ne connaissez pas l'Algérie. Alors regardez-moi, interrogez-moi ! » Il me regarda longuement puis dit : « Vous ne représentez pas les Algériennes. » À son tour, ce vieillard d'un autre âge, arrogant, inculte, confit dans ses litanies poussiéreuses, ignorant tout de l'Algérie, me niait. Pire, il avait reçu du pouvoir le droit de le faire.

Le vieillard inaudible et la jeune paysanne aux seins durs comme la pierre furent les deux figures tragiques qui me poussèrent à rejoindre l'Union nationale des femmes algériennes, l'UNFA, l'organisation de masse chargée de la question des femmes au sein du parti unique, le FLN, seul lieu autorisé pour exprimer ma colère et mon désir de faire quelque chose. Les jeudis du parquet agissaient comme un puissant révélateur de ma condition de femme algérienne. Chaque fin d'après-midi, je rejoignais, déterminée, le groupe de travail sur les lois de la famille. La tâche était colossale, mais passionnante. Ce qui se tramait au ministère, d'un côté, la misère des femmes, de l'autre, me remontaient, et je retrouvais les élans des premiers matins, des premiers défilés, des journées de reboisement, des meetings à la fac. Je trouvais une cause à défendre, dont j'étais loin de mesurer l'emprise qu'elle aurait sur moi.

L'Union était installée dans un des vieux immeubles haussmanniens qui entouraient le Palais de justice. Dans les vastes bureaux laissés vacants par un notaire dont le panonceau était encore accroché à la porte de l'immeuble, les pièces se succédaient en enfilade. On avait peine à croire que l'on se trouvait au sein de l'organisation de masse chargée du problème principal du pays. Les murs étaient nus, et les meubles fonctionnels n'avaient plus de fonction. Les étagères des bibliothèques étaient vides de livres comme de dossiers. C'était pourtant à toute vitesse et la rage au cœur que je gravissais l'escalier privé d'éclairage depuis l'indépendance. J'étais accueillie comme une petite sœur par la présidente, Néfissa L., et la secrétaire générale, Mamya C. Je les connaissais bien et les admirais. Nationalistes de la première heure, elles appartenaient à la vieille société urbaine et aux cercles que je fréquentais. Elles voulaient bien de moi ; nous allions continuer ensemble l'aventure du peuple algérien ; nous allions barrer la route aux vieillards inaudibles ; nous allions faire en sorte que jamais plus un enfant ne soit arraché du sein de sa mère.

Lors de notre première réunion, elles me donnèrent à lire un livre, écrit en 1940 par une Égyptienne, sur l'islam et les femmes. J'étais interloquée : pourquoi ce vieux livre ? La guerre de libération, les femmes combattantes, les déclarations faites pendant la guerre, celles du retour, les sœurs, les mères chéries qui avaient tant donné, tout cela ne comptait donc pas ? Et la réalité de la condition des femmes ? Ce livre cristallisa longtemps mes griefs. Il s'évertuait à démontrer que l'islam avait donné des droits aux femmes et qu'il avait été mal

interprété. Il heurtait mon idéalisme radical qui
faisait de l'égalité de tous et de la liberté des
femmes un droit qui n'avait besoin d'aucune justi-
fication. Tel était mon butin de guerre. Chacun
le sien : pour le colonel Saddek la maison des
Germain, pour moi l'universalité des droits de
l'homme. Surtout, j'étais pragmatique : quelle
chimère qu'une interprétation féministe du Coran !
Confrontée à l'avilissement des femmes de mon
pays et placée au cœur du pouvoir — n'étais-je pas
dans un de ses appareils ? —, je tombais de haut.
Les grandes sœurs me déroutaient. Elles voulaient
démontrer que le Coran avait été, pendant treize
siècles, mal interprété par les musulmans de toutes
les latitudes, vivant sous tous les climats, sous
toutes les formes de gouvernement, socialiste, capi-
taliste, royaliste, républicain. Riches et pauvres,
analphabètes et lettrés, tous avaient arbitrairement
puisé des droits dans la religion et mis le prophète
dans leur camp, lui qui avait libéré les femmes en
son temps, qui avait interdit que l'on tue les bébés
filles, qui avait rendu impossible la polygamie, qui
avait donné aux femmes le droit de gérer leur
patrimoine, d'hériter, qui, et qui, et qui...
Après des centaines de plaidoyers du même
genre, après des tonnes de mots et de papier, sans
parler de la rage des femmes, qui ne se mesure
pas, un seul homme, Habib Bourguiba le Tunisien,
avait cloué le bec aux vieillards inaudibles, un seul
homme avait brisé la subordination des femmes
arabes, consubstantielle à l'islam. Beaucoup plus
tard, quand je fus chargée d'un programme pour

l'égalité des femmes dans une organisation internationale, le vieux président me reçut dans le
salon de son palais de Carthage. J'accompagnais
un groupe de femmes arabes que j'avais réunies à
Tunis. Il me tint la main pendant tout l'entretien
et me dit avec un accent un rien parisien : « Quand
j'ai vu votre président, je lui ai dit : "Allez mon vieux,
libère-les, libère-les, n'aie pas peur"! » C'était notre
troisième président, Chadli le Souriant. Comme
les deux premiers, il fut inutile pour les femmes.

Il ne fallait pas attendre que je coure après les
exégètes du Livre. J'avais compris que les antifémi-
nistes comme les féministes trouveraient dans le
Coran des arguments sans trop d'acrobaties. Les
femmes sortiraient vaincues, et le pays avec elles.
Mais le malheur des femmes n'intéressait personne,
et mes histoires du parquet d'Alger tombaient dans
le vide. Les grandes sœurs ne voulaient pas entendre
que la polygamie était un abandon de famille, que
donner un livret de famille pour quatre épouses
autorisait les hommes à jeter femmes et enfants,
avec la bénédiction de Dieu. Il leur suffisait de cla-
quer la porte derrière eux, quand ce n'était pas
sur femmes et enfants, d'emporter leur livret de
famille et d'y faire inscrire le deuxième mariage, le
troisième, le quatrième. Les nouvelles épousées
étaient plus jeunes, vierges de surcroît. Avec elles,
ils allaient recommencer et oublier leur vie de
misère, leurs difficultés sexuelles. Leurs mères le
leur avaient promis, elles qui faisaient et défai-
saient la vie des fils pour oublier qu'elles n'avaient
pas eu de vie de femme. Ils laissaient derrière eux

de jeunes épouses déjà usées et en «abondance de famille», des jeunes femmes aux seins durs comme la pierre, qui venaient me voir le jeudi au parquet.

Pendant ce printemps de l'année 1966, je sortais du tribunal lourde des histoires que j'avais essayé de débrouiller dans la journée. Je me bagarrais contre la misère, la loi et la coutume. Notre société était sortie malade de la guerre. Nous nous enlisions dans la bataille sur le sexe des anges alors qu'avançaient en rangs serrés les femmes et les enfants abandonnés, les filles mères, la prostitution, la violence sexuelle, la délinquance juvénile. Et l'on voulait faire de la religion le régulateur angélique des maux qui se multipliaient au rythme d'une population qui doublerait en vingt ans ! Devant mon entêtement à essayer de les convaincre, la présidente et la secrétaire générale, apitoyées par l'état dans lequel me mettaient ces discussions, me dirent un jour, pour me consoler : «Une délégation de femmes tchèques est venue s'informer sur la polygamie. — Mais pourquoi ? — Elles ont un grand problème de femmes seules. »

Pleurez, mes sœurs algériennes ! Les responsables de l'Union des femmes entraient dans le jeu des grands frères. Par stratégie ? Peut-être. Mais la stratégie est un jeu dont on sait quand il commence et pas quand il finit. Les grandes sœurs, et beaucoup de femmes avec elles, prenaient dès le début de notre histoire, quand tout était encore possible, le chemin du milieu qui mène directement à la mort. J'ai claqué la porte de l'UNFA. Plus exactement, je suis sortie un soir pour ne plus jamais revenir. C'était l'époque où je rasais les murs quand j'avais des idées rebelles. J'étais encore paralysée par les grandes sœurs et les grands frères. Je me sentais coupable. Ils et elles faisaient tout pour ça. «Tu ne connais pas le peuple. Tu t'imagines que les femmes algériennes sont comme toi?» disaient-elles, disaient-ils. Ma singularité me prit finalement par la main. Je terminai mon stage et refermai derrière moi la porte de l'UNFA. J'avais consommé l'espoir de changer les choses «ici et maintenant» et de l'intérieur, comme disaient les jeunes pionniers de l'«industrie industrialisante». Mes héros et mes héroïnes perdaient de leur aura, et je m'en éloignais peu à peu. Ils ne changeraient pas le monde. La libération des femmes, et la mienne, viendrait avec celle de tout le peuple, en commençant par ses chefs. Il fallait d'abord industrialiser le pays, il fallait d'abord éduquer les enfants, il fallait d'abord former les hommes, il fallait d'abord convaincre les femmes, il fallait d'abord libérer le tiers-monde des impérialistes et des néo-impérialistes, il fallait faire la révolution agraire... Je m'embarquais pour la terre promise avec ses bonheurs à venir, pour longtemps, et contre toute raison.

Une histoire trop grande pour nous

Dans l'attente de l'arrivée des temps nouveaux, je m'étais réfugiée dans la culture, ou plutôt dans sa marge, à la Cinémathèque, l'espace le plus propice à la pratique de la parole, mon seul bien, celui aussi de tous ceux que j'y rencontrais. Nous parlions de l'Algérie, du monde et de la révolution. J'y ai planté ma tente. C'est là que je revenais après mes randonnées de crabe. Nous étions peu nombreux, mais nous partagions notre pitance, quelques rêves et beaucoup de mots. La Cinémathèque avait l'attrait des bivouacs dans le désert, celui d'y rencontrer des égarés qui cherchent leur chemin. J'attendais, le cœur bien au chaud. Ces années d'attente furent ardentes, plus que beaucoup d'autres qui viendraient après. Je croyais encore aux recommencements, et je revenais toujours pleine d'espoir, de projets, qui s'effilochaient au fil des jours. J'attendais. Quand « ça allait mal », je partais, je levais le camp, puis je revenais. Ça a duré comme ça jusqu'au grand départ, dont je suis revenue aussi à présent. Mais il n'y a plus de Cinémathèque, et je cherche encore où la Ville Blanche a caché ses bivouacs.

Ma vie se partageait entre la Cinémathèque, le café Le Novelty, mon cabinet et le Palais de justice, où j'allais tous les matins me plonger dans le monde kafkaïen des tribunaux. Le procureur pessimiste était toujours là, encore plus pessimiste. Maintenant, il m'appelait « Maître » : j'étais devenue avocate, sans grande conviction. La culture comme succédané de la politique m'aspirait peu à peu. Je donnais beaucoup de mon temps au journal *Contact* de mon ami Hamadi Essid. Je m'engageais de plus en plus dans l'aventure du cinéma algérien, qui était, dans les années 1970, la seule expression qui survivait à la glaciation nationalo-religieuse du pays. Depuis l'indépendance, les écrivains étaient devenus pratiquement muets, peut-être parce qu'ils étaient tous de langue française. Malek Haddad, belle gueule de poète triste, avait quitté définitivement le Quai aux fleurs. Il avait cessé d'écrire après un sublime «Le français ma prison» et s'occupait d'administration culturelle. Kateb Yacine avait vainement essayé de conjurer le mauvais sort par un flamboyant «Le français est mon butin de guerre», qui nous déculpabilisait, nous qui n'utilisions que le français. Mais *Nedjma* restait un livre unique. Le livre d'amour et de colère des jeunes colonisés. Il était toujours d'actualité, puisque nous étions toujours en colère, et de plus en plus sans amour.

J'étais devenue l'avocate de la Société nationale de production cinématographique. Je faisais tout sauf du juridique, si ce n'est, de temps à autre, un contrat de coproduction. Je devins une sorte de conseillère occulte, sur toutes choses, sauf le droit. On m'envoyait dans les festivals de cinéma acheter des films et montrer les nôtres. Les grandes vacances! Le directeur me faisait confiance, car la culture ne l'intéressait pas beaucoup. Un jour, en passant à table pour un déjeuner organisé pour un distributeur tunisien, il me demanda ce qu'il devait dire du film d'Assia Djebar s'il était interrogé. Je lui répondis: «Que vous l'avez vu, et que c'est très bien.» S'il l'avait vu, il aurait sans aucun doute fait chorus avec les femmes de l'avant-première, peut-être pas pour les mêmes raisons, mais le film lui aurait échappé. « Très bien », me dit-il, amical. « Très bon film », dit-il à notre ami tunisien. C'est ce que pensèrent aussi les membres du jury de Venise, qui couronnèrent *La Nouba des femmes du mont Chenoua*.

Comme beaucoup de responsables politiques, il n'était pas à sa place, mais, au contraire de beaucoup de ses compères, il était ouvert à ceux qui en savaient un peu plus que lui. Il nous donnait l'impression d'être des adultes, et il y avait chez lui un besoin de camaraderie qui le rendait attachant. Dans le genre, c'était ce que le système pouvait sécréter de mieux. Et puis, il pouvait bien se donner des airs de libertaire, sa mission était ailleurs. Le directeur du cinéma et de la télévision avait la charge de surveiller les images produites sur le pays principalement par la télévision nationale. Comme tous les hauts fonctionnaires des secteurs sensibles, médias, écoles, parti, c'était un chien de garde. Ces fonctionnaires, ces hauts responsables — à distinguer des « responsables », les fonctionnaires de la branche économique — aboyaient au quart de tour, jusque devant l'ombre, sur le drapeau national, d'un oiseau passant dans le ciel. Il savait aussi que les cinéastes étaient raisonnables, comme une bonne partie de l'intelligentsia algérienne. N'étions-nous pas les alliés objectifs du pouvoir ?

Tous les jours en sortant du tribunal, je me rendais à la Cinémathèque pour visionner les films arrivés de Cuba, Berlin, Rome, Santiago, Prague, Budapest, Varsovie, et Paris, surtout Paris, d'où

affluaient les copies pirates de Langlois, le pape de
la Cinémathèque française, qui nous avait fait le
beau cadeau de la Cinémathèque d'Alger. Après
le visionnage, nous nous installions à la terrasse du
Novelty, devant d'interminables cafés, servis par le
garçon qui m'appelait cérémonieusement «Mademoiselle». Le café se trouvait en face du siège du
FLN et du Milk-Bar, lieu emblématique et tragique
de la lutte du peuple algérien. La bombe posée là
en 1956 avait porté violemment sur le devant de
la scène la détermination du peuple algérien à
conquérir sa liberté, fût-ce au prix du sacrifice des
hommes et des femmes du peuple ennemi, choisis
par le hasard, comme de celui de ses propres filles
et ses fils. La guerre qui ne faisait que commencer
était dirigée contre les civils. L'armée d'occupation eut vite tous les pouvoirs, et elle refit ici ce
que les nations civilisées, la sienne en premier,
avaient condamné pour les autres. Le ciel de l'humanité résonne encore des envolées de la France
sur la civilisation mise en péril par les nazis. Les
vainqueurs disaient, grandiloquents : «Plus jamais
ça.» Les enfumages, les viols collectifs, les exécutions sous l'œil des caméras, les gazages, les charniers, les enterrés vivants, les tortures sont revenus
quelques années après. Au Viêtnam d'abord, puis
ce fut notre tour. La violence sans loi ni limites se
déchaîna dans mon pays, arme fatale pour les deux
parties, qui laissa sur les victimes et les bourreaux
des traces indélébiles. Vingt ans après, le Milk-Bar
était devenu le rendez-vous de la drague de l'après-
midi. Personne ne semblait vouloir se souvenir de

ce temps, à part quelques reconstitutions en carton-pâte et des cérémonies officielles. La volonté d'effacer cette période était profonde. La mémoire de tout un peuple semblait lisse comme les sables du désert après la tempête, quand la dune se reforme et reprend sa place, éternellement la même et toujours différente. Nous étions faits et défaits par le destin, avec la fatalité comme fil conducteur.

Des Français venus en Algérie au moment de l'indépendance s'émerveillaient d'être bien reçus. Quand, dans des moments de crise avec la France, la télévision diffusait des images de charniers — découverts pour l'occasion, mais bien réels —, de nombreux téléspectateurs écrivaient pour demander d'arrêter. « À quoi bon ? Il faut oublier tout ça », disait-on de partout. Magnanimité du pardon ? Maturité ? N'était-ce pas plutôt que le peuple algérien zappait son histoire ?

Nous n'avions pas eu le temps de répondre aux questions que nous n'avions pas posées. L'histoire officielle nous avait pris de court et gavés de ses mythes, de son imagerie, de ses mensonges. La résistance avait vite fondu dans la révolution estampillée. La mémoire des années de la guerre était devenue un continent silencieux. Le passé était la source du pouvoir, et nous en avions perdu le contrôle. Et nous étions consentants, soulagés presque. D'une certaine manière, cela nous permettait de contenir les souvenirs de cette guerre sans nom qui avait fait de toutes et de tous les ennemis à abattre d'une des armées les plus puissantes du monde. L'armée française n'avait pas digéré Diên Biên Phú. Elle était venue se refaire, soumettre les bicots, les melons, les ratons, les bougnoules, les rebelles, les fellagas, les terroristes, les Arabes. Nous étions traités de tous les noms, sauf du bon. Il y avait aussi les exactions des nôtres, les histoires pas claires des maquis, les bizutages et autres cérémonies cruelles, les abus de pouvoir, les forfaitures, comme l'assassinat de mon père par un homme que la guerre de l'ombre avait transformé en petit chef de guerre absolu. Plus que les violences portées par l'ennemi, celles-ci sont enfouies, refoulées, niées. Chaque maison compte encore son malheur et ses morts. Chacune a eu sa guerre d'Algérie, en filigrane de l'autre, l'estampillée.

Violence, humiliation. Violence de l'humiliation et humiliation de la violence. L'horreur s'était installée en plein cœur des villes. À El Biar, à deux pas de l'arrêt du bus qui nous ramenait du lycée de Ben Aknoun, derrière la place carrée où je m'attardais à la sortie du lycée, bordée par la poste, la mairie, la cafétéria de M. Ortiz, comme on appelait le limonadier dans le quartier, un immeuble anodin des années 1950 avait été transformé en centre de torture. Ali Boumendjel, Maurice Audin, Henri Alleg... nous traînions nos adolescences dragueuses à un jet de pierre de votre martyre. Désormais, vous n'êtes plus qu'un vague souvenir pour ceux qui habitent là. Personne n'a pris la peine de mettre une plaque sur le mur défraîchi, dont la peinture part en lambeaux comme votre souvenir, sous le regard indifférent et désabusé des habitants. C'est leur histoire aussi, mais ils semblent se ficher du passé. Qui s'occupe de leur présent?

Dans les montagnes, les villages bombardés, les maisons éventrées, les pressoirs abandonnés, les oliviers profanés, les exécutions sommaires — les pères devant les fils, les fils devant les mères —, les viols, les prises d'otages, les déportations, les disparitions, les camps de regroupement, les exils... Cruautés de la guerre. Un vieux Kabyle disait à Pierre Bourdieu : «Il n'y a pas un homme qui, à la fin de tout cela, pourra dire : je suis un homme.» Souvenirs tenus sous le boisseau du silence imposé par la retenue naturelle d'un peuple qui portait toujours ses habits rugueux de gens de la terre. Terres recluses. Terres arides, pentes escarpées de pierres et de ravins que, dans les replis les plus sombres, des sources secrètes parsèment de tendres cyclamens roses. Les hautes terres inexpugnables qui ne cessaient de hanter l'histoire de mon pays. Souvenirs terrifiants, à en juger par les images que les médias révèlent aujourd'hui sans limites sur les guerres contre les civils, Balkans, Rwanda, Tchétchénie. Hier, l'Algérie; la mémoire encore recouverte des cendres des feux qui la martyrisèrent. Rien ne ressemble plus à une guerre contre les populations civiles qu'une guerre contre les populations civiles, quels que soient le lieu et le temps. Rien ne ressemble plus à un maquis qu'un maquis. De ça, j'en eus conscience très tôt, d'une manière confuse, mais si forte qu'aujourd'hui encore je revois les images de ce film, vu un après-midi de désœuvrement à Genève, l'été 1958, un été pendant la guerre d'Algérie, le premier été après l'assassinat de mon père.

Je passais les vacances scolaires chez mon oncle Hamid, à Genève. En ce premier été orphelin, mon jeune oncle se voulait plus proche de l'adolescente que j'étais. De toute la fratrie, il avait choisi d'être le père manquant. Il vivait en exil en Suisse depuis 1956, et c'était là qu'il avait appris l'assassinat de son frère. Lui avait fui l'Algérie d'une manière rocambolesque. Comme tous les matins, il allait aux entrepôts sur le port. Un ouvrier posté à quelques mètres de l'entrée lui fit signe de déguerpir. Trop tard. Il braquait sa voiture sous le nez des parachutistes embusqués derrière les bâtiments. Ce fut le point de départ d'une chasse à l'homme dans Alger, digne d'un film noir, une course dans la ville, lui en Versailles, eux en Jeep. Derrière lui, les paras de Bigeard : «Tamzali, c'est pour moi, laissez-le-moi!» Le chef de la lutte antiterroriste était furieux d'avoir été trompé par les airs de zazou que s'était donnés le jeune homme. Lui et ses compagnons de lutte se réunissaient dans les arrière-salles de bars, de boîtes à filles. À l'issue d'une course éperdue, il abandonna sa voiture au bas des escaliers menant du boulevard du Front de mer à Bab el-Oued, et il s'enfonça dans le dédale du quartier pied-noir. Il pénétra dans un immeuble, monta les marches en courant toujours et frappa à une porte au hasard. Une femme lui ouvrit la porte : «Je ne sais pas qui vous êtes, mais vous semblez honnête.» Le matin, en partant travailler à la Poste, elle lui demanda de ne pas tirer la chasse :

« Les voisins seraient étonnés, je vis seule depuis si longtemps. » Elle le cacha pendant plusieurs jours. Je suppose que c'est par elle que nous fûmes informés de l'endroit où il se trouvait. De retour d'un de mes voyages, je lui apportai une boîte de chocolats suisses. C'était une Européenne d'un certain âge, de petite taille et d'allure modeste. Elle ne me dit rien, juste merci, ne demanda pas des nouvelles du fugitif, ne parla pas d'elle non plus. Après s'être planqué quelque temps dans la ferme d'un parent, près d'El Kseur, le fugitif rejoignit la Tunisie par le maquis et, de là, la cellule du MALG de Genève.

Nous étions entrés au hasard dans ce cinéma de Genève. Mon oncle Hamid avait l'habitude agaçante de voir des morceaux de films entre deux rendez-vous. On jouait cette fois-ci un film yougoslave sur le maquis, pendant la Deuxième Guerre mondiale. Mon oncle ne parlait jamais de son passage au maquis, sauf quand je voulais l'entraîner dans une promenade à pied. « J'ai été obligé de marcher un jour. C'est fini, plus jamais ! » Il gardait précieusement la paire de souliers Bally suisses qu'il avait portés pendant sa traversée et disait ironiquement en direction des Suisses qui avaient accueilli les réfugiés algériens avec une froideur de banquiers : « Ils pourraient en faire de la pub, elles sont encore impeccables. » Il disait aussi que, lorsqu'il était arrivé au maquis avec un de ses cousins, ils avaient été accueillis avec suspicion par les maquisards : « Les premiers temps, Hacène et moi ne dormions jamais en même temps : l'un veillait sur l'autre. » Du film, je ne me souviens pas de

grand-chose. C'était l'histoire de femmes maquisardes et des troubles jalousies qu'elles occasionnaient entre les maquisards. Cette fois nous étions
restés jusqu'à la fin du film. Un film en noir et
blanc. Un film terrifiant. À la fin, les maquisards
fusillent les femmes, pour faire disparaître les
troubles. En sortant du cinéma, mon oncle, le
visage fermé, a dit, à lui-même plus qu'à moi :
« Tous les maquis se ressemblent. »

Je n'ai pas posé de questions ce jour-là. Pas plus
que nous n'en avons posé en 1962. Nous ne
posions, nous ne nous posions aucune question.
Sur la guerre d'indépendance, qui avait duré de
1954 à 1962, on nous bombardait de discours. Les
images que nous en avions étaient celles des documentaires de propagande tournés à Gardimaou,
en Tunisie, où était stationnée l'armée des frontières, l'ALN. Les caméras étaient russes, la tech-
nique soviétique, avec fond de musique ronflante
et commentaires langue de bois. Le style algérien
se mettait en place. Nous avons accepté facilement
l'image stéréotypée de l'héroïque peuple algérien,
de préférence le peuple paysan, effaçant du même
coup tous les autres peuples algériens. Le service
du cinéma de l'armée des frontières façonnait déjà
l'idéologie qui servirait un jour à l'armée pour
prendre et conserver le pouvoir. Il y eut quelques
exceptions, bien sûr, une ou deux, sur les kilomètres de pellicules en noir et blanc tournés à
cette époque. Le seul film qui m'ait vraiment touchée racontait l'histoire d'une petite fille réfugiée
dans un camp à la frontière tunisienne, la petite

Yasmina, plus forte que la guerre, aux yeux si clairs dans un décor de misère. Ce film était de Lakhdar Hamina, qui recevrait un jour la Palme d'or au festival de Cannes. C'étaient des images vraies, des paroles arrachées au mutisme des témoins écrasés par la trop grande guerre d'Algérie, laquelle finissait par exister en dehors de ceux qui l'avaient faite. Ce n'était pas grand-chose pour les générations à venir, qui, comme l'héroïne du film d'Assia Djebar errant dans les montagnes sur les traces de sa mère morte au maquis, devraient partir seules dans leur quête de l'histoire vraie. Comme moi aujourd'hui, elles n'auraient dans les mains que quelques morceaux d'une histoire falsifiée, partie en éclats dans le ciel du désenchantement. Des flots d'images mortes pour dire une aventure trop grande.

Les images de femmes occupaient une place centrale dans le dispositif de propagande du FLN. Elles étaient les icônes de la lutte de libération et le gage de sa modernité. Les jeunes femmes en noir et blanc, aux visages de madones sévères et beaux, impeccables dans des treillis tout neufs, en infirmières, en soldates, les armes à la main, se déplaçaient crânement dans des scènes de guérilla moderne. Pour les besoins du tournage, elles reprenaient le chemin du «maquis», alors que, dès la fin de 1957, l'interdiction des femmes au maquis était tombée. Une directive de la willaya II de fin 1958 dit sans ambiguïté toute la férocité des chefs de guerre : « [...] si elles rejoignent nos rangs, elles doivent être refoulées à leur destination d'origine, même si les ennemis les appréhendent. »

À regarder ces films de propagande, on est saisi du plaisir de voir l'arroseur arrosé : les propagandistes misogynes, piégés par les images fabriquées des soldates, ont dû batailler pendant vingt ans pour obtenir un code de la famille conforme aux traditions obscurantistes qui régentaient leurs vies et celle des maquis. Tout truqués qu'ils étaient, ces films renvoyaient aussi une vérité qu'ils voulaient désespérément cacher : il n'y eut pas que des maquisardes d'opérette. Malgré et contre la férocité des frères, il y eut de vraies résistantes, les grandes sœurs. Qu'étaient-elles devenues? La guerre finie, elles avaient recouvert leur gloire de la modestie et de la pudeur des femmes du pays et laissé aux mains des frères le destin du peuple pour lequel elles s'étaient battues. Les héroïnes de chair et de sang disparues, sauf exceptions, de la scène publique furent remplacées dans les discours par les «femmes algériennes», les nouvelles icônes du nationalisme algérien post-indépendance.

Ce ne fut que peu à peu, sous les pressantes questions des étudiantes en colère, qui, les premières, commençaient à entrer en lutte clandestine contre le parti unique, à la fin des années 1970, et voulaient comprendre pourquoi les femmes avaient été trahies et comment elles étaient passées de la gloire à l'humiliation, que les grandes sœurs se mirent à parler et à reprendre leur place dans l'histoire de la Résistance. Elles laissaient échapper

des mots, des colères, des larmes retenues trop
longtemps, certaines avec un léger mépris pour
ceux qui parlaient à tort et à travers de la Résistance. Peu à peu, nous découvrions la vie des résistantes : «J'ai quitté la maison pour rejoindre le
maquis. Je me suis retrouvée dans un foyer pour
jeunes filles à Tunis, avec interdiction de sortir le
soir.» Nombre d'entre elles étaient «expédiées» en
Tunisie, débarquées de l'aventure. Encombrantes à
l'intérieur, elles l'étaient aussi à l'extérieur. Il n'y
avait pas de place pour elles dans les nombreux
rouages de la Résistance. Certes, on avait utilisé ces
jeunes citadines, parce qu'elles ressemblaient à des
Européennes et qu'elles pouvaient passer les bar-
rages de police et de militaires. Certes, on avait été
contraint de les accueillir au maquis dans les premiers temps, mais de là à leur confier des responsabilités, leur donner des grades, c'était impensable.
Une commissaire politique ou même une chef de
willaya était comme un miracle. Les grades, c'était
pour les hommes. Même Néfissa L., la future présidente de l'UNFA, resta sans grade. Médecin, elle
s'était engagée dans la lutte nationaliste bien longtemps avant le déclenchement de la lutte armée.
Arrivée au maquis avec une longue expérience
politique et professionnelle, elle fut placée sous les
ordres d'un homme, un jeune médecin que l'on
fit venir de Tunis tout spécialement. Il était moins
expérimenté et plus jeune. Tous deux se marièrent,
belle histoire de guerre et d'amour, suffisamment
rare pour mériter d'être dite. Les jeunes citadines
étaient plus instruites que la plupart des maqui-

sards, chefs compris. Elles posaient des questions, se mêlaient de politique, bref, elles étaient dangereuses et pouvaient semer le trouble dans l'esprit des combattants. De surcroît, elles venaient des villes et avaient des mœurs de Françaises... On ne voulut donc plus de femmes au maquis.

Rien de cette misogynie névrotique contre les résistantes qui avaient transgressé la vieille morale sexuelle de la tribu ne transpirait dans les images d'Épinal des films de propagande. C'était hors cadre que tout se jouait, et ce dès les premiers moments : peurs, larmes, suspicions, humiliations, contrôles de virginité, obligation de dissimuler son corps en passant une gandoura sur son treillis au risque de sa vie dans les fuites de la dernière chance, et tant d'autres choses, dessinaient le champ de la guerre des femmes dans la grande guerre des hommes. Plus tard, bien plus tard, Néfissa L. me confiera des « petites choses » sur la vie des maquis qu'on préférait taire. « On m'a obligée à mettre une gandoura sur mon treillis, mais j'ai refusé de passer une visite de contrôle de virginité », dit-elle, farouche, redevenant pour un instant la jeune femme rebelle et la grande résistante, belle figure au panthéon de l'histoire des femmes algériennes.

Elle me raconta ces petites choses vingt ans après notre rencontre à l'UNFA. L'ancienne présidente avait perdu son assurance, le temps et les épreuves avaient usé sa bonne volonté. C'était à Paris, où elle était venue se faire soigner. Elle n'avait pas oublié ce jeune campagnard qui apportait le journal et refusait de le lui remettre, car il avait pour instructions de le donner «au docteur», qui, pour lui, ne pouvait être qu'un homme. Il le donnait donc à l'infirmier, jusqu'à l'arrivée du jeune médecin, « *le* docteur ».

«Pourquoi n'écris-tu pas ces choses? demandai-je à Néfissa. Ça pourrait nous aider à voir clair, à comprendre. — Ce sont de petites choses. Pourquoi ternir l'image de la révolution? C'est ce que nous avons de plus cher. J'avais tout abandonné pour ça, comme de nombreuses autres femmes. »

Elle parlait avec une tristesse et une lenteur qui ne devaient rien à la maladie. Pauvre Néfissa, elle avalera d'autres couleuvres. Quelque temps après cette rencontre, j'appris qu'elle avait été obligée de fuir par la fenêtre de son bureau à l'hôpital Parney. Des islamistes déchaînés essayaient de forcer sa porte parce qu'elle avait osé interdire aux infirmières le port du voile pendant le service. Fille de la grande bourgeoisie algéroise, l'une des premières gynécologues installées dans la ville d'Alger, elle avait su mettre sa vie en péril, mais pas résister aux diktats archaïques qui menaient les maquis et plus tard le pays. Nos compromissions venaient de loin. D'elle, de moi et de beaucoup d'autres. Je sais ça, et je sais aussi que rien ne pouvait ternir cette révolution si chère au cœur de Néfissa, surtout pas la vérité, ni aucune révélation, ni le travail des historiens qui commencent à interroger l'exactitude des faits. Pour ma part, aucune vérité n'amoindrit la reconnaissance pour le peuple insurgé que je garde à l'abri du temps comme un don précieux, comme le gage que ce pays peut renaître et sortir de l'aphasie dans lequel il semble plongé. Qu'elle ait été le lieu idéal du mensonge et de l'infamie n'enlève rien à la guerre de libération. Et si c'était à refaire, nous referions cette histoire plus grande que nous, beaucoup trop grande pour nous.

Quelques frères, aussi, ont parlé, ces frères qui sont restés pour toujours les fils meurtris de la révolution algérienne. Sid Ahmed, le beau Nany, comme nous l'appelions, le jeune et charismatique cousin de mon père, le frère de celui, Smaïl, qui avait circoncis mon frère et mes cousins dans la maison de Saint-Eugène et était mort sous la torture des soldats français, Nany, le futur secrétaire général du ministère de l'Agriculture, qui avait pour mission familiale de me « surveiller », était ma source inépuisable. Il était monté au maquis alors qu'il faisait ses études de médecine. Dès le début de la lutte armée, il s'était engagé dans la Résistance au sein de l'Université. C'est lui qui remit à Daniel Timsit, étudiant en médecine comme lui, le nitrate qu'il volait à l'usine familiale pour la fabrication des bombes. Daniel Timsit, algérien, juif et français, contre l'avis de son parti, le Parti communiste algérien, le PCA, avait monté un laboratoire de fabrication d'explosifs au sein de l'hôpital Mustapha. C'est là que la bombe du Milk-Bar avait été fabriquée. Le laboratoire fut découvert à la suite d'une explosion accidentelle, et Timsit fut arrêté. Nany dut se cacher, entrer en clandestinité et monter au maquis. Il se retrouva à la willaya III, dans les montagnes kabyles, pas très loin de la ferme de Bougie. Il y était encore quand mon père fut assassiné ; il était présent quand le colonel Amirouche dicta la lettre de condoléances à mon grand-père dans laquelle il disait qu'il n'était pour rien dans cette mort et que le coupable serait fusillé. «Quelle douleur, la mort de ton père, je ne savais plus où j'étais !» Cher Nany, la guerre fut si dure pour nous tous.

Alors que je lui expliquais combien j'étais déçue par la position des politiques, ses amis, mes amis, sur la question des femmes, il me raconta, pensant atténuer mon désarroi sans se douter qu'il installait au cœur de mon utopie un ver dévastateur, comment il avait été chargé de faire passer une visite médicale aux maquisardes pour vérifier leur virginité. Le jeune idéaliste, rudement étrillé par la réalité du maquis, l'étudiant en médecine qui ne se consola jamais de ne pas être devenu le médecin des pauvres dont il avait rêvé, malgré les postes prestigieux qu'il reçut du pouvoir, s'était réfugié avec les jeunes femmes dans la souche d'un énorme arbre et avait demandé à Mustapha K., un autre cousin de mon père, qu'il avait retrouvé au maquis, d'en interdire l'entrée aux autres maquisards, le fusil à la main : «Je n'en menais pas large. Je me suis enfermé avec les filles. Nous avons laissé passer un laps de temps raisonnable, en silence, sans bouger. Des minutes de plomb. Et puis je leur ai dit : "À la première occasion, vous filez ! Il y a une sale ambiance."»

En écoutant cette histoire, je me suis souvenue de cet après-midi à Genève avec mon oncle Hamid

et de la tête qu'il faisait en sortant du film yougoslave sur le maquis. «Tous les maquis se ressemblent.» Les compagnes de Nany n'ont pas eu
le temps de s'enfuir et ont été arrêtées par l'armée
française. Lui aussi. Il s'en est tiré de justesse.
Après la villa Susini, un des centres de torture d'Alger, et à force de recherches et de pressions des
membres influents de ma famille auprès des autorités françaises, ses tortionnaires le remirent entre
les mains de la justice. Il fut jugé au tribunal d'Alger et sauva sa peau grâce à sa gueule d'ange et au
talent de son avocat, Roland Dumas. Placé en résidence surveillée en France, il parvint à s'enfuir et
s'installa à Genève avec Hamid.

Il y eut une autre histoire, que me raconta un
jeune homme, écorché vif, souvent perdu dans
l'alcool, incapable de vivre le présent, avec lequel
j'essayais de construire une histoire d'amour et de
paix et que j'ai abandonné à regret à ses fantômes.
Ce jeune homme séduisant, je le retrouvais à la
porte de l'hôpital Mustapha, où il dirigeait le service
de radiologie. Combien de fois ai-je vu, sur son
visage fin, marqué de nombreuses traces acnéiques,
tomber une tristesse infinie et qui m'excluait! Avec
le temps, il me raconta comment, monté au maquis
à l'âge de dix-sept ans, il dut participer à l'exécution de trois maquisardes : «Notre chef l'avait
décidé parce qu'elles occasionnaient des troubles,
des jalousies entre les maquisards. Elles étaient
très courageuses. Dès que j'ai pu, j'ai fui.» Il se
retrouva en Suède, reprit ses études, mais ne put
reprendre le cours normal de la vie. Quand racon-

tera-t-on aux enfants la vraie histoire de notre guerre ?

Il n'y a pas eu que l'humiliation des femmes, il y a eu aussi celle des étudiants. Le 17 mai 1956, date décisive pour l'Algérie, le FLN avait décrété la grève générale des étudiants et des lycéens. Pour de nombreux grévistes une seule direction : le maquis. Cet épisode de la guerre de libération a été passé sous silence dans les rituels de la révolution algérienne, l'estampillée, qui n'a retenu de ce mouvement que la Journée de l'Étudiant, laquelle, plus d'une fois, fut l'occasion de manifestations des étudiants de l'Algérie libérée, qui se sentaient trahis par le régime en place, comme ceux de 1956 le furent par l'organisation clandestine. La réalité des faits reste très largement ignorée par les historiens, bien que, comme pour l'histoire des femmes, les récits transpirent. L'entreprise n'avait pas été facile, l'incorporation des étudiants n'ayant pas été organisée. Parfois, elle avait même soulevé des réticences. L'expérience de Nany, encore lui, est significative. Avant de rejoindre le maquis, il fut baladé pendant des jours et des jours, avec trois camarades, étudiants eux aussi, d'un endroit à un autre, sans explication. Un jour, on leur annonça qu'ils allaient rencontrer un « responsable », le mot magique qui devait survivre à la guerre. Alors qu'ils écoutaient, assis autour d'un feu, les recommandations de ce responsable venu les conduire au maquis, un messager arriva essoufflé. Le responsable prit les missives qu'il lui tendait, puis, sans les ouvrir, les froissa et les jeta au feu devant les jeunes gens médusés en disant : «Je sais ce qu'il y a dedans, et de toute façon, je ne sais pas lire.» Il s'agissait de montrer à ces étudiants de la ville qu'il ne servait à rien de savoir lire et écrire. Ce trait aussi devait survivre aux circonstances et devenir une règle de l'Algérie indépendante, comme survivra la tentation de l'autodafé chez les petits chefs arrivés au pouvoir.

On peut parler de choc des cultures entre ces étudiants, qui avaient le dos au mur après la grève de mai 1956, les rescapés des réseaux des villes et ceux qui, de la montagne au maquis, avaient troqué leur bâton de berger contre une kalachnikov. Ils gardaient à l'épaule leur besace de figues sèches, de galettes d'orge, et dans la tête la méfiance pour les gens des villes et les idées propagées par l'école. Un de ceux-là inventa les sinistres commandos de la mort pour les jeunes grévistes des facultés, des lycées montés au maquis portés par des idées volées à l'ennemi : liberté, égalité, fraternité. Étaient-ils assez jeunes ceux qu'on envoyait traverser les oueds à sec à pas tremblants sur le lit de cailloux blancs qui scintillaient d'une luminosité assassine sous la pleine lune? Les soldats français ne pouvaient les rater. Furent-ils assez punis d'avoir peiné sur le livre des florilèges de la langue française? Un parmi eux a-t-il, dans ces instants ultimes, fraternisé avec Rimbaud contre les faux frères que lui envoyait l'histoire?

Les petits soldats de la liberté partis la fleur au fusil revinrent le cœur en bandoulière. Les héros n'avaient plus rien à donner. Du moins ceux que j'ai croisés. Un présent impossible, voilà ce que nous réservait cette guerre si glorieuse. Des adolescences jamais dépassées, incapables de recevoir les amours de l'âge adulte. Les héros n'étaient pas les fiancés que nous attendions. Les mères et les matrones pouvaient reprendre leur règne interrompu par la grande aventure, et les fiancées attendre en vain les fiancés pour les emporter loin de la tribu antique. Elles tentèrent de se rabattre sur les princes charmants choisis dans les dîners de famille, à l'ombre des gynécées, les cousins pour les cousines. Ils n'étaient pas mieux que les autres.

On ne peut certes pas réduire la guerre de libération à ces sombres histoires. Elle fut plus grande que nous, et aujourd'hui encore en écrivant ces mots je me sens écrasée par un sentiment d'humilité. L'histoire de la Résistance dresse et grave dans nos cœurs et notre raison les visages démesurés des héroïnes et des héros en fraternité, avec une force plus forte que la réalité. Pourtant, je sais aujourd'hui que nous aurions dû essayer de comprendre d'où venaient cette peur de l'intelligence et cette emprise de la vieille tribu et de sa morale sexuelle sur nos vies. Comprendre pour exorciser. Mais le temps du Novelty n'était pas celui de l'exorcisme. Il ne pouvait être imaginé par les jeunes gens de la Cinémathèque qui m'accompagnaient sur les chemins de l'utopie, dans les lumières finissantes de notre aventure. Le temps du Novelty, c'était encore le temps de l'héroïsme et des fresques magnifiées du peuple en lutte, la face luminescente de notre histoire, celle qui nous enveloppait

quand nous montions, bénis des dieux, les marches
du palais pour recevoir les hommages du cinéma
et de la France, d'une certaine manière. Douce
revanche. Les dieux nous étaient enfin favorables,
et les temps glorieux étaient arrivés. *Les Années de
braise*, de Lakhdar Hamina, remportaient la Palme
d'or au festival de Cannes 1974. Lakhdar triom-
phait, et nous avec. Nous étions venus nombreux
d'Alger. Il avait décidé de nous faire entrer avec
lui, par l'escalier d'honneur. Le service du protocole du festival tenta bien de réduire la troupe à la
traîne du metteur en scène, mais rien n'y fit. Il
avait même pris au passage une vieille dame pied-
noire rencontrée le matin, qui lui avait dit combien elle était fière que la Palme soit attribuée à un
film algérien. «Elle est avec moi, dit-il au protocole. Si vous ne laissez pas passer tout le monde, je
ne monte pas.» Flamboyant Lakhdar. Il portait
toute l'insolence joyeuse de l'Algérie des commencements. Sur le podium, en djellaba marocaine, il
reçut son trophée des mains de la belle Jeanne
Moreau. Honnis soient les esprits chagrins. Tout le
monde nous aimait, nous aimions tout le monde,
et nous nous aimions tous.

Pouvions-nous nous douter que le temps pres-
sait, qu'il fallait laisser là les images d'Épinal que le
pouvoir finançait bien volontiers? Savions-nous
que la violence, d'avoir séjourné dans l'ombre d'une
quotidienneté banale, ressurgissait avec une force
décuplée? Elle était là déjà, tournant sournoisement autour de nous alors que nous nous gargarisions des mots de liberté et de fraternité. Nous ne

voulions pas voir la violence ordinaire qui s'installait dans la rue, contre les femmes, les citadins, les commerçants, les bourgeois, les cadres de l'État, tolérés parce que nécessaires, les marginaux, les francophones, contre nous aussi. La Ville Blanche perdait peu à peu ses allures de belle pasionaria. La Sublime, comme l'appelaient les anciens Algérois, s'adonnait à des rituels nationalistes et religieux qui me blessaient et commençaient à jeter des ombres sur mon idylle avec les masses. Les mille feux qui s'allumaient le soir sur la baie n'étaient plus que les bijoux de pacotille d'une vieille peau. L'esthétique révolutionnaire foutait le camp. La fraternité sonnait de plus en plus creux. Le bon peuple suivait le pouvoir, qui exerçait sans plus de retenue son ressentiment contre tout ce qui n'était pas lui. Les attaques de personnes, les noms jetés en pâture par Ben Bella, sa hargne langagière ne relevaient pas du folklore de l'an I, comme je le croyais. C'était le premier maillon d'un système que les successeurs du président révolutionnaire et socialiste allaient perfectionner. Chacun avec son style, clown pour le premier, prophète pour le second, bon enfant pour le troisième, et ainsi de suite de la succession de nos princes absolutistes et distillateurs de haine. Les batteries verbeuses de Ben Bella inauguraient un système qui enterrerait pour longtemps les chances de liberté pour notre pays. Ce système était fondé sur la captation de toutes les formes de légitimité. Une politique de diabolisation et d'exclusion à grande échelle faisait, par sexe, par famille, par groupe, par communauté, de nombreux Algériens et de toutes les Algériennes des individus sans droits, tolérés dans leur pays et vampirisés par le pouvoir. Je peux dire sans ironie que je cumulais les tares : femme, bourgeoise, francophone, démocrate, libre-penseur. La longue liste des impuretés.

Ici se termine le premier cercle de la mémoire, circonscrivant les temps, les faits, les êtres et les choses, conduit par une nécessité bouleversant la chronologie du récit au point de le rendre parfois obscur. Pour le clore, une note griffonnée à la marge dans un carnet, suscitée par une réflexion de Breyten Breytenbach, l'écrivain sud-africain qui en sait un bout sur les utopies, se demandant, à propos des intellectuels blancs qui se sont battus en Afrique du Sud : « Que vont-ils faire de leur histoire ? Vont-ils la jeter aux chiens ? »

Et nous, qu'allons-nous faire de notre histoire en Algérie aujourd'hui ? Devant le chemin parcouru, on a envie de demander à ceux qui s'extasient sur le téléphone portable à l'oreille du Bédouin : qu'avez-vous à dire de l'implosion de tout un pan de l'histoire algérienne ? Nous étions des milliers à nous sentir grandis par les guerres et les luttes de libération. Au Caire, à Alger, à Damas, en passant par Rome et La Havane, Brazzaville et Maputo, tant de

femmes et tant d'hommes ont accepté de voir leur his-
toire personnelle écrasée par la grande histoire parce
qu'ils pensaient pouvoir la changer. Faut-il jeter
leur histoire aux chiens ? Avant de jeter mon his-
toire, j'essaierai de l'écrire pour le lecteur qui a
échappé aux crocs des bêtes. Et j'essaierai de tout
dire.

LA MAISON POURFENDUE

(Le deuxième cercle)

La prophétie d'Abdénour

Une victoire du peuple algérien! La nouvelle éclata dans Alger : la radio du matin annonçait la nationalisation des biens de mon grand-oncle Mustapha, suppôt du capitalisme international, ses immeubles, ses maisons et, le plus spectaculaire, son usine sur le port. L'usine était un symbole, non seulement pour nous, mais pour tous les Algérois, un repère dans la ville. Imposante, elle en marquait le paysage urbain. La nationalisation survenait quelques mois après la Journée de l'Arbre du 10 mai 1963. Le décret d'expropriation était rédigé par un Français, un pied-rouge, conseiller de Ben Bella, Hervé Bourges, qui deviendra un des patrons de la télévision publique sous Mitterrand. C'est lui qui s'en vantera quand je le rencontrerai plus tard à l'Unesco : «Vous vous appelez Tamzali?» Il était alors au cabinet du directeur général, le Sénégalais M'Bow. Petit récit à ajouter à mon dialogue mi-figue mi-raisin avec l'histoire.

L'expropriation était punitive. L'occupation des lieux fut théâtrale. L'entrée de l'usine avait été interdite aux membres de ma famille le matin même de l'annonce à la radio. Salah, le cousin qui y travaillait, l'ingénieux transbordeur d'armes de la guerre de libération, n'avait pu y récupérer ses lunettes de vue. De même, nous n'avions pu décrocher du mur le certificat de corsaire délivré par Napoléon III à l'aïeul péri en mer, le raïs Ali, le père d'Ismaël, que nous perdîmes pour toujours. Il se trouvait dans le bureau de Mustapha, derrière son fauteuil, bien à la vue des visiteurs. Volé, envolé.

La nationalisation s'accompagna d'un flot d'arguments révolutionnaires. Les attaques de Ben Bella ne s'arrêtèrent pas avec la nationalisation et nourrirent pendant longtemps la passion des étudiants. J'arrivais à la fac dans la fièvre de la révolution antibourgeoise. J'étais rarement prise à partie directement, mais mon nom était souvent cité ; il était devenu un symbole. La plume fleurie des journalistes zélés allait bon train. Celui qui rendit compte dans le journal, l'unique, *El Moudjahid,* de la prise de possession de l'usine par l'administration et les membres du FLN, s'indignait de découvrir qu'il n'y avait pas d'argent dans le coffre. « Le vieux bourgeois est parti avec la caisse, en conclut-il. Il a volé son dû au peuple algérien. » Pour décrire l'usine, il dit d'une des machines qu'elle était « grande comme une villa d'Hydra », le quartier chic d'Alger. Quelle époque! C'était aussi le temps où Jean Sénac l'Algérien, qui avait essayé en vain d'entraîner Camus dans son engagement auprès du FLN, assassiné en août 1973 parce qu'il aimait les garçons, écrivait pour dire son admiration pour la femme algérienne : «Tu es belle comme un comité de gestion.» Les mots jaillissaient comme ceux d'une comptine et blessaient, magnifiques et cruels.

Mon oncle Mustapha avait toujours été suspicieux à l'égard des chefs de guerre et de la guerre de libération elle-même. Il apostrophait ainsi son frère, mon grand-père : «Tes enfants t'ont abandonné!» Il parlait de mes deux oncles en exil, et je ne suis pas loin de croire qu'il considérait la mort de mon père comme une défection à la famille. Rabat Bitat, un dirigeant historique de la guerre de libération, m'a raconté, avec la mansuétude des vainqueurs, comment mon oncle avait envoyé balader l'émissaire de l'Organisation spéciale (OS) chargé de lui demander une cotisation de 1 000 francs pour la lutte armée qui se préparait : «On avait choisi Krim Belkacem parce qu'il était de la même région que lui. On avait pensé que ça faciliterait les choses. Il a rencontré ton oncle dans son bureau à l'usine. Il lui a longuement expliqué qu'on préparait la lutte armée contre les Français. Ton oncle l'a écouté sans l'interrompre ni poser de questions, puis il lui a dit : "Alors, il vous manque 1 000 francs et vous voulez mettre les Français dehors? Revenez me voir quand vous serez plus sérieux."» C'était une erreur fatale, la seule erreur de cet homme qui comprenait très vite où étaient ses intérêts. Le colonel Saddek fut sauvé par la chèvre christique de son rêve et monta au maquis malgré l'état de l'armement qu'on voulait lui confier, mais Mustapha ne rêvait pas. Il ne croyait qu'à ce qu'il pouvait planifier, diriger, commander, acheter ou posséder en propre. En renvoyant Krim Belkacem, il était loin de se douter que son usine servirait à des opérations de transport d'armes, et sa maison à les entreposer, et ce par des opérations imaginées et organisées par ses neveux, Hamid à Genève et Salah à Alger, que ses chers fûts d'huile, devant lesquels il aimait se faire photographier, seraient bourrés d'armes et de munitions pour les camarades de Krim Belkacem. Salah, lui, n'avait pas imaginé que ses compagnons d'armes le chasseraient un jour de l'usine comme un voleur, un criminel, et qu'il ne pourrait même pas prendre ses lunettes de vue.

Cet homme qui avait su saisir toutes les opportunités, qui avait un jugement rapide et perspicace sur le monde des affaires, qui avait su mieux que ses frères passer du commerce provincial à l'échelon national et plus, cet homme se montra particulièrement obtus sur l'essentiel, l'indépendance de son pays. Il ne croyait pas à ce qui le dépassait, ce qui était plus grand que lui. Il ne comprenait rien au désir de liberté des Algériens, aussi fort chez ses neveux riches et nantis que chez les autres. Ces neveux remplaçaient les fils qu'il n'avait pas eus. L'homme était resté célibataire, fait rare dans notre société. Solitaire, et intransigeant, pour lui et

les autres, méprisant la bêtise, ou ce qu'il identi-
fiait comme telle, refusant le travail mal fait, l'à-
peu-près, la nonchalance qui caractérisait pour lui
ses coreligionnaires. Il n'était pas en reste avec les
Français. Quand il recevait des personnalités politiques, gouverneur d'Algérie compris, et qu'il
voyait sa maison s'agiter pour le prestigieux invité,
il disait toujours : «Ne l'oubliez jamais, nous ne
sommes pas des Français. Nous sommes mieux
qu'eux.» Personne n'avait grâce à ses yeux.

Le matin de la retransmission radiophonique
du discours de Ben Bella à la Journée de l'Arbre,
je dormais chez lui. Malgré l'heure matinale, il
réveilla toute la maison, faisant irruption dans nos
chambres, ce qui ne lui arrivait jamais tant il détes-
tait la familiarité. Il était défait et avait perdu son
air hautain. Je réalisais qu'il était petit de taille.
Ai-je eu de la compassion? Si oui, je ne m'en souviens pas. À partir de ce jour, le 11 mai 1963, il se
rapprocha de nous. Il nous prenait à témoin, même
les plus jeunes, sincèrement stupéfait : «Moi, un
bourgeois?» Lui-même donnait au mot un sens
péjoratif. Il en usait pour stigmatiser la bourgeoisie
rentière algéroise, qu'il ne tenait pas en grande
estime : «Moi, un bourgeois, alors que je me lève à
5 heures du matin depuis l'âge de dix-sept ans
pour travailler?» La légende du jeune homme tra-
vaillant dès la sortie de l'adolescence faisait sourire
ses frères et ses sœurs, mais il y croyait dur comme
fer. Il était de fer. Sa seule peur était de mourir
loin d'Alger et du caveau familial du cimetière des
Bains-Romains. Chassé de sa maison et de son

usine, il s'installa sur les hauteurs de Nice, dans une propriété à Cimiez, mais au moindre rhume il rentrait à Alger pour attendre que la maladie passe. Il occupait sa déshérence à rédiger de longues lettres à Ben Bella en écho aux leçons «révolutionnaires» que le grand frère socialiste nous assénait quotidiennement et qui formaient le cœur de son discours politique : «Il ne faut plus que certains mangent dans le plat de couscous avec une louche pendant que d'autres regardent. Désormais tous les Algériens mangeront avec la même cuillère.» Ou encore : «Nous allons passer les bourgeois au hammam.» Mon oncle, dont la silhouette contredisait en tout l'image du gros potentat, se sentait directement visé par ces attaques, et il avait raison. Chaque fois qu'il venait déjeuner dans notre appartement de la rue Didouche, il nous lisait le brouillon d'une lettre. Il voulait convaincre Ben Bella qu'il pratiquait le socialisme avant lui et que, dans sa famille, personne ne mangeait dans le plat de couscous avec une louche. Il dressait de longues listes de tous les membres, les morts et ceux à naître, et divisait entre tous la fortune qu'il avouait. C'étaient les premières supplications du vieil homme. Toute sa vie, il reçut celles des autres.

Le jour de l'annonce par la radio de la nationalisation de l'usine, le «suppôt du capitalisme international» se trouvait à Nice. La famille entra dans une grande agitation et se regroupa chez le dernier des anciens, l'oncle Abdénour. Le vieil homme nous accueillit du haut des marches du jardin en gradins qui entourait sa villa sur les hauteurs d'Alger. Il était encore vêtu de l'ample djellaba blanche qu'il portait dans l'intimité, négligeant, ce jour pas comme les autres, les règles qui ordonnaient sa vie d'esthète. Il était pâle, tragique, vieilli : « Mes enfants, c'est la fin du monde ! » Comment n'ai-je pas entendu la détresse du vieil homme avec qui je partageais une parfaite complicité sur les choses et les gens, et dont je préférais de beaucoup la compagnie à celle de nombreux jeunes hommes de la famille et de mon entourage. Merveilleux personnage. Il vivait à Kouba, un quartier d'Alger sur une des collines de la ville, au fond de la baie, dans une élégante villa moderne, toute blanche, construite dans les années 1930, baptisée « Tanagra ». Cette maison fut un abri sûr pour nombre de femmes et d'hommes entrés dans la clandestinité, qui y séjournèrent jusqu'à leur départ au maquis. De tous les fils du marchand de Bougie, il menait la vie la plus aboutie d'un bourgeois libéral, riche et cultivé.

Salah serait avocat, Abdénour médecin. L'aïeul Ismaël avait mené méthodiquement son affaire. Il savait que l'argent ne suffisait pas. Le marchand de Bougie envoya deux de ses fils faire leurs études à Paris. Ils n'eurent sans doute pas le choix, comme mon grand-père, quand il fut envoyé à Sid Aïch pour diriger l'usine moderne. Les deux jeunes fils avaient pour mission d'asseoir la notoriété de la famille, mais sans doute aussi le goût pour l'étude, car le plus jeune, Mustapha, refusa d'aller à l'université, préférant se consacrer aux affaires dès la sortie du collège.

C'est la politique qu'Abdénour découvrit à

Paris, et la politique ne devait plus le lâcher. De
retour à Alger il s'installa comme médecin radio-
logue dans un très grand cabinet sur la rue Michelet (aujourd'hui Didouche), le quartier réservé des
Européens, et se présenta aux premières élections
municipales ouvertes aux Algériens «indigènes».
En 1923, il fut élu au conseil municipal d'Alger,
faisant partie de ceux qu'on appela «les élus d'Alger». «Nous fûmes élus contre les candidats de
l'administration, disait-il fièrement. Nous faisions
campagne pour qu'il y ait autant de poubelles dans
les quartiers arabes, indigènes, que dans ceux des
Européens.» J'ai pensé à lui quand les Palestiniens de Jérusalem, où je dirigeais une délégation
de féministes venues soutenir les candidats aux
premières élections palestiniennes, m'ont dit :
«Nous nous battons pour qu'il y ait ici les mêmes
services de voirie que du côté israélien.» C'est cette
campagne que l'on devrait reprendre à Alger,
aujourd'hui que la ville est tout entière abandonnée à la saleté et à la déprédation.

Pendant l'entre-deux-guerres, la maison d'Abdénour avait été le rendez-vous des notables et des
hommes politiques progressistes de son temps. Il
était le familier de Maurice Violette, gouverneur
de l'Algérie, le «gouverneur arabe», comme l'appelaient haineusement les pieds-noirs parce qu'il
avait tenté de réformer le statut de l'Algérie coloniale. Après l'indépendance, mon oncle a continué à recevoir, discrètement, socialisme oblige,
des hommes politiques du régime algérien.

Il avait mené une carrière parlementaire et séna-

toriale longue et plus qu'honorable. Déjà étudiant,
il s'était lancé dans des actions auprès de la communauté algérienne de Paris, l'incitant à mettre
son argent à la banque. Il fit aussi campagne pour
la construction de la Mosquée de Paris : «Les soldats de chez nous, morts pendant la guerre de 14,
étaient enterrés dans les coins isolés des cimetières
chrétiens. Nous voulions une mosquée, et pas uni-
quement pour des raisons religieuses. C'était une
question de dignité.» Il se battit toute sa vie pour
la reconnaissance de la dignité des musulmans :
«Musulmans, c'est comme ça que les Français
nous appelaient. Ils ne pouvaient ou ne voulaient
nous voir autrement. On a fini par n'être que des
musulmans.» Il ne savait pas à quel point il voyait
juste. Il appartenait à un courant que les historiens
retiendront comme laïc et libéral. Était-il significatif? Est-il significatif par rapport au présent? Ce
courant a été englouti par le nationalisme populiste
religieux qui domine l'Algérie depuis les années
1940, de l'Étoile nord-africaine au FLN, tandis que
mon grand-oncle et ses compagnons passèrent
aux oubliettes de l'histoire officielle. Quand ils ne
furent pas diabolisés comme «collaborateurs».

Au Sénat, à Paris, Abdénour siégeait dans le
groupe communiste. Il était à cent lieues de l'idéologie marxiste, mais c'était là qu'il avait trouvé le
plus de soutien pour son action politique. Le Parti
communiste était aussi le parti politique le moins
infiltré par le lobby pied-noir, très puissant dans
les partis de droite et sociaux-démocrates, et les
colons faisaient échouer toutes les réformes. Lui et

ses amis se battaient pour l'abolition du statut
de l'« indigénat », l'ancêtre de l'apartheid, auquel
étaient soumis les Algériens qui refusaient de
prendre la nationalité française. « Cela signifiait
pour certains de renoncer à leur âme, me disait
mon oncle, et pour beaucoup, pour ne pas dire
tous, à leur religion. » Ces lois ne furent vraiment
abolies qu'en novembre 1956. Nous, les indigènes,
avions été faits français unilatéralement et en pleine
guerre de libération. Mon père mourut français, lui
qui avait refusé de se naturaliser. Il avait toujours
mis un point d'honneur à ce que ça se sache, se
voie. Son plaisir était d'aller voter à midi, au
bureau du deuxième collège, celui des indigènes,
ostensiblement, quand il y avait le plus de monde.
Il passait devant le maire et le petit peuple blanc,
gênés de voir à travers cet homme, ce notable actif
dans sa ville, la crudité du système raciste qui
régentait l'Algérie. Riche ou pas, il était avec les
siens.

L'oncle sénateur aimait parler de politique avec
moi, car il savait que je me passionnais comme lui
pour la politique et que, surtout, et pour la même
raison, je rencontrais souvent les jeunes ministres
qui entouraient Boumediene. « Tes amis, me disait-
il, dubitatif, trouvant sans doute étranges les amitiés de sa petite-nièce pour ces hommes, ils en font
de beaux discours ! À mon époque, c'était difficile.
C'était une période de combats de tous les instants
pour nous faire reconnaître dans notre dignité.
Un combat isolé. Isolé des siens d'abord, car beaucoup avaient été écrasés par le colonialisme ;

d'autres s'étaient réfugiés dans la religion, certains avaient choisi l'exil, en Tunisie et au Maroc, pour échapper à l'indigénat. Mon ami Kaïd-Hammoud, un des "élus d'Alger", avait fait des études d'ingénieur, mais la carrière dans les Ponts et Chaussées lui était interdite en Algérie. Il a donc repris ses études et est devenu magistrat français à Fez. La famille de ta tante Hassiba [sa femme], les Guellati de Tunis, eux aussi sont d'Algérie, originaires de Médéa. Son grand-père avait choisi l'exil. Hors d'Algérie, les indigènes algériens devenaient des Français ! C'est drôle, non ? Un de mes amis exilé au Maroc se délectait d'entrer dans les piscines interdites aux chiens et aux Arabes. Quelle époque ! et si près de nous. Tes amis ignorent cette période. L'Algérie commence avec eux, l'Algérie n'existe que par eux. Ils ont phagocyté l'histoire. C'est plus facile après d'accaparer le pays. » Il me regardait longuement, gravement, se demandant non sans raison si je saisissais l'importance de ce qu'il disait : « Le mépris de la vérité, de ce que nous sommes, l'ignorance de notre histoire sont dangereux pour l'avenir de ce pays. Je ne suis pas loin de penser que tes amis croient ce qu'ils disent, à voir leurs airs de prophètes. Je les trouve un peu mystiques et ennuyeux. » Il me disait aussi, et me faisait rire — il aimait faire rire, c'était pour lui une qualité importante : « Vois-tu, ce qui ne va pas dans ce pays, c'est que là où il fallait des comptables on a mis des danseurs et là où il fallait des danseurs on a mis des comptables. »

« Mes amis » et les amis de mes amis rejetaient

cette période de l'histoire algérienne. Plus grave encore, ils feignaient d'ignorer la participation à la lutte pour l'indépendance des héritiers de ce courant et de cette classe sociale. Comme de ma famille, ils en firent les boucs émissaires de leur politique populiste, qui aux couleurs socialistes, qui aux couleurs religieuses, et ce avec tant de talent que, jusqu'à aujourd'hui, cette infamie fonctionne. L'amertume qui suinte de ces mots, ce n'est que maintenant qu'elle m'empoisonne. Au moment des faits que je rapporte, je n'en ressentais aucune. Je n'avais alors que des amis. Je ne savais pas me protéger, ne serait-ce que par une petite dose de scepticisme. J'étais si sûre d'être dans le sens de l'histoire, dont nous parlions sans cesse dans les cafés, les restaurants de la rue de Tanger. Le sens de l'histoire, de la révolution, de l'Algérie. J'écoutais l'oncle Abdénour comme le dernier représentant d'un monde qui devait laisser la place. Mais, séduite malgré tout, je passais de longs moments avec lui, comme on feuillette un livre d'histoire.

Au-dessus du canapé du salon, il y avait un grand tableau, *La Contrainte pour dettes,* du peintre orientaliste Étienne Dinet, une œuvre aux accents goyesques. Un homme enchaîné, au visage douloureux, était plaqué violemment contre le flanc d'un cheval par une lourde chaîne tenue serrée par un cavalier. Tiré dans une rue d'un village du Sud, il avançait devant un groupe de femmes massées au passage de l'étrange attelage. Elles hurlaient et se déchiraient le visage. Dinet n'aimait pas les Français d'Algérie, auxquels il refusait de vendre ses toiles. Quand il avait besoin d'argent, il débarquait à Alger et déposait ses œuvres chez deux ou trois Algériens à qui il demandait instamment de les acheter. La villa «Tanagra» abritait la plus importante collection de Dinet. Mon grand-oncle tenait ses tableaux dans un demi-secret et refusait de les montrer. Il voulait les protéger de l'appétit des puissants du régime et de leurs hommes d'affaires, qui achetaient à prix d'or les orientalistes. Cet appétit était lié à l'acquisition d'une nouvelle manière de vivre, qui s'installa très vite dans les couches supérieures du pouvoir. La course aux images de soi, sur soi, quête éperdue de l'identité, obsédait tout le monde, du plus humble au plus puissant, du plus simple au plus sophistiqué. D'où l'engouement pour ce genre aux nombreuses croûtes restituant une réalité boursou-flée par une fausse poésie, folklorique et tronquée, comme l'identité que l'on était en train de se fabri-quer et qui entretenait aussi peu de rapport avec l'histoire immédiate que la peinture orientaliste avec l'art de son époque.

«C'est moi qui ai emmené Dinet la première fois en Algérie, m'expliqua mon grand-oncle. Il a été ébloui, au propre comme au figuré, par le Sud algérien. Il s'est installé à Bou Saada. Tu connais la suite de l'histoire, il s'est converti à l'Islam.» Quand il découvrit la lumière dans cette petite ville ocre à l'orée du grand Sud algérien, sa vie et son art changèrent radicalement. Reconnaissant à ce pays de cette deuxième naissance, il se fit musulman et choisit le nom de Nacer-Eddine. Pleure Étienne : les islamistes ont brûlé ton musée à Bou Saada, il était à peine terminé. Dinet ne fut pas que peintre, c'était aussi un artiste engagé, acharné à dénoncer la condition faite aux Algériens par l'État colonial. Il envoyait lettre sur lettre au Parlement. «Il nous a aidés à combattre la loi sur l'indigénat, ajouta l'oncle Abdénour. C'était une sorte de Zola, mais personne ne l'écoutait. Le racisme à l'encontre des milliers d'hommes et de femmes algériens n'avait pas le même poids que l'affaire Dreyfus dans la conscience des Français. C'était l'époque où l'on pouvait écrire qu'un soldat indigène avait besoin d'un cubage d'air inférieur à celui d'un soldat français, et c'était signé par des membres de l'Institut !» Le sénateur vénérait les académies, et plus généralement toutes les institutions. En politique, il ne redoutait rien tant que l'anarchie.

En mai 1968 il était à Paris. Il avait déjeuné un jour au Sénat, à quelques mètres de l'Odéon occupé par les manifestants. Quand je le vis, à son retour à Alger, je l'interrogeai avidement : «C'est la révolution à Paris ? — Pire, c'est le chaos. Ils ont hissé le drapeau noir, pas le rouge, le noir ! Te rends-tu compte ? »

Ces péchés véniels ne l'empêchaient pas d'être rigoureux en politique et de porter un jugement lucide sur les actions des quelques Français libéraux de l'époque, qui étaient ses amis : «Dinet était pétri de bonnes intentions, mais il se trompait. Comme se trompaient les libéraux de l'époque, et ceux d'après, ainsi que Maurice Violette et tous les réformateurs. Étienne croyait que le problème venait des colons. Il ne voyait pas que c'était le système colonial qui était mauvais. Tes amis ont eu raison, il fallait tout changer, et pas seulement les attitudes des colons. Je me souviens des discussions très vives avec ton père, quand il a adhéré au Parti populaire algérien. Lui, Seddik, Hamid, Nany, Smaïl, Hacène et tant d'autres jeunes de notre famille et de familles amies l'ont vite compris. » Il ajoutait, pensif et triste : « Eux aussi, d'une certaine manière, nous ont reniés. Mais c'était peut-être la seule façon pour eux d'être acceptés par les autres, les révolutionnaires. Un peu comme toi aujourd'hui. » Il esquissa un sourire en me regardant. Je m'enfonçai alors dans un fauteuil et lui donnai tout mon temps, ces longs après-midi de dimanche, sans oser penser ce que je pense aujourd'hui.

Dinet, l'artiste français qui avait découvert la beauté et la noblesse des populations du Sud, et Abdénour, l'Algérien qui avait découvert Paris et l'ivresse d'être un homme libre dans la capitale des droits de l'homme : une page nouvelle aurait pu s'ouvrir dans l'histoire des deux pays. Les deux jeunes hommes, chacun à leur manière, avaient participé au frémissement qui agitait la société algérienne entre les deux guerres mondiales. L'Algérie colonisée sortait de sa léthargie, elle découvrait le monde et la modernité. Ses nouvelles élites, formées au sein de la société coloniale, exprimaient le désir nouveau des Algériens d'être reconnus à la fois pour ce qu'ils étaient, des musulmans, comme on disait à l'époque, et comme des égaux, pouvant accéder aux droits des citoyens français. Ces nouvelles élites occidentalisées et urbanisées ne formulaient pas encore de revendications indépendantistes. La page qu'elles avaient commencé à écrire fut vite tournée, encore presque blanche. Le déclenchement de la guerre se fit sans elles, et elles furent et restent à ce jour délégitimées par l'histoire pressée, qui ne reconnaît pas les graines qu'elles ont ensemencées. Les jeunes gens en colère issus de cette minorité avaient pleinement participé au mouvement nationaliste, mais ils resteraient marqués par le jugement qui avait frappé leurs pères et grands-pères. L'immobilisme social et l'esprit de vengeance qui continuent de dominer l'Algérie maintiennent d'une manière irrationnelle ces vieux ressentiments.

Assis sous les ors vieillis du cadre massif de *La Contrainte pour dettes,* dans l'élégance discrète de ce salon, loin des bruits de la ville, le patriarche me semblait irréel. Tout comme l'histoire officielle, j'étais pressée, sourde et aveugle. Je n'avais d'yeux, d'oreilles et de cœur que pour ce qui se mettait en place dehors, au son des trompettes et des youyous. Impatiente, confiante, heureuse, en quelque sorte, j'attendais le passage à une autre ère. Je n'entendais pas cette voix sourde et basse qui voyait dans la naissance chaotique et incertaine de l'Algérie la fin d'un monde, qui était aussi le mien.

Le scénario perdu

Impatiente, confiante et heureuse ? Pas tout à fait, car comment expliquer la nostalgie et le désenchantement que je découvris dans un texte écrit au début des années 1970, ces années où je prophétisais pour l'Algérie des bonheurs à venir ? Quelques feuilles dactylographiées, un projet de scénario, retrouvées dans un des cartons du container de mon déménagement à Paris. Ma mère s'était occupée de tout. En plus de mes livres et de deux tapis des Aurès, elle m'avait envoyé *L'Après-midi d'un faune*, le grand tableau de la petite salle à manger de la maison de la ferme, qui me fascinait depuis que j'étais enfant. Elle me l'offrait, à mon insu, histoire de fixer un peu de terre à mes souliers. C'était en juin 1979. J'emménageais dans mon premier appartement parisien, rue de Verneuil. Dans ce carton, il y avait en vrac des fragments de vie de toutes sortes, poèmes, citations, notes, cartes postales, photos, lettres, et ce texte que je reconnus immédiatement.

Un ami cinéaste voulait faire un film sur cette cible sans cesse éreintée de la politique révolutionnaire algérienne, la bourgeoisie nationale. À sa demande, j'avais rédigé un synopsis, resté sans suite, comme les nombreux projets de cette époque et de notre bande. Autofiction naïve, ce premier essai littéraire était l'histoire d'une sœur et d'un frère qui retournaient sur les lieux de leur enfance, une propriété agricole nationalisée en 1972 au cours de la deuxième phase de la révolution agraire. La Société nationale du tourisme avait construit un hôtel sur la partie extrême des terres. Cet hôtel était inauguré par le frère, qui était directeur commercial de la Société nationale. Mon scénario inachevé était principalement construit autour de la déambulation du frère et de la sœur dans la maison, qui leur appartenait toujours. À la relecture de ce texte, j'ai immédiatement retrouvé le plaisir inavoué que j'avais pris à l'écrire. Ce que j'avais écrit sur un mode intime était aux antipodes de la manière dont j'avais vécu, ou cru vivre, la révolution agraire, sur mon vélo, en saharienne et pantalon kaki, portant la bonne nouvelle aux futurs attributaires. Les personnages du frère et de la sœur étaient empreints d'une nostalgie teintée d'amertume. La maison, la ferme et Bougie livraient, comme malgré moi, leur secret et redevenaient un royaume unique, celui de l'enfance, dont j'avais été chassée. Ainsi, durant toutes ces années, au plus fort de l'utopie, j'avais vécu, superposées l'une sur l'autre, une aventure collective, bruyante et joyeuse, et une dépossession intime, l'une ayant eu la charge de compenser l'autre. Mais cela, je ne le savais pas en écrivant ces pages, rue Didouche, pas plus qu'en me relisant, au seuil de ma vie à l'étranger. Je ne le comprendrais que lorsque l'aventure se sera fracassée et que ne demeurerait que la dépossession.

Sur le moment, je mis de côté ces quelques feuilles, comme je mis, mettais et mettrais de côté tout ce qui touchait aux raisons profondes qui me faisaient quitter mon pays. Jusqu'à aujourd'hui, où j'essaie de tout dire de cette aventure et de cette dépossession.

À bien y regarder, l'aventure collective n'était déjà plus « bruyante et joyeuse » dans l'ébauche de scénario. La mise en parallèle d'une cérémonie socialiste pompeuse pour l'inauguration d'un hôtel de style néomauresque, imposant par sa taille, et d'une belle demeure à la française, silencieuse pour toujours au milieu de terres nationalisées laissées à l'abandon, mettait en scène l'ampleur du gâchis du « socialisme spécifique » algérien et la destruction de l'héritage colonial durement acquis : bâtiments éventrés, portes et fenêtres arrachées, toitures déshabillées, éboulement progressif des pierres et des briques, nature luxuriante jaillissant d'entre les pans de murs restés encore debout. Avec le temps, tout cela a fini par façonner des paysages de ruines qui marquent de leur sceau les campagnes algériennes. Ces ruines sont repérables de loin par la grâce des palmiers centenaires, toujours là, intacts et majestueux. À l'image de la maison, de nombreux cadavres jalonnent les anciennes terres des colons. Leurs bâtisses vaguement occupées, vaguement habitées forment dorénavant un no man's land dans l'espace et le temps.

Dans ce récit situé dans les années 1970, en pleine utopie, je découvrais chez mes personnages les signes prémonitoires du désenchantement qui deviendrait le mien et celui de mes amis quelques années plus tard, les jeunes pionniers vieillis et usés avant le temps, qui avaient cru à un ordre des choses plus fort que le régime, ses incompétences et ses abus. «Je ne travaille pas pour Boumediene, disaient-ils, je travaille pour l'Algérie.» J'annonçais la fin du régime de Boumediene, la fin des années 1970, quand nous avons commencé à comprendre que nous ne rattraperions pas la France en une génération.

> *Elle s'appelle Aziza. Elle remonte l'allée de carou-*
> *biers qui mène à la maison où elle doit retrouver son*
> *frère après l'inauguration de l'hôtel. Elle marche*
> *lentement, entre une haie d'attributaires serrés les*
> *uns contre les autres, «agglutinés et hostiles». Elle*
> *laisse à sa gauche l'ancienne maison du gérant, sur*
> *la petite place formée par des bâtiments de ferme,*
> *une cave, une étable et des hangars. Tout semble*
> *abandonné et hors d'usage. Arrivée à la maison, elle*
> *s'arrête au pied d'un des deux escaliers conduisant*
> *à la véranda, près d'un palmier, petit mais trapu et*
> *bien planté. Un vieil homme, déjà sur la véranda,*
> *l'accueille.*

Autant dire qu'il s'agissait de Tahar, notre gardien; autant dire que je m'arrêtais devant le palmier qui retenait l'âne lors de ma dernière visite à la ferme, l'été 1958; autant dire que c'était moi qui remontais l'allée de caroubiers, avec la nostalgie qui envahissait ma chambre, au 30 de la rue Didouche, quand je tapais à deux doigts cette histoire sur une petite Olivetti vert pomme. La nuit, car c'était toujours la nuit que j'écrivais, me donnait l'audace de m'inventer pour me trouver, plus vraie que celle qui parlait, parlait dans les allées de la Cinémathèque, au Novelty. Cette autofiction avait recueilli les non-dits qui s'étaient installés après la mort violente de mon père et que j'avais maintenus à distance, moi la survivante de cette tragédie, de peur des conséquences. Comme si, à n'en pas parler, je les annulais. Non, ils étaient bien là! À travers les mots écrits hier, apparaissait un monde de sentiments gardés au secret. Ce que je tenais pour de la fiction dévoilait des morceaux fragmentés d'un moi réduit au silence. Aujourd'hui, je me penche sur cette ébauche de scénario, comme sur les autres traces fragiles que je retrouve, qui se sont accumulées malgré l'indifférence du moment. J'avance avec les méthodes précautionneuses d'une archéologue : ne rien casser, tout interroger, jusqu'à la manière dont les sentiments se sont sédimentés. Ces sentiments m'avaient accompagnée, sous la peau, pendant des années. J'avais écrit, croyant inventer :

> *Le vieux gardien ouvre la maison. Il va avec précipitation d'une fenêtre à l'autre, poussant les persiennes pour faire entrer la lumière. Craint-il de voir disparaître les enfants de la maison, effrayés par tant d'obscurité? La lumière fait danser les rais scintillants des poussières d'or soulevées. Mais la lumière n'apprivoise pas la peur des visiteurs. Tant d'événements graves ont bouleversé le cours du temps; il ne s'agit pas du passé et du présent d'une vie, mais de vies successives, hachées. Ce n'était pas hier qu'ils ont quitté la maison et le vieux gardien,*

mais dans une autre vie. La tentation de fuir devant les souvenirs de l'enfance, les peines anciennes qui s'y cachent, et pire, les joies ; la peur de mettre en péril l'échafaudage fragile, qu'à force de volonté les adultes qu'ils sont devenus, maintenaient tant bien que mal. C'est tout cela que chaque claquement de persiennes éveille. Le gardien s'est éclipsé laissant seuls le frère et la sœur, qui vont d'une pièce à l'autre, l'un sans l'autre. Aziza avait gardé le souvenir d'un couloir plus grand, la chambre aussi... enfin tout semble plus petit. La nuit commence à tomber, et comme au temps des peurs de l'enfance, la campagne se remplit de bruits d'animaux. Au milieu du couloir qui mène aux chambres une fenêtre ouvre sur le petit bois, elle rencontre son frère dans la pénombre du couloir. « Quelle peur ! Tu te souviens ? » *dit-il. Il poursuit en voix off pendant que la caméra s'enfonce dans le bois éclairé par un coucher de soleil :* « Les cris de chacals, les pannes du groupe électrogène qui s'arrêtait lentement dans un teuf-teuf déclinant, et la lumière tout doucement qui mourait et disparaissait quand nous étions au milieu du couloir, le moment le plus effrayant. » *Il reprend à voix haute, la caméra sur lui :* « On ne pouvait ni reculer ni avancer. La lumière disparaissait quand on était juste devant la fenêtre ! N'aie pas peur ! Sois un homme ! C'était une vraie manie chez Papa de me parler comme ça. » *Il est devenu un homme, contraint et forcé, mais face à l'enfant qu'il a été, traversant le couloir, il proteste encore de cet impossible qu'on voulait qu'il atteigne.*

C'était de la fiction, et même du roman. Dans la vie, nous ne parlions jamais de ces choses-là. Chacun les vivait silencieusement, complice muet des blessures de l'autre.

> *Ils sortent et, assis sur les marches de l'escalier, ils fument une cigarette en regardant le soleil se coucher, embrasant la mer et la montagne. Il répète pour lui, pour elle : «Tu te souviens?» Aziza aurait voulu dire (voix off) : «Difficilement, je n'arrive pas à faire le lien entre ces années et celles d'aujourd'hui, j'ai l'impression d'avoir vécu plusieurs vies, et celle d'aujourd'hui semble prête à se détacher elle aussi.» Mais elle dit «Oui», évasivement, se réfugiant dans une nostalgie conventionnelle. Elle pense à son départ proche pour Paris. Elle aurait voulu ajouter (voix off) : «La ferme semble abandonnée. La maison fermée est si silencieuse, c'est plus dur que si elle était occupée. Je ne sais pas... J'aurais préféré qu'ils prennent la maison avec.» Elle ne réalise pas clairement à quel point la maison, plus que la ferme, est liée à la mort de son père. Elle répète simplement : «Oui, je me souviens.»*

Ce que je ne faisais pas dire à mon héroïne, parce que ce n'était déjà plus pour elle le temps de le dire, c'était l'espoir de voir naître une société nouvelle. Cet espoir, qui m'avait fait accepter la nationalisation de la ferme, en 1971, n'était plus de mise en 1976. Le spectacle que je donnais à voir de la ferme nationalisée ne ressemblait en rien à ce nouvel horizon que j'avais espéré. Si un change-

ment devait arriver, « Aziza » savait que ce changement ne se ferait ni avec elle ni pour elle, puisque,
me précédant, elle avait décidé de partir. Voix off :

> *Elle avait décidé de partir, elle n'avait plus de*
> *temps à perdre. Il fallait qu'elle parte. Pour quoi de*
> *plus urgent ? Elle ne se posait pas la question. Elle*
> *se remplissait d'images, de sons, d'odeurs pour*
> *demain. Elle regardait sans parler ceux qu'elle*
> *aimait, et aussi la montagne bleue et la ville qui*
> *s'allumait lentement. Il y a eu tant d'amour ici, il*
> *en reste si peu de traces, sinon aucune. Elle seule*
> *pouvait témoigner, et, dans une ultime tentative,*
> *retenir le temps qui n'était plus.*

Que de voix off ! J'avais plus envie d'écrire un
roman qu'un scénario, au demeurant mauvais et
jamais réalisé. Mon inhibition de toutes ces années
m'enchaînait à faire médiocrement ce que je
n'avais pas envie de faire et à me refuser le plaisir
de faire ce que j'avais envie de faire. Le plaisir
« personnel » était tabou dans la révolution algérienne. Aujourd'hui, il n'y a plus de « révolution
algérienne », mais il n'y a toujours pas d'autorisation pour le plaisir personnel. Derrière le masque
révolutionnaire, c'était l'esprit communautariste,
celui de la tribu, qui nous tenait prisonniers, depuis
le début.

Mon projet de scénario n'était guère crédible.
L'histoire du jeune cadre socialiste inaugurant un
hôtel construit par la Société nationale de tourisme sur la ferme nationalisée de ses parents est

difficile à croire. C'était pourtant la réalité. Sur notre ferme de Bougie nationalisée, la Société nationale du tourisme, la Sonatour, a construit un hôtel, « Les Hammadides », et c'est mon frère, responsable commercial de la société, qui l'a inauguré. Mais cette réalité se révéla encore plus extravagante que n'importe quelle fiction que j'aurais pu inventer. Quand les terres nous furent restituées, vingt ans après leur nationalisation, Tahar, le vieux gardien, le vrai, nous accompagna pour notre premier retour à la ferme. Il était accompagné de deux hommes d'âge mûr. « Ce sont mes fils, ce sont des hommes, je te les donne », dit-il à mon frère, pantois. Que de bruit pour rien ! La dépossession, les injures, les années d'espoir et d'attente, la maison arrachée... Voilà que cet homme, au nom de qui, de lui et des siens, tout ou presque nous fut enlevé, jusqu'à la pensée et au droit d'être nous-mêmes, faisait acte d'allégeance au fils de ses anciens maîtres, annihilant d'un mot toute l'aventure fraternelle qui m'avait portée. « Nous sommes tous des frères ! » Ceux qui possédaient et ceux qui ne possédaient pas. Il annihilait tout ce pour quoi j'avais accepté l'arrachement. Je ne gardais dans les mains que la dépossession, si peu atténuée par le temps, et le théâtre dévasté de la révolution agraire. Tahar me rendait mes utopies, dérisoires et hors d'usage.

Le retour des tribus

Comme presque tous les Algériens, j'avais gobé goulûment la liturgie de la fraternité. Avec le temps, je comprenais qu'en guise de frères, il y avait ceux qui ne possédaient plus rien (moi), ceux qui ne posséderaient jamais rien (les paysans), et ceux qui dorénavant possédaient tout, sans retenue, et sans comptes à rendre. Eux aussi étaient nos frères, nos grands frères. La révolution agraire était un théâtre dans lequel les acteurs jouaient des rôles écrits par un auteur tricheur, allant jusqu'à pousser les propriétaires terriens à donner volontairement leurs terres. Tous ne le firent pas. Certains hauts fonctionnaires refusèrent. Quand on a demandé à un parent, ambassadeur d'Algérie, de faire un geste, lui, le représentant de la révolution algérienne dans les grandes capitales du monde occidental, et de donner des terres à la révolution agraire, il a répondu : « Je ne peux pas, ces terres sont à mon père. » Celui-ci était mort depuis longtemps, et il pensait sans doute au labeur de ce père et des hommes de sa famille, qui étaient parvenus à bâtir un patrimoine au prix d'efforts surhumains. Si les Européens avaient été dorlotés par l'État français, leurs initiatives encouragées et financées, les Algériens, eux, furent confrontés à mille obstacles, dits et non dits, légaux ou non, mais bien réels. Ma famille ne pouvait vendre son huile ni en Algérie, ni en France, par exemple, à cause des monopoles de fait. En Algérie, Lesieur occupait tout le terrain. Notre huile était donc vendue en Allemagne et en Amérique latine. Les «indigènes» qui voulaient sortir de la misère se débrouillaient seuls, sacrifiant des générations d'hommes, de femmes et d'enfants. Une amie me raconta la saga de sa famille, propriétaire terrienne dans la région de Sétif, et la manière dont plusieurs centaines d'hectares de leur ferme avaient été acquis par le grand-père et les grands-oncles de son père : «Ils sont descendus des montagnes, sans rien, enroulés dans leur burnous, avec leur seule force de travail, leurs bras à louer. Ils ont acheté leur terre par petits lots, de deux ou trois hectares, suant, peinant. Ils marchaient le ventre creux contre la pluie, la grêle. Ils ont tout affronté, les inondations, la maladie. Et puis on leur a tout enlevé.» Eux non plus ne donnèrent pas une partie de leur terre au Fonds de la révolution agraire. Ceux qui le firent, ceux qui furent les plus cités par la campagne médiatique qui précéda la nationalisation des terres agricoles des Algériens étaient en général proches du pouvoir. Ils avaient tout intérêt à consolider un régime dont ils tiraient tant d'avantages. Plus d'une fois un ami ministre, un responsable politique, s'étonna devant moi que ma famille ne donnât pas spontanément une partie des terres qu'elle possédait. Étaient-ils naïfs ou pervers, les maîtres de cérémonie de la révolution algérienne ? Ils me citaient sans sourciller le nom de quelques membres de la nomenklatura qui l'avaient fait. Pour la plupart originaires des régions ingrates, ils avaient troqué, contre des avantages substantiels, quelques arpents de pierres et de terres arides.

Les terres de mes grand-père, père et oncles dont il s'agit dans cette histoire n'étaient pas des terres ingrates. Les terres de la vallée de la Soummam et du littoral bougiote étaient nourries par les limons déposés par les pluies bienfaisantes et abondantes ravinant les collines des Babors et des Bibans. Comme toutes les bonnes terres de l'Algérie, celles des vallées et celles de la bande côtière, tout le vert de nos cartes de géographie, elles avaient été arrachées par les Français aux tribus détentrices d'un droit séculaire. Par séquestration pour représailles, par expropriation sans motifs, les colonisateurs les leur arrachèrent par la loi et le sang et leur en interdirent la jouissance. Les hommes des tribus furent réduits à être des paysans sans terre.

Des milliers d'hectares furent ainsi colonisés, dont chaque arpent avait appartenu aux tribus. Des compagnies financières, notamment suisses, auxquelles l'État français avait vendu les droits d'exploitation des terres de la vallée de la Soummam, attirèrent des hommes de toute l'Europe, avec comme arguments le climat tempéré, la richesse de la terre et la perspective alléchante d'une main-d'œuvre abondante, corvéable à merci. Les compagnies installèrent les nouveaux propriétaires avec l'aide des militaires quand c'était nécessaire ; des détachements de soldats surveillaient ces «hommes sales, fourbes et voleurs», qui revenaient travailler sur les terres de leurs ancêtres dans une condition proche du servage. Se lançant dans l'entreprise folle de faire d'ici là-bas, les colons couvrirent la région d'immenses domaines agricoles et de demeures à la française, annoncées de loin par des allées de palmiers majestueux.

Les tribus dépossédées se réfugièrent dans les montagnes par familles entières, par clans, préférant la misère à l'indignité. Elles en oublièrent le goût du blé, de l'infini, se nourrissant d'orge. Leurs hommes errèrent à la lisière des domaines implantés sur les terres ancestrales de pâturage et de culture. Certaines d'entre elles essaimèrent dans les villes, où elles vécurent des miettes des Français, se cognant à leurs mœurs, leur volant leur langue dans leurs écoles aux frontons recouverts de mensonges, «Liberté, égalité et fraternité». Elles oublièrent aussi le nom des ancêtres. La cruauté ne s'arrêtait pas là. Les jeunes colonisés, à peine urbanisés, hantés de savoirs inutiles, durent retourner quémander du travail dans les domaines agricoles tenus d'une main de fer par des hommes venus d'Europe, sans passé et sans morale, qui poussèrent à la colère et à la révolte les enfants du pays conquis.

C'est ce malheur qui a nourri Kateb Yacine. En 1954, lorsque la guerre éclata, Le Seuil publiait *Nedjma,* un livre fait de blessures antiques, de présent misérable et de bonheur impossible. Quand Lakhdar, l'amant de Nedjma, passe sa rage par un coup de poing sur la figure de M. Ernest, le chef d'équipe de la ferme qui l'emploie, c'est la rage de tous les colonisés qui éclate. «Lakhdar s'est

échappé de sa cellule », première phrase de Nedjma ;
« Je veux être libre », premières paroles de Don
Juan. Quand les vents et les tempêtes auront
emporté les mots de tous les faux prophètes, seuls
les poètes resteront à la fin de l'histoire, et leurs
mots féconderont encore et encore notre âme.
Nedjma est l'acte de naissance de l'Algérie, celle que
je porte au cœur, malgré et contre tout. Quand les
jours perdent leurs couleurs, quand tout disparaît
jusqu'aux chimères, il me suffit de relire ces pages
pour de nouveau reprendre, avec mon pays au
cœur, la ronde des étoiles.

Les tribus originaires des terres sur lesquelles
étaient situées notre ferme et celles des environs
s'étaient réfugiées dans le cirque de montagnes
qui enserre la baie de Bougie. Pour abriter leur
retraite, elles avaient construit des villages senti-
nelles sur les pics, du cap Sigly au cap Aokas. La
ferme se trouvait sur le territoire de deux tribus
appartenant à la grande confédération des V'gayet.
À l'ouest, les Ayt Slimane, que l'on retrouvait
jusqu'au cap Aokas, et à l'est, les Ayt Vimoune, au-
dessus de Tichy, le village balnéaire où je passais
tous mes étés, au milieu des pieds-noirs et, comme
je l'imagine maintenant que je sais tout, sous le
regard lourd de ressentiment des Ayt Vimoune.
J'étais sur la plage, ils étaient confinés dans les
montagnes, au milieu de paysages assommés par
la chaleur des étés algériens, quand les chemins
se couvrent d'une terre poudreuse qui pénètre
les yeux et les cheveux, quand ne courent sur les
pierres que les lézards et les serpents. Seuls les

figuiers de barbarie osent encore fleurir et donner des fruits. Aujourd'hui, les tribus sont redescendues dans la vallée, jusqu'au littoral si longtemps interdit, retrouvant les antiques terres de pâturage, l'air frais de la mer et la civilité des collines douces et généreuses. Les Ayt Vimoune aussi sont descendus. Ils occupent désormais la petite ville de mes étés idylliques. Ils sont revenus tellement nombreux qu'ils l'ont rendue méconnaissable. Le marchand de journaux de Tichy m'a raconté l'histoire des tribus, mi-courtois, mi-vindicatif. C'était un Ayt Vimoune, et sans doute me considérait-il comme une intruse. Toutes les terres arrachées par les Français avaient été récupérées. Il ne restait qu'une ferme appartenant à des étrangers aux tribus, la nôtre. Les Français étaient partis, mais nous étions restés, ce qui ne paraissait pas normal à tout le monde, dont le marchand de journaux, me semblait-il. Nous n'appartenions pas au noble clan des Ayt Véga. Plus que jamais, sous le regard de cet homme, j'eus le sentiment de venir d'ailleurs. Eux les Ayt Véga étaient d'ici. C'était cela que l'on voulait me faire comprendre. Ils étaient ici chez eux.

Ils avaient donné leur nom aux montagnes, aux villages, et à la ville où j'étais née, la ville qui était là depuis des siècles, sur les flancs du mont Gouraya, celle que les Romains appelaient Saldé, et qui redevint V'gayet, du nom de la tribu des Ayt Véga. Ce nom, déformé par les Arabes en Bejaia, avait été francisé dès le Moyen Âge en Bougie par les négociants français, qui s'y approvisionnaient en cire d'abeille, que la ville produisait en abondance,

afin de fabriquer des chandelles. La ville finit
par donner son nom à la chose, la «bougie», au
XVe siècle, et c'est par ce même nom que les occupants français la rebaptisèrent au XIXe siècle. En
1962, Bougie redevint Bejaia, mais je continuais à
l'appeler Bougie. Aujourd'hui, chacun se range
secrètement à l'ombre des noms anciens. Il suffit
de se promener dans la ville ou dans la campagne
et d'interroger les hommes que l'on rencontre :
«Sais-tu de quelle tribu tu es?» Saïd est de la tribu
des Ayt Vimoune. Il surveille la ferme et les planta-
tions d'agrumes que nous avons replantées. Quand
je l'ai questionné sur les gens qui squattaient la
maison, il m'a dit : «Ils ne sont même pas de nos
tribus!», laissant échapper son mépris pour les
pauvres gens qui étaient là. Il a ajouté, répondant
à mes questions sur les liens des deux partis politiques qui se disputaient la région et la ville — le
FFS (Front des forces socialistes) et le RCD (Rassemblement culturel et démocratique), les frères
ennemis — avec les tribus, que c'était bien souvent
pour un membre de sa tribu que l'on votait
aujourd'hui. De découverte en découverte, du marchand de journaux au contremaître, je voulais tout
savoir, et j'ai tout su, facilement, comme dans un
livre ouvert. C'était là bien en évidence.

C'est une troisième tribu des Ayt Véga, les Ayt
Imezayène, qui dominait Bougie et le mont Gouraya depuis des temps immémoriaux. Comme les
autres clans, les Ayt Imezayène avaient été chassés
de la ville tour à tour par les Romains, les Vandales, les Arabes, les Turcs et les Français. Était-ce

un homme de cette tribu, dont le nom recueilli par l'état civil français à peine déformé hante ma mémoire? Était-ce un Ayt Imezayène qui avait tué mon père, comme le disaient certains? La haine du présent aurait été portée par la haine laissée par des blessures anciennes nourrissant et entretenant le désir d'une revanche, et serait tombée sur un seul homme payant pour tous les autres, mon père?

Nommer les rivières, les monts, les villages, les tribus, arpenter ce pays en géographe étaient autant de tentatives de me rapprocher de la réalité opaque pour comprendre ce qui, dans la mémoire des hommes, les empêchait d'advenir. Par ce chemin, j'espérais sortir du drame sans fin. Faire de son destin, son histoire. On ne racontera jamais assez aux enfants la triste histoire de la colonisation et de la dépossession.

La ferme restituée

Quand mon frère m'annonça la restitution de la ferme, en janvier 1989, je fis aussitôt le voyage de Paris à Alger. Nous prîmes la route pour Bougie avec notre mère et ma belle-sœur. Mes trois nièces nous accompagnaient, car nous souhaitions leur faire pénétrer un bout de ce passé qu'elles sentaient si ancré en nous. Laissant Bougie sur notre gauche, nous avons longé le fond du golfe et emprunté la longue route droite parallèle à la mer. Je fus immédiatement reprise par la beauté du lieu, réalisant combien j'avais été entraînée, en tant d'autres lieux, à des émotions dont la magie consistait à me ramener ici. Quittant la route nationale pour emprunter la longue allée de caroubiers, nous avons dépassé les constructions nouvelles qui avaient avalé les bâtiments de ferme et la maison du gérant et croisé les attributaires accourus au bord du fossé sur le passage de la voiture. Ils n'étaient pas très éloignés de ceux que j'avais décrits quelque vingt ans plus tôt, «agglutinés et hostiles». Ils étaient sur leur garde, et nous aussi. À l'entrée béante de la cave, des carcasses de tracteurs servaient de perchoirs à des coqs et à des poules en liberté. Des gens habitaient dans le hangar. Des enfants dépenaillés lançaient des pierres contre les parois des cuves à vin vides, qui résonnaient. Le vin de la ferme, rouge, que nous servions à table dans des carafes pour surprendre les invités initiés : «Oui, c'est notre vin! Étonnant, n'est-ce pas? Ne dirait-on pas un grand bordeaux?» Souvenirs d'un déjeuner à la ferme. L'invité était un monsieur corpulent, un Français de France. Banquier? Représentant? Peut-être le directeur de la cimenterie Lafarge de Bougie. Le repas avait été servi en haut, dans la grande salle à manger. L'anecdote fut racontée au repas du soir par ma mère avec un air triomphant, le triomphe de sa maison sur la tradition française. Nous dînions dans la petite salle à manger. *L'Après-midi d'un faune* était en face de moi. Je n'ai jamais mangé dans la grande salle à manger du haut. Je n'ai pas eu le temps de grandir à la ferme. Je n'y allais qu'à l'occasion du sapin de

Noël, un immense arbre dressé recouvert de guir-
landes. C'est là que trouvions nos jouets le matin,
sans rien savoir du petit Jésus.

Notre vin était vendu à Bordeaux pour couper
les vins français prestigieux. C'était un des plaisirs
de la ferme pour mon père, avec la chasse au san-
glier, lui le citadin, si peu habile à vivre dans une
exploitation agricole. Il n'est pas sorti de sa voiture, qu'il a poussée aussi loin que les sentiers de
terre le lui permettaient, ce matin dont je me souviens si fort, pour admirer les orangers en fleur,
comme le lui demandait M. Colomba, le gérant :
« Regardez, Monsieur, les branches sont pleines de
fleurs, la récolte sera très bonne ! » C'était au mois
de janvier d'une des années du bonheur fulgurant.
Mon père avait conduit la voiture aussi près des
arbres que possible. Il avait baissé sa vitre et s'était
penché à l'extérieur. J'étais assise à l'arrière avec
mon frère et ma sœur. Comme tous les jours de
classe, il nous conduisait à Bougie. C'était donc un
jour de semaine, ni un jeudi, ni un dimanche, et
très tôt le matin. Devant les magasins de La Plaine,
il nous confiait au chauffeur, le vieil Ahmed, qui
nous emmenait à l'école. L'odeur des fleurs d'oran-
ger me frappa si fort que j'en ai gardé pour toujours
un amour excessif. Tout ce que je sais du plaisir des
odeurs et des couleurs vient de ces matins d'hiver,
quand je faisais la route de la ferme à Bougie, la
délicatesse des couleurs pastel des pois de senteur,
les fleurs discrètes de la rentrée des classes, et du
mimosa au jaune si lumineux. L'arbre souverain
marquait l'entrée de la ferme. Dépassant tous les

autres, il suffisait à lui seul à indiquer que le chemin qui s'ouvrait là menait à un domaine magique.

Cette fois aussi, c'était l'hiver ; il n'y avait plus ni mimosas, ni orangers, mais, plus forte que mes regrets, la nature alentour l'emporta. Les couleurs crues dessinaient avec précision les montagnes et les arbres, et la mer était d'un bleu vif sous le soleil sans voile de janvier. Le sentiment de beauté qui m'envahit chaque fois que je reviens sur les terres méditerranéennes, ici ou ailleurs, est d'une telle sensualité, d'une telle intensité que je me demande toujours pour quoi de plus important j'ai pu les quitter.

Nous avons remonté l'allée, silencieux et graves, dépassé les bâtiments de la ferme encore plus défigurés que dans mon récit. Nous nous sommes dirigés vers la maison, ignorant tout le reste, tendus comme pour une épreuve. J'ai marqué un temps d'arrêt près du palmier, avant d'emprunter l'escalier menant à la véranda. Il me semblait que je forçais un domaine interdit. Remontant le temps, j'avais peur de ce que j'allais trouver et de ce que je ne retrouverais pas. La maison était occupée illégalement, si ce mot pouvait encore avoir un sens dans ce contexte. Elle avait été squattée presque immédiatement après la nationalisation de la ferme. Elle était restée à nous, mais nous n'avions pas usé de ce dernier droit et l'avions abandonnée à son destin. Elle ne résista pas longtemps aux hommes et femmes sans terre et sans foyer, serrés les uns contre les autres, assez misérables pour se lancer dans l'errance, avec pour seul viatique le sentiment d'appartenir à un clan ancien dont ils gardaient le nom contre vents et marées. Ceux-là venaient de plus loin que les Ayt Vimoune et que les Ayt Slimane. Ils occupèrent des lambeaux de la ferme et La Maison.

Je voyais là toute l'histoire de l'Algérie. Pouvait-il en être autrement? Des populations entières s'étaient mises en branle, allant d'un lieu à l'autre, d'une montagne ingrate à une plaine plus prometteuse, d'une plaine à une ville, d'une ville à la capitale. L'indépendance avait donné le départ à un ballet fou, qui refaisait en sens inverse les cent trente ans de dépossession qui avaient réduit à l'errance tout un peuple de paysans. L'Algérie libérée, les tribus antiques étaient parties à la reconquête des terres, occupant, défigurant et détruisant les fermes des anciens conquérants. Les vainqueurs d'aujourd'hui détruisent toujours les traces de l'arrogance des vainqueurs d'hier. Hier comme aujourd'hui, ici comme ailleurs. Ils ont construit les églises à la place des temples païens, les temples à la place des mosquées, les mosquées à la place des cathédrales. Les Romains sur les barbares, les barbares sur les Romains, les chrétiens sur les païens, les musulmans sur les chrétiens, les chrétiens sur les musulmans, les bourgeois sur les aristocrates, les colonisateurs sur les colonisés, les révolutionnaires sur les bourgeois. L'Occident sur l'Orient, l'Orient sur l'Occident. Les vainqueurs sur les vaincus toujours reproduisent la même rage, celle de renverser le cours de l'histoire.

Ma Maison, avec son allure de belle étrangère,

avait été, elle aussi, emportée par le courant de l'histoire. Elle était à présent défigurée. Face à cela et à ceux, les sans-abri, les pauvres, les gueux, auxquels l'histoire rendait enfin justice, je réalisais combien mes souvenirs de mimosa, de Traction avant et de vin rouge étaient de peu de poids. Tout cela semblait incongru. J'étais déplacée dans cette fresque humaine tragique et immense qui emplissait l'horizon et sortait des entrailles de la terre.

Je restais silencieuse, sans colère, résignée. Je comprenais enfin, après tout ce temps, que la vague, toujours sur le point de se briser, qui menaçait depuis toujours ma manière de vivre, de penser, de rêver, d'aimer et d'être aimée, s'était formée dans l'arrachement de la ferme. Elle s'était gonflée de l'abandon de la maison entre tant de mains étrangères, les militaires français, mes oncles et mes cousins, et les misérables qui aujourd'hui la squattaient avec insolence, comme si elle leur avait appartenu de toute éternité. Cet arrachement s'était toujours tenu en embuscade derrière mon enthousiasme pour les temps à venir. C'était lui qui m'avait fait abandonner en chemin la bande joyeuse de la Journée de l'Arbre, me soufflant, insidieux : «Attention, c'est provisoire.» Lui qui expliquait les difficultés de vivre qui avaient surgi au beau milieu de la fête. Lui encore qui me poussait à partir ailleurs, sans autre plan que celui de partir. La vague toujours recommencée. Toutes les promesses de la vie avaient été rendues impossibles. Je le savais depuis le début, mais je n'avais pas voulu le voir. Pour tenter de rendre le présent possible, j'avais refoulé cette dévastation, et avec elle un pan de mon histoire. Plus que les injures de Ben Bella, et le mépris de ses successeurs, ma dénégation était la cause des pires dégâts.

Ce jour d'hiver lumineux à Bougie, la fiction rejoignait la réalité. Les attributaires dépossédés par la restitution des terres nous regardaient avec hostilité. Qu'on nous rende la ferme était pour eux une injustice aussi grande que pour moi la défiguration de la maison. Deux justices qui s'opposent, voilà à quoi nous en étions réduits. Ils ne pouvaient imaginer l'état dans lequel je me trouvais. Je pénétrais à l'intérieur de la maison comme on pénètre dans un espace solide inconnu, comme Alice traversant le miroir. Je m'enfonçais dans un corps obscur et secret, à la rencontre des fantômes du passé, terrifiée à l'idée de les rencontrer, comme de ne pas les retrouver. Et j'avais peur, une peur physique, de me trouver nez à nez avec les occupants. Devançant tout le monde, j'errais d'une pièce à l'autre à la recherche inquiète d'un souvenir qui m'aurait rendu la possession du temps. Les portes-fenêtres des salons étaient ouvertes. On aurait pu croire la maison inhabitée tant étaient grands le silence et la nudité des lieux. Peu à peu, je découvrais dans les angles des pièces, dans la pénombre, des campements humains composés de grabats indiquant la présence d'hommes, d'enfants et de femmes, qui avaient dû se cacher à notre approche.

Mais il y avait toujours le dessin des sols dans la lumière frisante, le damier noir et blanc de la

véranda, les jeux du soleil à travers la balustrade
blanche et la mer inchangée, avec au loin Bougie
et le mont Gouraya. Peu à peu, je commençais à
percevoir la présence du passé. Je voyais Mohand,
le jardinier-cuisinier, perché sur une échelle. Un
chiffon à la main, le bidon d'huile de lin posé en
équilibre sur la balustrade blanche, il enduisait les
colonnes de grès noir. C'était jour de grand
ménage. Ma mère essayait de nous faire sortir de la
maison : «Vous gênez Mohand, allez jouer, les
enfants! — À quoi? répondaient les petits citadins
transplantés. — Allez regarder les vaches!» Ça
revenait doucement, tout doucement. Plus besoin
de littérature, je n'étais plus Alice, j'étais moi,
j'avais treize ans. Sur la table de la cuisine, il y avait
un broc de lait recouvert d'une pellicule de crème
épaisse, un cake coupé en morceaux, un petit et
un gros, que je voulais prendre devant la bonne
choquée. Regardant devant moi, j'eus l'illusion
fugitive d'une permanence. Rien n'avait changé.
Au pied de l'escalier, il y avait toujours le palmier
trapu, fortement implanté. Je regardais la montagne et la ville de l'autre côté de la baie. De la
véranda, on pouvait toujours voir chacune des maisons de Bougie, agrippée au flanc de la montagne
pleine de mystère, qu'il fallait conquérir, que nous
pénétrions solennellement, au cours de randonnées organisées longtemps à l'avance. Couverte
de chênes-lièges, elle était habitée par des tribus
entières de singes insolents. Sur son flanc, une corniche, une des plus belles de celles que je connais
et qui ceinturent les criques de la Méditerranée.

Ici, la corniche conduisait vertigineusement au cap Carbon et à d'autres lieux encore aussi idylliques qu'innommés.

Il y avait aussi la ville, Bougie, ma ville, avec en son milieu la grande place de Guédon bordée d'imposants immeubles coloniaux. De là, on voyait la baie et, au fond de la baie, la ferme. Sous la place, le cinéma Caravano m'offrit mes premiers frissons cinématographiques. Nous avions une loge réservée à l'année. J'y ai vu, et parfois entendu, de nombreux films en technicolor, en jouant, assise au fond de la corbeille de velours rouge : *Le Comte de Monte-Cristo, Fanfan la Tulipe, Les Trois Mousquetaires, Caroline chérie*. Lors de la projection de ce dernier film, ma mère nous avait demandé de ne pas regarder. C'était l'époque où le dévoilement d'un sein était jugé dangereux pour les enfants. Enfouie dans l'oubli, il y avait la rue Fatima, qui conduisait sur les hauteurs de la ville, le vieux quartier turc, où habitaient sans doute mes arrière-grands-parents ou quelques plus anciens aïeux. Était-ce d'une de ces maisons mauresques que surgissait le visage d'une très vieille dame couchée dans un lit très haut à l'intérieur d'une alcôve, si haut que, pour l'embrasser, je grimpais sur un petit banc en bois ? Personne ne pouvait m'aider à éclairer le passage des fantômes. Plus présents étaient la rue Trézel, la rue des Vieillards, qui montait, montait jusqu'à mon école, l'école Jammaire, et, tout en bas, le quartier de La Plaine où se trouvaient les entrepôts bâtis par l'aïeul Ismaël. C'était là que mon père avait passé sa vie, là aussi qu'il fut assassiné.

214 Une éducation algérienne

Le retour fut brutal. Plus rien n'était pareil. Un rideau de chiffons pendouillait sur un fil de fer, obstruant la véranda. Des colonnettes de la balustrade étaient arrachées par endroits, remplacées par des tiges de fer, et de nombreuses vitres de couleur des portes latérales étaient cassées. À l'intérieur, c'était pire. Par endroits les plafonds s'affaissaient sous le poids des eaux de pluie. On avait coupé l'escalier et installé à sa place une cuisine. Des parpaings condamnaient la moitié de la fenêtre de ma chambre. Puis vint l'irréparable. À l'arrière de la maison, une construction à étages éventrait la forêt. Elle était posée si près qu'elle arrêtait la lumière, brisant pour toujours le charme du couloir qui menait aux chambres, si long pour les enfants quand le groupe électrogène tombait en panne et que les chacals jappaient. Ce couloir était si près du petit bois que, par jour de grand vent, les aiguilles de pin jonchaient le sol de tomettes rouges. Devant cette construction de misère accolée à la maison, je compris alors que le gâchis était irréversible. L'âpreté du décor rendait même impossible ce qui reste après le malheur, la nostalgie.

Je réalisai alors, devant la maison soufflée par l'histoire comme par un séisme, la force de la bête qui, de masque en masque, du plus cynique au plus fou, avait conduit mon monde à la destruction. La nationalisation avait achevé le travail des militaires français, et il ne restait plus trace du passé. Un autre monde avait pris racine. En vingt ans, les attributaires avaient atteint le nombre de cinq mille. De nombreuses habitations avaient été construites, dans le style qui envahissait l'Algérie, du nord au sud et d'est en ouest ; des constructions inachevées, en parpaings, hérissées de tiges de fer plantées vers le ciel, en attente d'étages supérieurs hypothétiques, créant au milieu des terres laissées à l'abandon une géographie humaine chaotique et aléatoire dans un des plus beaux paysages méditerranéens que je connaisse.

« *Tu n'es pas comme les autres* »

Devant la maison pourfendue, je réalisais que le « sens de l'histoire » n'avait pas été celui que nous attendions quand nous épiloguions sur les promesses de la révolution, au comptoir, chez Tahar. Je prenais la mesure de l'événement qui avait balayé mes espoirs : l'assaut des tribus antiques. De tous les horizons, il me semblait voir se lever et se diriger vers nous, prêtes à engloutir nos utopies, ces tribus livrant un assaut irrésistible dans la folle tentative de restaurer l'âge d'or. Il ne s'agissait pas de lutte de classes, comme nous l'avaient enseigné nos profs marxisants à la fac. La violence de la destruction que j'avais sous les yeux visait tout ce qui représentait le changement, l'urbanité, le cosmopolitisme, les voies de la modernité auxquelles j'étais attachée et auxquelles les occupations ottomane et française n'étaient pas étrangères, même si, tragique ambivalence, c'était aussi de ces colonisations que venaient les désastres présents et à venir, rendant plus inexorable encore l'affrontement d'un peuple contre lui-même. Qu'étaient devenues nos villes, villes portuaires ouvertes à tous les vents, Alger, Oran, Annaba, Bougie, Cherchell, Dellys, ou villes continentales, Constantine et Tlemcen? Elles avaient accueilli les rescapés d'*Al-Andalous*, gardé en leur sein les mercenaires de l'Empire ottoman et conservé les ordonnancements hérités du génie civil français, sans oublier les mille et une coutumes des juifs et, plus tard, des Européens. Ces villes stratifiées mélangeaient la Rome antique et les premiers chrétiens, ainsi que toutes les autres histoires de la Méditerranée. Dans ces cités-royaumes, les peuples cohabitaient, fût-ce au prix de règles strictes, chacun dans son quartier, chacun dans sa tenue. Que sont-elles devenues? Des villes à la dérive.

Au commencement, Alger ne nous était-elle pas apparue comme la ville qui allait sonner jusqu'en Amérique et en Afrique le rassemblement pour des temps nouveaux et fraternels? Tout nous le faisait croire, tous le disaient, poètes, hommes politiques, chanteurs, devins. Alger la fraternelle, la cosmopolite, la révolutionnaire, Alger l'africaine, l'arabe, Alger la non-alignée, la capitale du tiers monde! L'aventure ne s'était pas arrêtée aux portes de l'indépendance, les Algériens libérés continuaient de regarder de haut le monde occidental. «Alger fêtera la libération de tous» : les présidents qui se sont succédé ont tous dit la même chose. Boumediene après Ben Bella, c'était la même promesse. Le premier festival panafricain, en 1969, nous avait donné un avant-goût des horizons à conquérir. Il nous avait entraînés dans une fête dans laquelle nous nous étions immédiatement investis. La Ville Blanche se remplissait d'hommes et de femmes à la peau sombre et cuivrée, à peine vêtus de pagnes légers, chaloupant sous les regards ébahis des badauds. La ville se donnait avec une indécence insoupçonnée. Elle révélait ses vraies amours et secouait la frilosité du petit peuple algérois emmailloté dans son austérité berbère. Dans le stade du Hamma, près du jardin d'Essai, j'assistais, subjuguée, à la rencontre de deux galaxies du nouveau monde : devant un public de femmes, en *haïk* blanc, le visage voilé, occupant une bonne partie des gradins en rangs serrés, les danseurs du ballet national guinéen, auxquels le rôle dévolu de chantres de la révolution n'enlevait rien à la charge érotique, évoluaient sous la lumière crue des projecteurs. Quel spectacle ! Combien de ces femmes ont frissonné sous le coup d'émotions peut-être jamais entrevues ? Pour la soirée finale, en présence des dignitaires du pouvoir, on passa à la hâte sur les seins des danseuses des tee-shirts à l'effigie de Sékou Touré.

La ville avouait ses désirs. L'Algérie était au carrefour de son destin. Elle offrait d'une main sa nationalité à Myriam Makéba, la chanteuse *country* d'Afrique du Sud, égérie de la lutte anti-apartheid, et dévoilait de l'autre ses hantises dans le geste d'un dément : devant une mosquée à l'entrée de la Casbah, un fou criant « Satan ! » leva son couteau sur Nina Simone, enivrée et voulant pénétrer dans les lieux. À toutes les deux, le président colonel offrit de magnifiques bouquets de fleurs. Une autre femme fut blessée, Taos Amrouche, chanteuse et écrivain kabyle, mais personne n'en a rien su. La sœur de Jean Amrouche, poète et écrivain, directeur de la revue *Arche,* avait été interdite de festival. Parce que d'un autre temps? Parce que berbère? Parce que francophone? Monstrueuse? La sœur de Jean sans terre ne reçut pas d'invitation. Elle réalisait la prophétie de son frère, qui, dès 1955, avait écrit à Jules Roy, lui qui ne parlait que le français : « Les hommes de mon espèce sont des monstres, des erreurs de l'histoire. L'Algérie de demain sera arabophone... » Il ajoutait que, dans cette Algérie-là, il n'aurait pas de place.

À la montée inexorable des idéologies communautaristes et religieuses, issues des mouvements nationalistes anticolonialistes et du socialisme populiste postcolonialiste, les cités, les *Al-Andalous,* les anciennes et celles à venir, ont rangé leurs désirs. Reinette l'Oranaise et Blond Blond, juifs comme presque tous les chanteurs algériens, pleuraient Alger et Oran dans les cafés et les théâtres de Paris, où traînaient les musiques de mon pays en exil, rumbas langoureuses aux paroles d'amours inconsolables, arabe et français mêlés, sensuelles et crues. Musiques et paroles métisses. Le Tantonville a perdu ses élégants en pantalon à carreaux, les escaliers de la marine ses fumeurs de chanvre. Disparu aussi, le Café de La Plaine de Bougie, avec son billard, ses serveurs aux longs tabliers blancs, ses étagères chargées d'alcools méditerranéens et anglais et sa sacro-sainte cérémonie de l'anisette.

Tout cet art de vivre a disparu, et rien ne l'a remplacé. Le Café de La Plaine a été transformé en magasin d'électroménager, et, depuis les années du terrorisme, la terrasse du restaurant La Brise de Mer est grillagée. C'était là que nous déjeunions le dimanche : le meilleur poisson et de succulentes bouillabaisses. On y mange toujours bien, mais derrière des barreaux.

Le temps vint aussi où les pieds-rouges durent partir, sans merci ni au revoir, et avant eux les réfugiés de toutes les rébellions, les Panthères noires, les *desaparecidos* chiliens, les Brésiliens, les Cap-Verdiens, les Espagnols, les Portugais. Jean Sénac trouva refuge dans un sous-sol, Kateb Yacine à Sidi Bel Abbès, Issiakhem dans l'alcool, Zinet sur les trottoirs de Paris. La ville, pour plaire à son grand peuple, mit bon ordre à toute cette effervescence.

Il m'a fallu, moi aussi, faire le ménage dans mon histoire et mon album de famille. *Exit* les photos jaunies et dentelées de ma grand-mère à Vichy dans les années 1920. Habillée à l'occidentale pour l'occasion, un peu empotée, elle posait auprès d'un jeune mari moustachu en costume trois-pièces, pas peu fier. *Exit* celles des cousines de mon père, cheveux à la garçonne et raquette de tennis à la main, et la photo de mon père à vingt ans, hâlé et vêtu de clair, dandy heureux, sur la corniche de Bougie menant à La Brise de Mer, près d'une énorme moto, les pieds dans des sandales de cuir blanc. Avec ses cheveux crantés et blondis par le soleil — il sortait à peine de l'adolescence —, il ressemblait à L'Aurige de Delphes. La ressemblance entre

l'adolescent de bronze aux cheveux frisés conduisant un char et le jeune homme romantique
déclenche chaque fois en moi une divagation jubilatoire sur les chemins empruntés par les pères
d'Ismaël pour arriver jusqu'ici. *Exit* la photo plus
récente de ma mère en chignon noir, avec des
boucles d'oreilles «espagnolissimes», brune et
belle, plus que jamais heureuse, dansant souveraine au milieu de ses invités dans le grand salon
de la maison. La guerre allait commencer quelques
mois plus tard. Au second plan un très grand
tableau orientaliste, une scène de chameaux et de
désert du peintre Lazerge, qui occupe aujourd'hui
presque tout le mur de la salle à manger de mon
appartement à Alger. *Exit* la photo datée de 1936,
prise à Châtelguyon, et dédicacée de cette ville à
mon père. La scène se passe sur le quai d'une gare.
On y voyait deux grands-oncles, Allaoua, le fils aîné
d'Ismaël, et Mustapha le plus jeune. C'était lui qui
avait écrit au dos : «À mon cher neveu Hafid, ce
souvenir de Châtelguyon, août 1936. Mustapha.»
Les grands-oncles étaient vêtus de tweed et portaient le feutre mou qui remplaçait le fez rouge
quand ils partaient en voyage à l'étranger. Derrière eux, pantalon pattes-d'éléphant, les mains
dans les poches, se tenait un jeune homme bouclé,
à la traîne, avec cet air d'ennui que l'on retrouve
sur toutes les photos de famille d'hier et d'aujourd'hui, d'ici et d'ailleurs. C'est Rachid, le fils de
Salah, celui qui avait fait ses études de droit à Paris
et qui mourut de la peste en 1923. À la mort de
son père, Mustapha enleva le jeune Rachid à sa

mère pour l'élever. Pauvre tante Zoubida, son titre de princesse — elle était la petite-fille du dernier dey d'Alger — n'impressionnait pas beaucoup le terrible Mustapha. L'enfant garda pour toujours cet air triste.

Cette photo est la trace des voyages dans les villes d'eaux, effectués chaque été par une bonne partie de la famille. On en parlait tout l'hiver. Pas moins d'une dizaine d'oncles, tantes, cousines, neveux s'embarquaient pour Marseille sur le *Ville d'Alger*; la smala voyageait gratuitement sur les lignes Schiaffino. Avant de prendre la mer, mon grand-père et ses frères, se souvenant sans doute que le père de leur père, le raïs Ali, avait péri au large de Cap-Matifou, observaient l'état de la mer pendant plusieurs jours avant de décider du jour du départ. À Marseille, c'était M. Chagnard, le transitaire, qui donnait les informations. Quand ils se décidaient enfin, ils prenaient le bateau à Alger. Sur le quai, une partie de la famille aussi importante que celle qui voyageait venait dire au revoir. À Châtelguyon, Vichy, Évian, ou Aix-les-Bains, ils s'installaient tous au même étage d'un palace provincial. S'agissait-il d'une obsession hygiénique dans la génération des anciens ou plutôt d'alibis pour ces marchands enrichis aux mœurs austères qui craignaient toujours de se faire remarquer par leur richesse; ils voyageaient, oui, mais pour « aller en cure ». Les repas étaient pris en commun, et avec un même menu commandé dès l'arrivée par Mustapha : soupe de légumes, carottes vichyssoises, gigot coupé en tranches transparentes, fruits et

pain complet. Les jeunes, filles et garçons, étaient
étroitement surveillés. Après le dîner, ils inventaient
des ruses de Sioux pour sortir. Il fallait déjouer le
cerbère Arezki, le chauffeur et l'informateur de
Mustapha, qui était de tous les voyages. Il conduisait la voiture chargée des malles et valises et suivait le train que l'on prenait à partir de Marseille.
Les jeunes gens posaient, bien en évidence, devant
leur porte une paire de chaussures à cirer avant de
s'éclipser.

Exit les photos de famille minuscules en noir et
blanc des étés à Tichy. Je n'avais guère plus de sept
ans, et ma sœur était encore toute petite. Ma mère
était bronzée, en short blanc, mon frère si noir de
soleil que l'on ne voyait que le blanc de ses yeux, et
mon père maigre, comme tous les étés à cause de
la chaleur et des déplacements dans les villages
des montagnes kabyles. C'était le temps des campagnes de figues et d'huile, la saison où les achats
sur pied se concluaient. Le village balnéaire s'étalait sur une grande plage de sable volcanique qui
commençait à la limite de celle de notre ferme. Le
village vivait sous le regard des Ayt Vimoune, mais
je ne le savais pas. Les colons de la vallée s'installaient pour les trois mois d'été, quand l'Afrique
remontait jusque sur les bords de la Méditerranée.
Le sirocco suffocant, l'air sec et brûlant, les mouches
incessantes poussaient les Européens des terres de
l'intérieur vers les bords de la mer, et nous aussi.
Avant l'indépendance, il y avait peu d'Algériens
sur les plages. Elles n'étaient pas interdites, mais
réservées. Le racisme traçait des barrières invisibles

mais réelles entre les deux peuples, même si l'appartenance sociale permettait parfois de brouiller les frontières. Nous étions les seuls Arabes. Mais peut-être étions-nous là parce que ma mère était elle aussi européenne. Je ne m'étais jamais posé la question jusqu'à cet instant.

Nous nous installions à Tichy dès la fin des classes, bien que nous passions l'année face à la mer. «Je ne comprends pas que vous quittiez votre maison pour aller exposer vos corps au soleil avec tous ces Français», nous faisait observer l'oncle Mustapha. Je ne sais pas ce qui lui paraissait le plus dangereux : la nudité, le soleil, les Français ? Pour nous, c'était un autre univers, et tous les 1er juillet, ni avant, ni après, nous quittions la ferme pour nous installer dans un cabanon en planches, meublé de canapés de bois peints en blanc. Les quatre chambres donnaient sur une longue véranda légèrement surélevée. On accédait au cabanon par trois marches, de bois elles aussi, sur lesquelles nous attendions l'heure du bain, des repas, des départs de jeux, et parfois pour tromper l'ennui, qui existe aussi au paradis. Nous prenions nos repas devant la cuisine, sur une longue table, avec la mer pour décor. C'était un univers de cotonnades fleuries — ma mère adorait les fleurs sur les tissus de ses vêtements aussi, comme cette robe blanche parsemée de coquelicots géants, tout en plis enveloppant son corps bronzé, qui reste en suspension dans ma mémoire, sans qu'aucun appareil photo ne l'ait retenue —, un monde de moustiquaires, de persiennes tirées, d'ombre fraîche, de ventilateurs au plafond, un monde qui définit pour moi la volupté de l'été.

Le cabanon se trouvait à la lisière du sable. Il était entouré de roseaux aux plumeaux argentés bruissant sous le vent, de massifs ébouriffés de belles-de-nuit longtemps plus hauts que moi. Je guettais, ébahie, les mouvements d'éclosion et de fermeture des corolles des fleurs au rythme de la lumière. Les belles crachaient des milliers de petites graines noires qui jonchaient le sable autour d'elles. Il y avait un immense jardin potager derrière le cabanon, séparé par un étroit passage de ciment et une haie touffue. Les cris de Pascal, le jardinier-marchand de légumes, à ses ouvriers résonnaient tôt le matin et nous réveillaient; mais le bonhomme disparaissait pendant les heures de sieste, la vraie religion des habitants du petit village. Nous retrouvions tous les ans les mêmes familles, les Aubertier, les Gavilla, les Tavel, les Esposito, les Malvesains. Les premières courses marines, les premières épreuves d'endurance pieds nus sur le sable brûlant, effaçaient les neuf mois écoulés et la timidité des retrouvailles. Les bandes se reformaient.

Nous vivions là trois mois pleins, réglés par l'ombre et le soleil, le bain, la table et les siestes obligatoires, et, une fois par semaine, un film en plein air et en technicolor sur la terrasse du café-restaurant La Corniche. Le son emplissait la nuit et démultipliait la magie du cinéma. Pour moi seule, des cours d'orthographe avec une demoiselle, sur la table de la véranda, occupaient de longues matinées, parfois plus, quand j'étais punie pour trop de fautes. Je faisais alors des dictées sous les menaces de ma mère qui pensait que la peur était un bon maître. Ma plume hésitante devenait si lourde qu'elle transperçait le papier quadrillé à chaque double lettre, à chaque terminaison grammaticale. Je soutenais bravement le regard apitoyé de ceux qui descendaient au bain. Puis venaient les cieux de septembre et la mer de septembre. Calme et grisée par les nuages, elle annonçait la rentrée des classes, les tabliers, les cahiers craquants, les souliers neufs et les pieds martyrisés, après tant de liberté. La fin de l'été amenait les premières pluies tièdes, les baignades entre deux eaux. Le 30 septembre, nous fermions la petite maison pour retrouver la grande. Les plaisirs de l'eau et du sable n'en continuaient pas moins, la passion de ma mère pour la pêche à la palangrotte nous ramenant sur la plage, mais devant la ferme cette fois. Elle venait y passer les longs et tièdes après-midi d'automne. Nos automnes étaient des étés. D'ailleurs, toutes les saisons c'était l'été à la ferme.

Exit encore cette étonnante photo du mariage de deux cousins germains, la petite-fille et le petit-fils d'Ismaël — la famille, comme tout le monde, pratiquait l'endogamie —, un concentré de la sociologie algérienne de l'entre-deux-guerres. Elle est en robe blanche, lui en veste longue sombre sur un pantalon gris. C'est la sœur du beau Nany et de Smaïl, bien vivant à cette époque. Elle est blonde et de type «caucasien». Aux côtés de la très belle jeune fille, se tient son père, Omar Bouderba, et, près de lui, l'homme politique français Maurice Violette, familier de la famille. L'ex-gouverneur d'Algérie, l'élu du Front populaire, l'ami des musulmans, était ministre au moment de ce mariage. Il avait fait le voyage de Paris pour assister au mariage de la nièce d'Abdénour Tamzali, son compagnon politique, et de la fille de son ami, Omar, le petit-fils d'Ahmed Bouderba, le Maure, comme on appelait les descendants de Turcs et d'Algériens natifs, et dont le nom apparaît dès les premiers moments de la conquête de l'Algérie, à côté de celui d'Hamdan Khodja, l'auteur du *Miroir* — on dit que les deux hommes étaient des rivaux —, un plaidoyer écrit en 1840 pour convaincre les Français de faire de l'Algérie une nation libre. Les deux rivaux siégeaient au divan du dey d'Alger quand les Français conquirent la Régence. Comme les jeunes Algérois qui étaient aux affaires, ils avaient vu dans l'arrivée des Français le moyen de se débarrasser de la tyrannie des deys d'Alger. Dès les premiers jours de l'occupation, ils avaient tenté d'obtenir leur départ, tout en administrant la ville avec eux. Ils se trompaient d'empereur. Ils avaient naïvement pensé que les Français agiraient ici comme Napoléon en Égypte. Mais les Français sont restés, et la famille du Maure a gardé un savoir-faire qui l'a maintenue dans le cercle des notables.

Le plus remarquable de cette photo était que la mariée, en robe blanche achetée à Paris chez un couturier, portait sur le bas de son visage une voilette, un *'adjar,* en linon; et aussi qu'elle était présente à la mairie pour son mariage civil. Ce qui était extravagant par rapport aux coutumes et aux mœurs des Algériens de ce temps. Extravagante était aussi cette calèche fermée, qui, vingt-cinq ans plus tôt, à la fin du XIXe siècle ou dans les premières années du XXe siècle, conduisait au bal chez le sous-préfet de Bougie mon arrière-grand-père accompagné de sa plus jeune fille, en l'occurrence la mère de la mariée. Les deux femmes étaient aussi belles l'une que l'autre. Ismaël avait fait venir cette calèche d'Angleterre. Drôle d'aïeul, dont je n'interrogerais jamais assez le mystère. Il n'y a pas de photo de ma grand-tante au bal au bras de son père, mais plus que des traces matérielles, les traces de cette extravagance se font sentir jusqu'à moi. Ismaël n'est-il pas en partie responsable de la petite phrase qui me suivait depuis le début de mon histoire et qui empoisonnait ma vie : « Tu n'es pas comme les autres » ? Ce qui est certain, c'est que lui n'était pas comme les autres.

Avec qui partager cet album de famille, ces photos et tant d'autres souvenirs, jamais saisis sur papier mais vivaces, de cette vie de notables qui s'ouvraient aux mœurs occidentales, sans peur ni complexe ? Ceux qui m'entouraient et qui étaient mes amis y auraient vu, au mieux, une fantaisie exotique, au pire une tare bourgeoise. Pour « les autres », qui n'avaient pas encore de nom mais qui étaient de plus en plus nombreux, « les autres » qui se grisaient d'un retour à la pureté, ces lieux et ces gens étaient les témoins insupportables des accouplements des mœurs, des langues, des musiques et des corps. Il leur fallait faire le ménage, à commencer par moi. Mais ils n'ont pas fini, et ils ne finiront jamais.

☆

Les villes aussi, rageusement remodelées par les conquérants français à leur image, gardaient des traces. «Ils» étaient venus libérer l'Algérie des cavaliers du prophète de Médine et punir le pays de saint Augustin de s'être jeté dans les bras de l'islam, elle qui fut chrétienne avant Rome. La conquête de l'Algérie, une reconquête pour les Français, comme l'a laissé échapper l'historien Lucien Febvre, professeur au Collège de France. «Ils», les *colonistes...* — Ne cherchez pas ce mot dans le dictionnaire, il a été inventé par Tocqueville, le fervent défenseur de la démocratie et encore plus fervent partisan de la colonisation de l'Algérie. Il est l'auteur d'un rapport dans ce sens à la Chambre hésitante, qui finit par le suivre et rejeter les prières de Hamdan Khodja et de toute la jeunesse de la Régence. Il inventa le mot parce qu'il fallait une catégorie spécifique de Français pour coloniser l'Algérie, afin de ne pas altérer la société des Français démocrates qu'il appelait de ses vœux. — les *colonistes,* donc, tentèrent de faire disparaître les traces des vaincus. Les villes mangèrent leur casbah, leur médina, leur ksar. Elles se mirent à mêler les styles espagnol, italien et français : toits de tuiles rouges, balcons de fer forgé et fenêtres largement ouvertes sur le ciel, cariatides nues et opulentes. Parfois elles furent affublées de colifichets orientalistes et africanistes imaginés par des militaires ou des administrateurs civils romanesques, comme la Grande Poste d'Alger. Un maquillage de plus.

Mais la ville des villes, Alger, ne s'en soucie guère, elle si souveraine qu'aucune pénétration n'a jamais altéré son âme. Aucune offense ne la défigure, ni ses toits de tuiles rouges enveloppés de feuilles d'aluminium comme des tablettes de chocolat, ni les balustrades de fer forgé peinturlurées de bleu, de ce bleu qui a envahi les villages de la Méditerranée comme autant de publicités touristiques, ni les lions de plâtre doré, ni les cuves à eau qui envahissent toutes ses terrasses, ni les balcons condamnés, ni les rues défoncées, ni la crasse qui l'envahit. Elle se nourrit de ses malheurs, jubilant sous le soleil. Elle sait, dans sa sagesse, laisser passer la folie des hommes. Elle en a tant accueilli, sans cesse, depuis des siècles, hordes d'enfants perdus, orphelins de pays, de terre, d'amours, renégats de tout bord. Les pauvres, les artisans sans outils, les paysans sans terre, hier d'Andalousie, de Malte et d'ailleurs, aujourd'hui des plaines et des montagnes de l'Algérie. Ils déferlent sur elle, renonçant définitivement à l'idée d'eux-mêmes. Ils affluent comme autant de ruisseaux vers le fleuve. La ville devenue grosse de toutes ces fornications se métamorphose sans cesse et, d'une mue à l'autre, garde au secret ses histoires anciennes, qui se déposent les unes sur les autres en un mille-feuille succulent. Dans son antre, les voûtes ottomanes bruissent d'histoire ; un peu plus loin une caverne, c'est celle de Cervantès ; là-bas, le quartier de la marine, où se promènent de faux marins habillés de vrais bleus de Chine, lieux hantés par le beau Kateb Yacine, le poète étoilé. Attablés au Novelty, les jeunes gens de l'an I sont devenus, eux aussi, une strate qui disparaît sous les nouvelles.

Rien ne peut altérer la séduction d'Alger. Que de fois, hier encore, j'ai accompagné des visiteurs éblouis par la ville, par ses rampes caressées amoureusement par les architectes du monde entier, les toits en gradins descendant vers la mer de la Casbah, que Le Corbusier aima et imita. Qu'importe la surpopulation qui s'affiche aux fenêtres, avec ces matelas, ces draps et ces couvertures bigarrées suspendus aux balcons au premier rayon de soleil, autant dire tout le temps ! Qu'importent les sacrifices de l'agneau sacré dans les coursives des immeubles ! Il y a toujours le ciel et la mer et toute cette vie qui déborde et qui rend les cités encore plus fascinantes, celle des Mille Colonnes, celle de Diar Saada, que Pouillon édifia au début de la guerre d'indépendance pour abriter les pauvres indigènes, histoire de les faire renoncer à l'idée de libération. Mais rien, ni l'argent, ni la misère, n'ont effacé la soif de liberté des hommes et des femmes de cette ville et de tout le pays. Aujourd'hui, quel que soit notre chagrin, je sais que nous aurions pris la relève de leurs rêves si l'histoire en avait décidé autrement, même si nous savons que l'indépendance venue n'a pas étanché la soif de liberté qui nous habitait. Beaucoup d'entre nous sont partis pour fuir la violence, mais aussi la bêtise et l'intolérance générale qui se sont installées. Beaucoup des jeunes gens de la Cinémathèque, d'autres aussi, parce qu'ils avaient envie de rêver et de rire. Elles, les jeunes femmes, voulaient avoir le droit de fumer une cigarette à la terrasse d'un café ; elles sont parties. Tous ont fui la bigoterie qui tue à petit feu les hommes et les femmes de ce pays. Ils sont partis, provisoirement ont-ils dit, pour fuir les menaces islamistes. Ils ne sont pas revenus. Ils ont grossi le flux des diasporas qui n'a cessé de traverser la Méditerranée. « Nous sommes les nouveaux juifs », disent certains le sourire triste.

Ils ont emporté les secrets d'Alger la Blanche vers les villes du Nord. Là où ils sont, la ville les prend dans ses bras, et ils partagent sans témoins leurs rêves de métis.

Je suis partie aussi.

LE BASCULEMENT

(Le troisième cercle)

Le départ

Le monde et l'Algérie ralentissaient. Je commençais à comprendre que les années 1970 ne dureraient pas l'éternité. Les lampions s'éteignaient. Certains clignotaient encore, inutiles dans la lumière crue des lendemains. Je m'éloignais peu à peu de la jeune femme enthousiaste que j'avais été, et j'avais peine à me reconnaître dans ceux qui m'entouraient, même ceux qui m'étaient proches.

Mes départs et mes retours se multipliaient et perdaient leur sens. J'attendais l'occasion qui emporterait ma décision. Un départ par étapes, arraché par petits morceaux, une suite de petits événements, formant comme un magma dont le sens s'éclairait au fur et à mesure. Le premier accroc dans le savant échafaudage de certitudes, d'aveuglements, d'espoirs, d'attentes, d'hésitations, de peurs et d'attachements sentimentaux que j'avais édifié besogneusement et que je colmatais avec courage survint à la fin de l'été 1974, mettant à nu la réalité de ma relation avec l'Algérie socialiste et révolutionnaire. Ce fut un coup dur pour mon espérance en cette Algérie-là. Nous étions en 1974, un an après la Conférence des pays non alignés du Club des pins d'août 1973, un an après la téméraire Tricontinentale du cinéma, le 11 septembre, un an après la mort d'Allende, presque jour pour jour.

L'été 1974 avait été particulièrement chaud. Sous les parasols des plages du Club des pins et de Moretti sont agglutinés, pour pas longtemps, les restes de la bourgeoisie nationale et quelques familles de la nomenklatura, qui, bientôt, accapareraient toutes les maisons de ces villages balnéaires. Le pays changeait subrepticement. Nous étions toujours socialistes et révolutionnaires, mais, pour la première fois, le président Boumediene était absent de la scène publique. Il s'était retiré, avec la femme qu'il avait épousée par amour peu de temps auparavant, dans le secret ombragé d'une résidence d'été. Les élucubrations les plus folles couraient dans la ville et sur les plages. On parlait de coup d'État, de personnalités qui auraient quitté le territoire en hélicoptère, «avec la caisse»... et la femme du président. Tout ce que l'on pouvait dire sur une femme, fût-elle celle du président, fut dit, jusque sur les ondes. La radio marocaine du roi Hassan II ne manquait pas de relayer les potins, en les grossissant. Le sujet était sensible. Le Canard enchaîné se mit de la partie, décrivant les soirées glamour d'Alger. Le ministre Chérif Belkacem, un des proches de Boumediene, était cité ; le jeu de mots était trop tentant : le «chérif» de ces dames

placé au centre d'un harem... L'épouse de Boumediene faisait aussi les frais du vilain canard. Il se
disait qu'un livre sur les «folles nuits d'Alger» s'ap-
prêtait à paraître, écrit par la femme du «chérif»,
une Suédoise. Je suivais les potins amusée, sans
imaginer l'importance qu'ils allaient prendre pour
moi. La vie privée de la première dame du pays ne
m'intéressait pas outre mesure, et je trouvais plutôt sympathique le transport amoureux de notre
président de la République algérienne populaire
et démocratique.

Le 11 septembre au matin, je quittai Moretti
pour l'aéroport. La mer était transparente, et la
lumière douce, comme toujours en cette saison. Je
me rendais à la Mostra du film de Pesaro, en Italie.
Au moment du passage au contrôle de police, je
fus informée, très poliment, que je ne pouvais pas
quitter le territoire national. Le policier me retira
mon passeport, sans autre explication. Le commissaire de l'aéroport vint me voir et me dit, s'excu-
sant presque : «Pour en savoir plus, vous devrez
vous présenter au commissariat principal d'Alger.»
J'étais stupéfaite. Je n'appartenais à aucun parti
clandestin, ne participais à aucun des réseaux où
l'argent, le pouvoir et l'appartenance clanique se
mêlaient étroitement. Les relations que j'entretenais avec certains hommes politiques étaient pure-
ment amicales. Et pourtant, j'étais «interdite de
sortie du territoire national». J'appris plus tard
que cette mesure avait été arrêtée par le directeur
de la police nationale en personne. Il avait reçu
carte blanche du président de la République pour

faire cesser les bruits et commérages qui couraient sur sa femme. Le directeur de la police était un homme puissant, qui ne prenait ses ordres que du chef de l'État et refusait d'obéir à son ministre de tutelle. Son nom fut connu du public au moment du coup d'État de juin 1967 qui renversa Ben Bella, dont il assurait la garde personnelle... Il devint le chef de la police.

L'affaire des commérages prenait des allures de crise de régime. Elle dressait les clans du pouvoir les uns contre les autres. Le chef de la police s'en donna à cœur joie. Il fit fermer les salons de coiffure et les hammams, les principaux circuits de l'information en ces temps de parti unique, de journal unique, de radio unique, de télévision unique... Les mosquées, ça viendrait plus tard. La liste du gotha d'Alger qu'il fit interdire de sortie du territoire comptait quelque deux cents noms, parmi lesquels d'anciens chefs de guerre, des hommes d'affaires et, bien sûr, les cancanières. Je comprends vite qu'il m'y avait mise pour se venger de la distance que je marquais à son égard, à l'abri de la protection complexe dont je jouissais grâce au nom que je portais, mais aussi, et surtout, à cause des relations que j'entretenais avec le groupe de jeunes ministres qui entouraient Boumediene. Mais dans cette partie-ci, le directeur de la police, et lui seul, avait la main. Craignant le pire, je partis me réfugier à Bône où mon cousin Nany était préfet. « Ne lui demande rien, me dit-il. Il n'attend que ça. S'il y a un problème, ce qui m'étonnerait, je te ferai passer à Tunis. » Il ajouta, sur ses relations avec le pouvoir : «Ils ne m'ont jamais pardonné d'avoir les yeux bleus. »

Plus le temps passait, plus les démarches pour récupérer mon passeport traînaient en longueur, et plus j'étais inquiète. J'avais peur d'être entraînée dans une histoire qui me dépassait, un scénario kafkaïen, façon KGB ou CIA. Je n'avais rien à me reprocher, alors on pouvait m'accuser de tout. Je mesurais pour la première fois que je vivais sous un pouvoir arbitraire et que j'étais en liberté conditionnelle, comme n'importe quel Algérien. Ni mon statut d'avocate, ni mes amis politiques, dont d'ailleurs certains s'étaient envolés, de peur d'être sollicités par moi, ne me protégeaient des excès du régime. Il en aurait fallu moins pour me décider à partir. Cette idée de départ me bouleversait autant que les circonstances qui me retenaient contre mon gré en Algérie. Un vide tout gris, sournois, ouaté, tentaculaire, commença à m'envahir, s'étalant dans ma tête, mes entrailles, mon âme. La fin de mon grand amour approchait inexorablement.

Le commissaire principal d'Alger tint à me remettre en main propre mon passeport. Une fois encore, je me trouvais prise au piège des élucubrations d'un mauvais romancier : le père du commissaire avait ramassé le lait sur la ferme de mon grand-père. L'occasion était trop belle pour lui de me rencontrer dans ces circonstances. Notre entretien fut interminable ; l'homme parla aussi de littérature :

«Vous connaissez Rachid Boudjedra ? — J'ai lu ses livres. » Je ne voyais pas où il voulait en venir.

Ses insinuations sur mes relations et les bénéfices que je pouvais en tirer qui avaient ouvert notre entretien se comprenaient mieux : «Vous avez des affaires?» Devant mon air étonné, il enfonça le clou : «Quand on dîne avec le ministre des Finances ou le ministre de l'Intérieur, on est bien placé pour ça! — Vous savez qu'il est interdit aux avocats d'avoir des affaires, comme vous dites. — On connaît les avocats!» Le pouvoir absolu s'accompagne toujours du mépris absolu des autres et justifie sa tyrannie par la défense du bien. Comme le président Ben Bella, le commissaire principal d'Alger lavait plus blanc.

Du haut de sa superbe, le petit homme, presque fluet, me montra deux livres posés sur son bureau, les chefs-d'œuvre de Rachid Boudjedra : «Avez-vous lu La Répudiation? L'Insolation? — Oui.» Devant mon air «cultivé», il força son personnage : «C'est dégueulasse! Cet homme fait beaucoup de mal à l'Algérie!» La haine se lisait sur son visage. Il était clair que j'avais en face de moi un adepte des autodafés. Boudjedra, avec ses mises en scène réussies de la virilité blessée et maladive des hommes algériens, faisait mouche. Je me lançais alors dans une explication de texte. Je ne pouvais m'empêcher de compter sur l'intelligence de l'autre. Je ne prenais pas la mesure de la réalité de la scène : «Rachid Boudjedra écrit des romans, dis-je. C'est une œuvre littéraire, pas un travail sociologique.» Je le regardais dans les yeux et y lisais le mépris de l'écrivain, de la lectrice et de tous les autres lecteurs, ceux qui se délectaient de ces «vomissements» sur l'Algérie, son Algérie. Je ne réalisai qu'alors, épuisée par la distance qui nous séparait, le grotesque de la situation dans laquelle je me trouvais. Cet homme inculte me disait ce que je devais et ne devais pas lire, avec qui je devais et ne devais pas dîner, faute de quoi je ne serais à ses yeux qu'une traîtresse à la patrie doublée d'une hétaïre. Perdu dans son délire, il considérait que l'Algérie était son pays, et il en dictait les règles. Le fils du ramasseur de lait, que l'on surnommait Salah Vespa parce que, adolescent, il chapardait en Vespa pendant que j'allais à l'école en voiture et chauffeur et que je passais les étés à Tichy, prenait sa revanche sur l'histoire.

Quand il me tendit enfin mon passeport — il prenait visiblement plaisir à notre entretien —, je lui dis qu'il était l'homme qui comptait le plus dans ma vie, car il m'avait décidée à quitter mon pays. Je pensais aux autres hommes, un ou deux, qui avaient tenté en vain de me faire vivre ailleurs, avec eux. «Vous ne devez pas partir, me dit-il. L'Algérie a besoin de gens comme vous. Ce que nous avons fait, c'est pour vous protéger.» Quel galimatias! L'homme n'était pas à une incohérence près. Pour moi, tout s'éclairait. Mon départ était irrémédiable, même s'il devait prendre du temps. Le petit homme bien habillé, devant un bureau trop grand pour lui, avait porté l'estocade à ma passion moribonde.

Bien sûr, il y eut d'autres raisons. Aux trahisons des grands frères, aux désenchantements politiques s'ajoutait la victoire de la vieille tribu méditerranéenne, qui pesait lourdement dans ma décision. Elle avait fini par étouffer tous les espoirs de liberté que j'avais nourris sous les slogans socialistes. Plus que les ancêtres, c'étaient les mères qui redoublaient de férocité, porte-parole zélées des pères et de la loi, revêtues par eux d'un pouvoir dont elles s'emparaient à l'âge de la ménopause. L'attente de cet accomplissement jugulait la révolte des jeunes femmes, qui n'avaient plus qu'à attendre leur tour. Elles joueraient alors auprès de leurs fils le grand rôle de leur vie. Si elles savaient attendre, elles trouveraient avec eux des joies et des plaisirs qu'elles n'avaient pas connus en tant que femmes, ainsi que l'exercice d'un immense pouvoir. Malheureux fils ! Plus malheureuses encore, et parfois pour toujours, celles qui les avaient aimés et qui, les premières, avaient essayé d'établir les règles d'un jeu amoureux en dehors du contrôle des matrones. Les matrones se vengeaient et les faisaient pleurer. À ce jour, elles pleurent encore leurs amants terrorisés, qui ont fini par épouser leur jeune cousine vierge.

Quelle terrible chaîne que celle qui tient ensemble l'oppresseur et l'opprimé, la génération entière, souffrante et complice ! Quel écheveau de silences, de soumissions, de cris étouffés, d'attentes avides, de désirs différés, de solitudes forcenées ! Et gare aux matrones qui ne respectent pas la loi de la tribu : elles seront bannies et leurs âmes erreront sans fin hors de la demeure des ancêtres ! Malheur aussi aux hommes prisonniers, arborant en consolation les colifichets du pouvoir viril ! Combien ont été rompus par le pacte tribal? Certains sombreront dans la folie, comme les héros de Rachid Boudjedra, dont les récits cathartiques du malheur des jeunes mâles, de leur impuissance cachée sous le manteau d'une sexualité prédatrice, dérangeaient tant le commissaire principal d'Alger. Ils se désespéreront comme le héros de L'Insolation, qui ne peut étreindre d'amour la jeune cousine qui s'offre à lui, avec pour seule couche la dune devant la mer déchaînée, et qu'il viole faute de pouvoir l'aimer. Qui leur aurait appris l'amour des femmes?

Disant cela, je sais que je ne dis pas tout. J'oublie ce monde de rires et de chansons, la force des femmes à demi cloîtrées, qui m'ont appris tant de choses sur la vie. J'oublie la douceur infinie du regard de la mère sur son enfant, surprise au fin fond du désert; elle est appuyée sur le mur de pisé, son enfant sur le sein; ils forment tous deux une maternité troublante de beauté, que le peintre du Quattrocento florentin avait rêvée, loin de là. J'oublie les longs après-midi passés sous les vastes portiques avec mes tantes, mes cousines et la tendre complicité qui unit les unes et les autres, les jeunes et les vieilles, dans la douceur des gynécées. J'oublie la tendresse du père conduisant la cérémonie du mariage, quand il introduit délicatement, mais fermement, sa fille dans le cercle des hommes réunis autour de l'imam, pour dire : «C'est elle qui décide.» J'oublie l'amour du frère pour la sœur endeuillée et son geste sur la tête des orphelins. J'oublie ce père, ce fiancé, dans la foule joyeuse de la manifestation pour l'égalité sur le boulevard du

Front de mer ; ils sont en queue de cortège, leurs filles sont devant. J'oublie la colère du père contre le maître qui veut que sa fille cache les cheveux qu'elle porte comme la Toison. J'oublie les rires de la jeune fille enamourée qu'accompagne la mère complice à la fontaine, l'une à peine plus âgée que l'autre, et qui viennent de voir le jeune promis disparaître derrière les buissons. J'oublie les Kaïs et les Leila, Roméo et Juliette modernes, qui réinventent l'amour fou dans les allées des HLM, où se promène Omar Guetlato, les cheveux gominés, anxieux de rencontrer la jeune fille qui hante ses nuits et mine sa virilité solitaire. J'oublie les amours interdites, mais bien vivantes, de terrasse à terrasse, derrière les draps blancs qui claquent dans le vent, sur le bleu du ciel et de la mer, mêlé à l'infini.

Pourquoi ne dis-je pas tout ? La vie n'est pas un manifeste politique : je n'ai pas assez lavé ma plume des pesanteurs militantes. « Je suis du côté de la vérité », n'est-ce pas ? mais je suis prise au piège de ma propre vertu. Et encore. Comment me situai-je dans cette anthropologie sombre que je ressasse ? En quoi suis-je concernée par la femme ménopausée du fin fond des Aurès qui ôte de son oreille la boucle de ses épousailles, dite la porteuse d'âme, pour se parer de celle plus convenable qui lui donne le droit de circuler librement dans le village ? En quoi me concerne cette liberté gagnée par la stérilité des ventres, en quoi me concerne ce conte de boucles d'oreilles, moi qui n'ai porté les bijoux d'aucune tribu ? Quel rapport entre cette histoire de l'Antéchrist et les femmes de ma famille qui, au temps du charleston, ont raccourci leurs cheveux et leurs jupes? Pourquoi ne pas m'en tenir au moi/je? Pourquoi toujours et encore ce moi/nous qui m'écorche inutilement, puisqu'ils disent tous que je ne suis pas comme eux?

C'était à ne rien comprendre. J'étais plus proche de tout cela qu'il n'était raisonnable de penser, mais je savais aussi qu'il me fallait partir. Partir pour échapper à la tribu patriarcale et à l'anthropophagie de la fratrie. Partir pour vivre ma propre vie, en recoudre les morceaux disséminés comme autant d'éclats de verre éparpillés sur le macadam après un accident, dont il ne resterait ni traces ni témoin. Retrouver cette présence à soi et au monde, hors du huis clos qu'était devenue ma vie en Algérie, avec ces faux départs qui ne ressemblaient plus à rien. Partir avant d'être engloutie par la fin de l'histoire.

Quand je suis partie, je n'ai pas dit : «Le vent se lève, il faut partir.» J'ai choisi de partir, provisoirement pensais-je, comme la moins pire des solutions, et avec appréhension. Je prenais le risque de perdre les liens, contraignants mais apprivoisés, qui me retenaient à une histoire, un pays, des gens, une famille et quelques amis. Je savais qu'il me faudrait affronter la solitude, avec d'autant plus de certitude que je connaissais depuis toujours mon impuissance à saisir la réalité des choses et à les vivre dans leur immédiateté. Depuis les territoires de l'enfance jusqu'aux topographies sentimentales et politiques venues plus tard, il y avait toujours eu entre moi et le monde une barrière difficilement franchissable, jusqu'à mon visage et mon allure, qui prenaient des libertés avec l'entourage. J'étais une anomalie. J'ai toujours regardé avec envie les hommes et les femmes dont le visage et le langage étaient modelés par le pays qui les avait vus naître. À eux la force de l'évidence ; à moi la transparence de l'être, la montée lente et envahissante d'un sentiment d'étrangeté, n'importe où, n'importe quand. En Algérie aussi. Est-ce cela qui provoquait chez moi le rejet de tout le fatras sur les racines, l'identité et l'authenticité ? Était-ce l'aveu d'un manque douloureux ? Pourtant, mes liens avec mon pays étaient bien réels. Son histoire, ses couleurs, ses odeurs, toute la sensualité de cette terre me traversaient, m'embrasaient, où que je me trouve et quoi que je vive.

Mais c'est aussi cette distance où je me tenais, même dans les moments les plus forts de ma vie, qui me conduisait, me conduit toujours, irrépressiblement et souvent contre moi-même, à une liberté de pensée qui me protégeait des enfermements : la liberté comme mode de pensée et l'exil comme mode de vie. M'y voici !

Place de Fontenoy

Je choisis la ville qui était un des centres de mes pérégrinations, Paris. Je posai mes valises, pas plus lourdes que pour un voyage aller-retour, dans un petit hôtel de la place de l'Odéon. C'était le printemps, le Premier Mai 1979. À moi la vie légère ! ma première cigarette fumée à la fenêtre dans la nuit ; mes regards caressant la façade néoclassique du théâtre de l'Odéon ; une légère griserie à l'idée que quelque chose de merveilleux allait arriver et que j'effaçais vite, par superstition ; ma première nuit anonyme et le premier réveil, étonnée d'être là, puis le premier café, pris au bistrot d'en bas, et le premier journal lu par-dessus la tasse ; un vrai café, bien serré, servi avec une cuillère qui ne se cassait pas dans la soucoupe, et un croissant au beurre au feuilleté léger. Le garçon ne m'appelait pas amicalement « Mademoiselle », mais qu'importait, n'était-ce pas justement ce pour quoi j'étais là ? Les hommes et les femmes que je regardais me dépassaient sans me voir. Ils allaient chacun vers leur histoire et me laissaient à la mienne. Quelle chance ! Mon corps se dépliait, se déliait, occupait tout l'espace. Ce premier matin, l'absence de regards sur moi avait le goût de la liberté, celle de marcher sans les millions d'yeux qui se collaient à moi dans les rues d'Alger. Aucun doute et aucune nostalgie ne troublaient le plaisir glouton avec lequel je me lovais dans mon nouvel état : une étrangère à Paris. Et si un peu du mystère de ma nouvelle vie se voyait sur moi, tant mieux ! amours et amitiés allaient se précipiter, je le sentais comme je sentais l'air vivifiant de ce premier matin.

Le bus longeait le Luxembourg. Arrivée place de Fontenoy, j'entrais dans le palais de béton et de verre et passais la première porte. Immédiatement, les gardiens me reconnaissaient ; je n'étais plus une anomalie; j'étais de la maison. Je ressemblais comme deux gouttes d'eau à une jeune femme, fonctionnaire internationale venue on ne savait d'où. J'entrais, et tout le monde me souriait. Je passais la deuxième barrière. Pour un an, deux ans? La vie devenait une devinette maintenant que j'avais quitté la Ville Blanche et que je n'avais plus de destin révolutionnaire. Je ne savais rien, sauf que j'allais me poser, faire mon trou.

Mais très vite, il me fallut faire la première de nombreuses valises à venir, pour la première de nombreuses missions à venir. Je repris donc la route, ma nouvelle manière de travailler. Je ne pris pas le temps de ramasser les mille éclats de verre abandonnés sur le macadam, je ne les suivis pas comme autant de cailloux blancs pour retrouver mon chemin. De la vie d'hier et d'aujourd'hui s'accumulaient tant et tant de fragmentations, de morceaux épars abandonnés par distraction, nonchalance ou générosité. Avais-je une fois pris un avion, un train de trop? Aurais-je dû m'arrêter un jour, un après-midi, m'en retourner dans le soleil finissant, les cheveux relevés par les réacteurs vrombissants et dire à l'hôtesse inquiète : «Non, je ne pars pas. Pas cette fois-ci!» Je ne saurais jamais. Les seules choses qui existent sont celles que nous avons expérimentées jusqu'au bout, les choses faites, consommées, qui ne laissent plus de place pour d'autres.

Un jour, j'ai reçu une carte postale du Costa Rica d'une amie italienne. Dans un français réinventé, elle m'écrivait au dos d'un paysage sublime une invite impossible : « Il y a beaucoup de magnifiques endroits pour vivre sa deuxième vie. » Je n'ai pas su vivre ma deuxième vie. Je ne me suis pas arrêtée, dans aucun des endroits où j'ai caressé l'idée de le faire. Les occasions ne manquèrent pas. J'ai déjà dit que je ne m'étais jamais résolue à m'installer à Sidi Bou Saïd, où tout m'attirait, où j'avais rencontré amitié, civilité et un grand amour, le premier qui compta. J'avais trente ans. Il était sculpteur et avait fui son pays et un de ces régimes totalitaires qui jetèrent à l'aventure de si nombreux errants des temps modernes. Il était provisoirement à Tunis, où je passais des jours, des semaines, dans la fuite en avant qui marquait la fin de mes années algériennes, années de massacre autant de moi que de mes utopies. Même ce grand amour n'y résista pas. Je ne me suis jamais installée à Sidi Bou Saïd.

J'y avais pourtant rencontré un oracle. C'était un journaliste américain, pas n'importe lequel, Tom Braddy. Correspondant du *New York Times* à Tunis pendant la guerre d'Algérie, il faisait partie du « Maghreb Circus », le groupe de journalistes accrédités auprès du gouvernement algérien provisoire en exil. Il se trouvait dans l'avion Le Caire-Casablanca de la Royal Air Maroc détourné le 22 octobre 1956 par le gouvernement français — qui inventait la piraterie aérienne — pour kidnapper les leaders de la révolution algérienne réfugiés au Caire qui s'y trouvaient. Pour Tom, c'était une sacrée chance. À la fin de la guerre, il fut rappelé à New York pour diriger le service étranger de son journal, mais il revint à Sidi Bou Saïd dès qu'il le put pour vivre sa deuxième vie, avec une vague fonction au bureau d'information des Nations unies à Tunis. Il ressemblait à Hemingway et portait par tous les temps un burnous clair en poil de chameau. Il tenait table ouverte sous le figuier du patio de l'hôtel Bou Farés, qu'il louait en entier, à un jet de pierre de la maison de Hamadi Essid. Il nous offrait de généreux plats de spaghettis à la tomate, de la pastèque et de l'alcool de figue. Nous y passions toutes nos soirées, de longues soirées, communauté joyeuse et cosmopolite, qui se sentait chez elle dans ce village loin du monde. Les discussions étaient légères, et nous ne parlions jamais de politique. J'étais à des années-lumière d'Alger. Ici, l'important c'était l'art et l'amour, quand ils étaient des aventures.

Tom, le maître de céans, vieux devin, me disait, me voyant aller et venir : « Comme moi, tu finiras ta vie ici. Pourquoi ne pas la commencer ? Ici c'est un peu le paradis. » Je n'étais pas prête à m'arrêter au paradis, comme je ne serais pas prête, quelques années plus tard, à m'enfoncer dans le confort matériel et intellectuel d'un fonctionnaire international.

Cette ténacité à poursuivre sa vie, même quand elle ne vous apporte pas ce que vous attendez, même quand les circonstances vous offrent des deuxièmes vies sur un plateau, est une véritable énigme. Je n'aime pas ceux qui parlent sans cesse de changer de vie. Il faut le faire sans le dire. Quand je rencontre ceux qui l'ont fait, je les regarde

comme des personnages de roman. Ma vie n'a pas
été un roman, contrairement aux apparences.

Pourtant, en entrant dans le palais de l'Unesco,
place de Fontenoy, à Paris, ce matin du 2 mai 1979,
à neuf heures moins cinq, j'avais le sentiment que
j'allais vivre ma deuxième vie. À peine poussé le
tourniquet du contrôle électronique, je croisais
mes premiers collègues. J'y étais, j'entrais enfin
dans la légèreté des choses. Cela dura peu de
temps. Moi qui rêvais de vivre des jours désarmants
et de laisser le monde à sa folie pour me consacrer
à la mienne, qui voulais tourner le dos à l'histoire
ingrate et la convertir en horizon personnel, je fus
vite confrontée aux épouvantails de la pensée qui
avaient épuisé le monde, la révolution et l'Algérie :
les petites bourgeoisies et les petits notables cam-
pagnards nationalistes au pouvoir dans les pays
décolonisés. Là, mon champ s'élargissait : il allait
de l'île de La Trinité jusqu'au Congo, en passant
par Tunis et Damas.

J'arrivais dans une organisation internationale
onusienne, et pas n'importe laquelle, l'Unesco ! Je
croyais être dans La Mecque de la pensée. J'avais
emmené avec moi mon butin de guerre. Hélas ! Je
ne tardai pas à apprendre que chacun y était éti-
queté par nationalité, appartenance culturelle et
religieuse. Je descendis très vite du petit nuage qui
me portait depuis mon arrivée. J'étais donc arabe
et musulmane. Je fus accueillie avec bienveillance
par les fonctionnaires et les représentants des pays
arabes. N'étais-je pas une des leurs ? Ils allaient
bientôt désenchanter, quand le combat pour les

droits des femmes arabes, leur bête noire, devint le cheval de bataille de leur nouvelle petite sœur. Pour eux, je trahissais ma culture, ce monument immuable, paré de toutes les vertus, la culture arabe et musulmane, que nous devions idolâtrer sans faiblir, au risque d'être excommuniés. Finie la vie légère, adieu la deuxième vie. La première me reprenait. Je dus apprendre à déchiffrer à travers le folklore onusien les nouveaux habits de mes batailles de toujours. Je retrouvais la tribu intellectuelle à laquelle j'avais fait la guerre et l'avais perdue, en Algérie.

Ma bête noire était l'emblématique Rigoberta Manchú, prix Nobel de la paix en 1992, qui faisait le tour des enceintes internationales vêtue de ses habits indiens traditionnels guatémaltèques, un peu comme aujourd'hui Tarek Ramadan, avec ses yeux de velours et sa barbe bien taillée. Elle plaisait aux diplomates, des hommes pour la plupart, toutes cultures confondues, quand elle disait que «le féminisme était la dernière forme de colonialisme». Jamais elle n'enlevait son costume bariolé, à croire qu'elle dormait avec. Au nom des damnés de la terre, elle et ses acolytes forgeaient les nouvelles défaites de la pensée. Le XXIe siècle ne serait pas celui de la religion, mais celui de la revanche des damnés de la terre, le retour des tribus. Brusquement réveillés, les peuples indigènes, les anciens colonisés, les héros de Sartre et de Fanon, ou plutôt de ceux qui s'octroyaient le droit de parler en leurs noms, élevaient la voix contre leurs anciens maîtres. Les leaders du tiers monde, dans des

homélies fracassantes — mon pays et Cuba composaient les plus belles —, rejetaient sur l'Occident
toutes les tares du présent. Sans prendre la mesure
du temps, les gouvernants vieillis des jeunes pays
répétaient leurs sempiternelles litanies dix, vingt,
trente, quarante ans après le départ des colonisateurs. Ils ne réalisaient pas que les générations
s'étaient succédé sous leurs règnes et qu'ils étaient
devenus les ennemis de leurs peuples.

Dans le même temps, des femmes et des hommes
de tous les horizons montait le désir de liberté. Ils
se rebellaient, affirmaient leur refus d'être assujet-
tis à une tribu, un clan, une communauté, une
religion. Les femmes surtout. Fragile comme une
perce-neige, ce désir de liberté surgissait de la
calotte glacière qui nous recouvrait depuis les «libé-
rations des peuples», les faucheuses des libertés.
Comme les vieux slogans nationalistes anti-impérialistes ne suffisaient plus à contenir les frondes
pour la liberté, ce mal qu'ils disaient venir d'ailleurs, nos guides tentaient par tous les moyens de
restaurer les cultures du passé, les religions, réin-
ventées à la mesure de leurs besoins. Le féminisme,
les droits de l'homme, la liberté de conscience, la
liberté de la presse, la démocratie étaient vilipendés
comme autant de formes de néocolonialisme.
Quant au bon peuple, «les masses», comme on
disait chez Tahar et chez Omar, dans les restaurants de la rue de Tanger, dans les débats de la
Cinémathèque, il applaudissait, fier de ses geôliers,
dont les propos apportaient du baume à son âme
de colonisé. Ce que j'avais fui, je le retrouvais érigé

en consensus international. Les années 1980 s'annonçaient amères. Les mauvais génies qui m'avaient obligée à partir me rattrapaient à la descente d'avion.

Ce qui changeait, c'était l'anonymat que me donnait Paris. En cela, je n'étais pas si différente d'une provinciale quittant son village, sauf que je ne fuyais pas seulement la curiosité des voisins, mais une tribu mondialisée, nourrie du sang des damnés de la terre, qui me retenait dans ses mains griffues. J'échappais à mes petites histoires, mais pas à l'histoire. Quand on me demandait depuis quand j'avais quitté l'Algérie, je répondais : « Jamais. » Ce n'étaient pas des paroles en l'air.

La grande marche de 1992

Étais-je d'ailleurs à Paris, le 2 janvier 1992, quand je pleurais doucement sur le trottoir de la rue Monge, assommée par l'annonce de la funeste victoire des islamistes aux élections du 26 décembre 1991, alors que je me rendais au local du FFS, le Front des forces socialistes ? Une longue nuit s'annonçait.

J'avais choisi de rejoindre le FFS en 1989. L'Algérie faisait ses premiers pas vers la démocratie, un rêve éclos sur les victimes des tueries de 1988. L'armée et la police avaient tiré sur des jeunes, très jeunes pour la plupart, descendus dans la rue. On releva cinq cents morts. Devant cette catastrophe qu'il ne pouvait dissimuler et l'indignation de la communauté internationale, le pouvoir dut donner des gages en abandonnant des signes apparents de son absolutisme, et le plus emblématique, le parti unique, le FLN. Le pouvoir levait le camp et rendait au peuple algérien sa liberté. Nous avions enfin le droit de faire de la politique, nous allions pouvoir nous faire entendre, sortir des tavernes, des sous-sols de la Cinémathèque. Fini la culture prétexte et le refuge onusien ! Ce fut pour moi un retour à mes premières amours.

J'y ai cru. Les émeutes d'octobre 1988 avaient ouvert un espace de liberté, dans lequel je m'engouffrais comme les autres, les barbus, les chevelus, les vieilles barbes, les jeunes désœuvrés, les hommes d'affaires, les femmes en jupes courtes, les femmes voilées, les femmes en jeans, les artistes, les journalistes, les bleus de Chine et les costume-cravate. Privés d'air pendant toutes ces années, chacun avec les armes qu'il avait pu fourbir en cachette, les rêves qui l'avaient fait tenir, islamistes, démocrates, féministes, capitalistes, trotskistes, marxistes, et jusqu'à certains apparatchiks, qui se révélaient démocrates convaincus après des années silencieuses au service du Pouvoir ; tous, nous nous mettions en marche pour la démocratie.

Ma vie à Paris dans la grande parade onusienne s'évaporait. La vraie vie me rattrapait. Je retrouvais l'ardeur des premiers matins du monde. J'allais pouvoir reprendre mon histoire à son début, avec le sentiment que, cette fois-ci, j'allais, nous allions gagner la partie. Plus que jamais, je croyais aux recommencements. Dans les réunions, les meetings, nous parlions de démocratie comme de la chose la mieux partagée entre les Algériens, la plus nécessaire. C'était à se demander comment le pays avait pu vivre sans elle si longtemps, pendant les quarante ans de parti unique. Allais-je, allions-nous nous fourvoyer encore une fois ? Mauvaise question. Renoncer à croire aux occasions quand elles arrivent, c'était précipiter le succès de ce contre quoi on lutte.

Le parti que j'avais choisi, le Front des forces socialistes, avait un nom ringard, fleurant bon le passé héroïque, mais son leader Hocine Aït Ahmed représentait à mes yeux un espoir pour le pays : c'était l'homme de la Résistance et des résistances, l'historique dont le nom accompagnait toutes les dates importantes de notre lutte contre le colonialisme et qui avait su ne pas arrêter son agenda patriotique à 1962 ; c'était un homme libre. Il aurait pu s'emparer du pays, comme les autres, et couler de beaux jours avec n'importe quel butin de guerre. En 1947, à l'âge de vingt-trois ans, n'avait-il pas été l'initiateur de l'OS, l'Organisation spéciale qui devait, cinq ans plus tard, lancer le pays dans la lutte armée, le jour de la Toussaint 1954 ? Quelques mois après l'indépendance, il avait quitté avec fracas l'Assemblée constituante, en prononçant un discours sur les droits de l'homme, qui était toujours d'actualité. Il se retira chez lui, dans les montagnes kabyles, et les intrigants restés à Alger lui collèrent l'étiquette de « berbériste », une casserole dont il ne se débarrasserait jamais.

Contrairement à beaucoup de militants du FFS, je ne connaissais pas Hocine Aït Ahmed avant notre rencontre à Alger, en mai 1989. C'était dans une salle de la mairie d'Alger, à l'occasion d'un rassemblement visant à dénoncer la violence des islamistes envers les femmes. Le Front islamiste du salut et ceux qui œuvraient dans son ombre commençaient à montrer leur vrai visage. Un vent de misogynie émeutière enflait dans les mosquées et empestait la ville. Personne n'était à l'abri. C'était comme un vent de sirocco soufflant du Sahara et déposant son sable rouge jusque sur le capot des voitures. Les prêches des mosquées me plongeaient dans l'effroi. De quels temps, de quels lieux venaient ces paroles meurtrières contre les femmes ? Pouvaient-ils être de mon pays les hommes qui éructaient une telle haine ? Bien avant la guerre civile qui se déclencherait en 1992 et durerait une décennie, la décennie noire, la guerre contre les femmes avait commencé.

Dans la salle comble se serraient les unes contre les autres des femmes de toutes les conditions. Pour la première fois, on voyait réunies dans une alliance assumée les jeunes femmes qui avaient lancé le mouvement féministe clandestin à l'Université à la fin des années 1970 et des maquisardes de la guerre de libération. L'heure était grave. La colère soulevait les femmes algériennes de tout bord, celles du peuple comme les universitaires. Des comédiennes et des comédiens mettaient en scène la haine des imams contre nous. Les représentations nous prenaient à la gorge. Ce fut pour moi le signal du réveil. Dix ans plus tôt, j'avais quitté l'Algérie sur la pointe des pieds, pensant que le retour des traditions était inexorable et qu'il exprimait la réalité, une réalité qui n'était pas la mienne, celle d'un pays où je n'avais pas ma place, sauf à me tenir dans un coin. Je m'étais effacée devant le géant mythique, le peuple algérien. Je ne savais pas encore que ces mots recouvraient une marionnette de chiffon agitée par les mains griffues du pouvoir. Je m'étais fait berner. Cet après-midi, je réalisais enfin que le peuple n'existait pas en dehors de moi et que je n'existais pas en dehors de lui. Avec les femmes algériennes, je partageais les mêmes humiliations et les mêmes désirs de liberté et de dignité. *Exit* la petite phrase assassine : «Tu ne représentes pas les femmes algériennes.» *Exit* les «vieillards inaudibles», les grands frères déloyaux, les grandes sœurs complices. J'étais réconciliée, avec moi et avec mon pays.

Ce fut une scène violente qui se déroulait dans l'assistance qui emporta mes dernières hésitations. Au centre de l'attention de toute l'assistance, une femme d'allure modeste aux cheveux oxygénés, une femme algérienne en colère, apostrophait une jeune fille voilée de noir jusqu'aux mains, au visage cireux mais aux yeux ardents et d'un calme glaçant, debout à quelques rangs de moi. La femme hurlait : «Je me suis battue pour enlever le voile, ma fille ne le portera jamais!» Dans mon esprit, tout devenait simple. Les femmes voilées ne représentaient plus l'Algérie profonde, contrairement à ce que j'avais cru et à ce que tout le monde, depuis

un quart de siècle, s'était évertué à me faire croire.
Le féminisme n'était pas une pensée bourgeoise
occidentalisée et élitiste. Le voile ne me tétanisait
plus : porté de cette manière, il ne représentait en
rien une tradition, mais était un signe de ralliement,
comme les chemises noires ou brunes des mouvements fascistes en Allemagne et en Italie, à un courant politique contre lequel je devais, je pouvais, si
je voulais, me battre sans rompre les liens de solidarité avec les miens. Le combat à mener le serait à
l'intérieur de la fraternité retrouvée.

Celles qui portaient le voile pour circuler librement hors de chez elles, comme elles disaient,
endossaient une grande responsabilité devant les
autres femmes, en particulier devant les petites filles
sans défense auxquelles elles barraient la route. Ne
comprenaient-elles pas qu'elles forgeaient elles-
mêmes les barreaux de la prison dans laquelle elles
s'enfermaient, et nous toutes avec ? Il y avait d'autres
manières d'être musulmanes que de condamner
les femmes algériennes à cette mutilation qu'incarnait leur réduction à un corps érotique. Dorénaa-
vant, je pourrais dire sans faiblir, même à celles
qui portaient le voile pour des raisons religieuses,
qu'elles apportaient, bien malgré elles, leur soutien aux crimes qui, déjà, suivaient les invectives des
imams hystériques, prêchant impunément dans les
mosquées depuis le début des années 1980, depuis
que l'État avait abdiqué ses ambitions, après le
sacre par l'armée du troisième président de la
République populaire et démocratique, Chadli le

Souriant, aussi inutile pour les femmes que les deux précédents.

La deuxième bonne nouvelle de ce jour de mai 1989 était qu'il existait une personne pour m'aider à reprendre le chemin de l'aventure collective. L'un sans l'autre, rien n'aurait bougé dans ma vie confortable. Les deux ensemble, je repartais au quart de tour. Hocine Aït Ahmed se tenait au fond de la salle, attentif et discret. La silhouette longue et dégingandée, les cheveux gris, il me tendit la main dans un geste large et amical, me regardant droit dans les yeux, avec un intérêt bienveillant. Ce héros aimable à l'allure de jeunesse éternelle me séduisit dès le premier regard. Il m'accueillait avec enthousiasme comme il accueillait — je le constaterais plus tard — toutes celles et ceux qui le rapprochaient de la société civile qu'il cherchait. La politique, il y croyait sûrement ; les femmes, les intellectuels, les jeunes, il y croyait davantage. À partir de cette rencontre, je crus que tout redevenait possible. Ce qui se passait dans la salle et ce que je devinais chez cet homme, qui semblait si différent des hommes politiques algériens que j'avais croisés, me faisaient accepter sans hésitation sa proposition de me joindre à son parti, moi qui n'avais aucune appétence pour les appareils. Après toutes ces années passées en retrait de mon pays, je rentrais à la maison avec une ferveur dont je ne me croyais plus capable.

Quelques mois après cette rencontre, toutes les chances de la démocratie étaient consommées. Le 26 décembre 1991, les résultats des premières élections législatives pluralistes tombaient comme un couperet. Le Front islamiste du salut l'emportait avec quatre-vingts pour cent des voix. J'avais beau tourner dans tous les sens les pourcentages des votants, des abstentions, des bulletins nuls, le constat que seuls vingt-cinq pour cent des inscrits avaient voté pour le FIS n'amoindrissait en rien le choc. Le parti islamiste sortait vainqueur des élections législatives à une écrasante majorité. Quel cauchemar! L'Algérie islamiste, sur le modèle de l'Iran! Depuis l'annonce des résultats, je pleurais sans discontinuer. Les larmes coulaient malgré moi, doucement et inextinguibles. Des pensées inavouables m'obsédaient jour et nuit. Je ne cessais de répéter : «Le pouvoir n'a même pas truqué les résultats!» Lui qui avait tout manigancé depuis le début, pourquoi avait-il tout lâché d'un coup? Pourquoi avait-il laissé les urnes sous le contrôle exclusif du FIS? Il avait mis le pays sur une corde raide et retiré le filet au plus fort de ces jeux de cirque qu'avaient été les mois fulgurants de la démocratie en Algérie.

J'étais abasourdie par la peur de voir mon pays tomber aux mains des fous de Dieu. Pourtant, j'essayais de lutter contre l'aphasie qui m'avait envahie. Nous redoutions le pire; il était arrivé. Aït Ahmed n'avait cessé de dénoncer la manœuvre du pouvoir consistant à nous enfermer dans un choix entre lui et les islamistes. Mais d'avoir eu raison n'enlevait rien à la douleur du présent. De Paris, j'étais pendue au téléphone avec Alger. «La place des Martyrs, me disait-on, est couverte de barbus en gandoura, accroupis à même le sol! Si tu n'as pas vu ça, tu ne peux pas comprendre!» Je partageais ma peur avec ma famille et mes amis restés en Algérie, mes jeunes cousines, mes nièces : «Je préfère trouver un char devant ma porte qu'un barbu!» Nous nous abîmions dans des querelles douloureuses, nous nous opposions en pleurant. Je continuais à essayer de convaincre, avec l'énergie du désespoir, eux là-bas et moi ici : «Vous ne voyez pas que l'on veut nous faire peur, que tout cela est manipulé depuis le début? L'armée se pose en sauveur d'un danger qu'elle a créé. — C'est facile de parler de Paris.»

Non, ce n'était pas facile d'être à Paris, avec mes êtres chers en Algérie. Et l'Algérie restait mon pays, si loin que je sois. Simplement, d'être à Paris me donnait du recul : «Il ne faut accepter ni les uns ni les autres, ni les militaires, ni les islamistes. Il faut faire confiance à la Constitution. — La Constitution? Tu te crois en France! — Le président peut dissoudre l'Assemblée! — Qui te dit que le président n'est pas islamiste? — Les militaires pourront toujours intervenir le moment venu! — Il y a aussi des islamistes dans l'armée! — Pas maintenant! Personne ne croira plus à rien!»

À Alger, la situation évoluait d'heure en heure. Dès le lendemain des résultats, le 27 décembre, l'armée instaura un «Comité national de sauvegarde de l'Algérie». Une pétition, signée par de nombreux militaires, exigeant l'arrêt du second tour des élections circula immédiatement. Leur scénario se mettait en place. Dans une conférence de presse pathétique, Aït Ahmed appela les Algériens à descendre dans la rue pour dire leur refus de l'intégrisme et des militaires. Les Algériens répondirent en masse. Le 2 janvier 1992, la grande marche pour la démocratie réunit un million de personnes dans les rues d'Alger, venues de tout le pays. « Le peuple debout contre le peuple à genoux », écrivait un journaliste français, ajoutant : « Alger 91 a mieux réagi que Berlin 34. » Le peuple debout affluait de partout et de tous les partis politiques, enterrant les querelles byzantines du multipartisme balbutiant. La manifestation soulevait un immense espoir. Les manifestants se retrouvaient au coude-à-coude sur le boulevard du Front de mer et faisaient reculer la peur. On n'avait plus vu autant d'hommes et de femmes dans les rues depuis les foules en liesse de la libération. Le leader du FFS se présenta au balcon de l'hôtel Aletti pour répondre aux cris de la foule. Vive et rebelle comme notre désir de liberté, la crinière argent du fils de la Toussaint flottait comme un drapeau au vent marin.

À Paris, nous étions suspendus aux nouvelles. Rue Monge, je trouvais le bureau du FFS plein de monde et de fumée. Nous attendions fébriles un appel d'Alger. Au fur et à mesure que les heures de la nuit avançaient, des Algériens de Paris, des femmes, des hommes, des jeunes, des moins jeunes, des étudiants, des chauffeurs de taxi, des cafetiers, du FFS ou pas, nous rejoignaient, désemparés et orphelins.

Quand enfin Hocine Aït Ahmed nous appela pour nous faire partager l'enthousiasme des camarades d'Alger, leur détermination à continuer à se battre, je fondis en larmes, de réconfort cette fois. «Combien étiez-vous? — C'est la plus grande manifestation qu'on ait vue à Alger depuis l'indépendance. Nous étions au moins neuf cent mille, un million. Courage, tout n'est pas joué.» L'AFP dira quatre cent mille. Dans Alger, la peur montait. Les islamistes attendaient, fébriles, de recueillir les fruits de leur victoire. Sur la place des Martyrs, leur rassemblement grossissait. Les hommes arboraient la barbe funeste. Assis à même le sol, ils étaient là pour une démonstration de force. Ils s'installaient et bivouaquaient, hommes, femmes et enfants, antique smala aux portes de la ville.

La décision des militaires d'arrêter le processus électoral fut sans doute précipitée par la manifestation du 2 janvier qui propulsait pour la première fois sur le devant de la scène algérienne un pouvoir citoyen, debout, nombreux et uni. Les choses prenant un cours incontrôlable, le pouvoir mit en branle son plan de la peur : «Eux ou nous!» Le peuple debout pris de panique, doutant de sa capacité à défendre ses choix, se tourna dès lors vers les militaires, et la grande manifestation fut vite oubliée. Le pouvoir sonnait la fin du spectacle. Chadli, le président souriant, était débarqué. Le 12 janvier, l'état d'urgence était proclamé en même temps que le deuxième tour des élections était annulé.

«Pour que rien ne change, il faut que tout change.» Le cynisme de ceux qui avaient la mainmise sur le pays depuis sa création éclatait au grand jour. Dès 1988, le vieux pouvoir avait investi la place : la presse, les associations, les droits de l'homme, jusqu'aux partis politiques. Les mauvaises habitudes restaient. Quand, quelques mois auparavant, Hocine Aït Ahmed m'avait dit qu'ils ne nous laisseraient pas aller jusqu'au bout, j'avais cru qu'il exprimait une vieille et très personnelle rancœur.

Ainsi furent enterrées les premières élections législatives pluralistes algériennes. Le peuple algérien tenu en laisse pendant tant d'années, pour rejeter ceux qu'il haïssait, se laissait reprendre au lasso — passant du populisme tiers-mondiste à son *alter ego,* le populisme religieux —, allait de l'autoritarisme au fondamentalisme.

Nous nous étions réveillés groggy, aussi éberlués que le Premier ministre annonçant les résultats à la télévision, le nœud papillon de travers. Comme certains, il avait espéré un raz de marée des indépendants, une révolution de velours à la pragoise. Plus d'un s'était pris pour Vaclav Havel et avait rêvé de l'Algérie comme d'une Tchécoslovaquie libérée. Naïfs que nous étions, et deux fois naïfs quand nous nous étonnions de l'attitude des Occidentaux après la reprise en main des militaires. Nous avions cru en la solidarité de ceux qui avaient fait tomber le mur de Berlin. Mais la mort de cinq cents jeunes, la manifestation d'un million de femmes et d'hommes ne leur suffisaient pas pour croire à la cause de la démocratie et de la liberté en l'Algérie. Nos morts et nos désirs étaient dérisoires : ils croupissaient au-delà du mur de la raison occidentale. Malgré les velléités de quelques politiques et diplomates qui exprimèrent de l'empathie pour notre sort, on entendait affirmer de partout que ce pays n'était pas encore mûr pour la démocratie et la liberté. Nous étions non seulement vaincus, mais seuls. Seuls comme ce dimanche place de République, à Paris.

Après le succès de la manifestation du 2 janvier, nous avions repris espoir, et, le dimanche suivant, le 5 janvier 1992, avions appelé à un rassemblement, à Paris, place de la République. Nous étions peu nombreux, ce premier dimanche de l'année nouvelle à dénoncer la manœuvre du pouvoir et le coup d'État militaire. Qu'importe si nous n'étions pas plus de cinq mille à affirmer notre attachement à la démocratie ! ça compterait avec le temps ! Aït Ahmed était seul quand il avait quitté l'Assemblé constituante, en 1962. Nous pouvons dire aujourd'hui que tous les Algériens n'avaient pas accepté pour autant la machine à broyer qui s'était mise en place, faisant de la libération le fossoyeur de la liberté. Trente ans après, nous étions des mille et des cents à lui emboîter le pas. Ferhat Abbas aussi était seul quand il décida de quitter son fauteuil doré de président de l'Assemblée constituante pour protester contre la conduite de Ben Bella, qui se fichait pas mal de la Chambre des représentants du peuple et avait fait préparer une constitution par les hommes du FLN. Le vieux leader avait quitté la scène publique pour sa maison, choisissant l'exil intérieur. Mettant un terme à une longue vie de lutte, il avait emporté avec lui tout un pan de notre histoire qui serait jeté aux chiens par les nouveaux maîtres. Les Français n'avaient pu le juguler; il fut réduit au silence par les siens.

Aït Ahmed et Ferhat Abbas laissaient des petits cailloux blancs sur le chemin de la liberté sur lequel nous nous engagions, nous aussi, en refusant la solution du putsch. Ils étaient l'honneur de notre histoire. Mais qui savait en Algérie que tous deux avaient quitté l'Assemblée constituante pour essayer de sauver la démocratie, ce mot encore si étrange dans l'Algérie d'alors? Quand, dans nos livres d'histoire, rognant un peu d'espace sur les héros certifiés et les faux prophètes, ouvrirait-on un chapitre sur la démocratie et ses pionniers en Algérie, sans oublier les jeunes montés au maquis en juin 1956? Des pages courtes, mais si lourdes d'espoir qu'elles suffiraient aux recommencements de nos utopies.

J'avais passé la matinée, perchée sur un camion, place de la République, un porte-voix à la main. Les camarades refusaient de m'aider à descendre. «Reste là-haut, parle! il faut occuper la foule!» Quelques jours plus tard, j'étais convoquée par le directeur général de l'Unesco. Assise dans le bureau de Daniel J., son chef de cabinet, qui était aussi mon supérieur hiérarchique, au septième étage du palais : «Comprenez bien ce que je vais vous dire. Ce que vous faites est très bien. Le directeur général approuve le combat que vous menez, mais vous devez le protéger. Vous devez comprendre que vous êtes dans une organisation intergouvernementale et que vous devez prévenir toute protestation de la part de votre gouvernement. Utilisez un nom d'emprunt, comme beaucoup le font.» Le jeune énarque français, brillant comme savent l'être ceux de sa caste, tenait sur ses genoux un dossier ouvert. Je reconnus immédiatement la lettre anonyme qui dénonçait mes prises de position sur le putsch militaire; j'en avais reçu une copie. Il n'en fit pas usage pendant notre entretien, ni après. M'attendant au pire, j'étais surprise par le ton amical de mon interlocuteur, auquel je répondis : «Dites au directeur général que je le remercie de sa compréhension. Je sais que j'ai enfreint l'obligation de réserve. Je ne cherche pas d'excuse, mais il y a des moments où l'on ne peut pas dire non.» Dans le bureau calfeutré, devant cet homme élégant et courtois, avec qui j'entretenais habituellement une complicité de bon aloi, je réalisais soudain que mon statut de fonctionnaire international, mes airs nonchalants de cosmopolite ne pesaient pas lourd devant la brutalité des événements.

«Je comprends votre désarroi, me dit Daniel. Croyez que pour moi, comme pour beaucoup, c'est un choc. Mais appelez-vous à la poursuite des élections?» Je répondis : «Oui», faiblement, sans pouvoir en dire plus. L'annulation du second tour des élections en Algérie soulevait une tempête en France, au sein de la gauche en particulier. Les uns et les autres se déchiraient. Les hérauts de la liberté, n'écoutant que leur hantise de l'islam, volaient au secours des militaires putschistes. Je me trouvais bien loin de ces joutes oratoires. L'amertume devant le gâchis qui nous poursuivait comme un destin funeste me maintenait silencieuse. En quelques semaines, le sursaut d'espoir de la marche pour la démocratie était vite retombé. L'épouvantail islamiste savamment dressé contre les fragiles tentatives démocratiques avait rempli son rôle, et la société civile introuvable s'était jetée dans les bras des militaires. Le piège du pouvoir se refermait. J'avais de plus en plus de mal à suivre les discussions qui animaient tous les lieux.

La question du chef de cabinet m'était posée sans répit. Je répondais obstinément : «Ni les militaires, ni les islamistes.» Dès les premiers instants, j'avais compris qu'il n'y avait malheureusement plus grand-chose à faire, que nous étions pris dans un incendie et qu'il était difficile de refuser l'aide des militaires, les seuls pompiers à l'horizon, tout pyromanes qu'ils étaient. Le pouvoir retrouvant une légitimité perdue, le jeu de massacre pouvait commencer. Les Algériens étaient dressés les uns contre les autres. Chaque parti devenait un camp retranché. Le mien, le FFS, étant contre le putsch, nous n'étions pas loin d'être pris pour des traîtres. Comme Jérémie annonçant la destruction de Jérusalem, nous étions honnis. Une fois de plus, Hocine Aït Ahmed avait eu raison avant tout le monde : nous fûmes sommés de choisir entre les militaires et les islamistes. Contre le flux grossissant des «pro-putsch», je persistais à croire qu'il était aussi important de refuser le «eux ou nous» que de m'être engagée quelques mois plus tôt aux côtés du leader du FFS. Je me sentais très seule au milieu de mes amis et de ma famille ; heureusement que les camarades du FFS étaient près de moi. Dans ces moments difficiles, je comprenais toute l'importance d'être engagée dans un parti. Ensemble, nous retrouverions le sens de l'action politique. En pensant à eux, sous le regard amical et plein de compassion de Daniel J., je parvins à repousser ce moi prêt à s'effondrer en pleurant dans un fauteuil de cuir souple et, le regardant dans les yeux, repris aussi fermement que je le pouvais :

« Nous devons refuser le coup d'État et défendre l'idée que l'Algérie aussi a droit à la démocratie. Si nous sommes nombreux à résister à la reprise en main du pays par les militaires, ils finiront bien par comprendre qu'ils doivent accepter de laisser le pouvoir à d'autres s'ils ne veulent pas que le pays explose. Nous devons être unis pour faire reculer les islamistes, mais aussi pour faire rentrer les militaires dans les casernes. Il y a en Algérie des femmes et des hommes capables de prendre leur destin en main. On ne peut pas accepter de revenir en arrière ; ça serait pire qu'avant, car cette fois on n'aura même plus l'espoir d'un changement.

— Mais comment parler de démocratie pour l'Algérie dans les conditions actuelles, et que signifie la démocratie quand elle porte au pouvoir des antidémocrates ?

— Vous oubliez la marche du 2 janvier. Certes, il y a un danger, un risque, mais faut-il pour autant accepter comme une fatalité que dès qu'un espace de liberté s'ouvre, il soit occupé par les forces les plus rétrogrades? Faut-il accepter comme une fatalité l'alternative armée/FIS? Ne vous y trompez pas, les militaires vont faire payer très cher leur protection!

— Êtes-vous au moins d'accord qu'un deuxième tour ne pourrait que confirmer la prise de pouvoir par les islamistes?

— Je sais qu'il n'y a rien à espérer d'un deuxième tour, mais la récupération par les militaires de cet échec avec le soutien des démocrates est encore plus dangereuse.»

Il me regardait, et je voyais dans ses yeux de la commisération. Il allait falloir que je m'habitue. Il enfonça le clou : «Vous ne pouvez pas faire grand-chose, me dit-il, résumant la pensée ambiante. Les consultations électorales libres mèneraient directement à des régimes islamistes dans votre pays, comme dans les autres pays arabes. Les régimes forts, les militaires chez vous, sont le seul rempart contre l'islamisme.» Une amie française, Andrée A., féministe et socialiste elle aussi, la femme de l'ambassadeur de France en poste à Alger, avait déjà essayé de me convaincre en disant : «La chance de l'Algérie, c'est d'avoir des militaires démocrates.» J'enrageais! de tels raisonnements, surtout de la bouche d'hommes et de femmes de gauche! Les critères d'analyse qu'ils appliquaient à leur monde n'étaient donc pas valables pour l'Algérie? De même, j'enragerais de voir certains intellectuels français, aveugles à la nature fasciste des partis religieux, FIS en tête, les considérer comme des forces d'opposition respectables parce qu'ils exprimaient

une opposition à des régimes ayant perdu leur respectabilité. Et dire que ces mêmes intellectuels
nous avaient enseigné l'universalité !

C'était ce qui se passait de plus en plus, jusque
dans ce bureau : «Y a-t-il une autre sortie que la
reprise en main par les militaires?» À cette question biaisée, presque tout le monde en Algérie et
ici répondait que seuls les militaires pouvaient sauver le pays des islamistes. Ça semblait évident,
accepté, à contrecœur le plus souvent. Mon interlocuteur le pensait sûrement lui aussi. Pour se
dédouaner à ses yeux comme aux miens, il invo-
quait le réalisme : «La réalité est là, non?» Je
connaissais cet argument. Tous les jours, dans mon
travail contre les inégalités, la prostitution, les traditions, je pouvais constater que, quand on renon-
çait à se battre, on opposait la réalité aux principes.
La réaliste, c'était pourtant moi : «Ne voyez-vous
pas qu'on vient de tuer l'idée même de démocratie, la seule chose qui restait à défendre dans ce
pays où les hommes et les femmes, surtout les
femmes, ont perdu l'espoir, après plus d'un quart
de siècle de régime à parti unique? Comment vou-
lez-vous défendre cette idée auprès d'un peuple
qui, après avoir voté pour la première fois, s'en-
tend dire : "Vous avez mal voté!"? En dix-huit mois
de pseudo-démocratie, on a fait plus de mal à ce
pays qu'en trente ans de pouvoir sans partage.
C'est l'idée même de démocratie qu'on enterre, et
plus encore celle de politique. »

Sans s'en rendre compte, le chef de cabinet
adoptait la même démarche que les militaires et

m'enfermait dans l'alternative infernale que les putschistes avaient tendue au peuple paniqué : «C'est eux ou nous!» Cette question, et à travers elle l'histoire, je le sentais bien, me mettait au pied du mur. Nous étions dans l'impossibilité de reculer. Comme souvent, quand j'arrivais au bout du raisonnable, je m'accrochais à l'histoire du petit caillou blanc sur le chemin de la démocratie : «Notre rôle est de transmettre l'idée d'un possible différent, notre conviction que la démocratie est la seule solution.» Je retenais de toutes mes forces ma dernière utopie algérienne, je me répétais : «Nous n'avons pas la possibilité de savoir si c'est utile ou non, mais il faut continuer, pour nous, pour les autres, ceux de demain, qui reprendront le chemin là où nous aurons pu le mener, le plus loin possible, sûrement pas au but.» Depuis le début du drame j'avais des accents de prophète.

«Vous donnez donc aux islamistes la possibilité de prendre le pouvoir en Algérie? m'interrompit Daniel.

— Mais je ne veux pas donner le pouvoir aux islamistes!»

J'étais d'autant plus étonnée de sa remarque qu'il connaissait parfaitement mon opposition aux intégristes. Il avait dû plus d'une fois intervenir dans mon travail pour tempérer mes attaques contre les islamisants et fondamentalistes de tout poil qui s'étaient infiltrés dans le système onusien. Il me regardait, perplexe. Oubliant sa mission, il m'interrogea avec anxiété, comme le feront plus tard mes amis :

«N'avez-vous donc pas peur de ce que pourrait faire un pouvoir islamiste aux femmes? Elles seront leurs premières victimes, non? Comme en Iran.

— Les femmes! Parlons-en, des femmes! Le pouvoir a déjà accompli les prophéties des islamistes à leur sujet. Ce qui gêne le pouvoir aujourd'hui ce n'est pas ce que sont les islamistes. Sur les mœurs, l'école, la culture, la rue, les femmes... les islamistes ont déjà obtenu ce qu'ils voulaient par accointance avec le pouvoir. La seule chose qui gêne ce dernier, c'est que les islamistes veulent prendre sa place. Le pouvoir, et c'est son mode de fonctionnement depuis le début, n'a aucune stratégie politique, il n'a que des stratégies de pouvoir. Il a passé des pactes non écrits avec les différents groupes, avec les islamistes, mais aussi avec nous. Le FIS vient de rompre ce pacte en réclamant le pouvoir pour lui seul. C'est là-dessus qu'ils s'opposent; sur les femmes, ils sont d'accord.

— Mais vous savez bien qu'avec les islamistes ça sera pire! Concrètement, vous, en tant que femme, ne me dites pas que vous n'avez pas peur de l'arrivée du FIS au pouvoir! »

«Avez-vous peur?» : la même question m'avait été posée par un journaliste quelques semaines auparavant au cours d'une émission de télévision française en duplex avec Alger dans le cadre des élections législatives. Je me trouvais à Paris, à l'Institut du monde arabe, aux côtés de son président, Edgard Pisani, et un chef d'un parti islamique modéré. À Alger étaient réunis Aït Ahmed, un cacique du FLN et le président du FIS, Abassi

Madani. L'émission était très attendue en Algérie. On estima que cinq millions de personnes la suivirent. J'ai passé des jours pendue au téléphone avec les associations, de femmes surtout, car je savais que je serais attendue sur cette question, et aussi que je serais vue sur fond de femmes voilées. Le corps voilé des femmes était au centre du séisme qui touchait l'Algérie. Il occupait tout l'espace des médias occidentaux, paniqués et fascinés en même temps, spectateurs médusés de la transformation de l'Algérie socialiste en avant-garde de la lutte islamique dans le monde. Dorénavant, de nombreuses femmes algériennes étaient voilées de noir jusqu'aux ongles et, comme des nuées de corbeaux, envahissaient les rues d'Alger. Elles étaient nombreuses dans les manifestations islamistes. J'étais atterrée, je ne les comprenais pas, je ne pouvais pas les comprendre. C'était en pensant à elles que j'étudiai mon aspect. Je choisis une veste rouge, stricte mais largement ouverte sur la poitrine. Mon plan fonctionna au-delà de mes espoirs puisque certains me dirent qu'ils avaient vu ma poitrine, ce qui était impossible : j'avais pris la peine de porter un justaucorps de soie noire sous ma veste. En ces jours funestes, une femme algérienne dévoilée, ça ressemblait à une transgression. Quand je parlais, l'homme à la barbe rousse, au poil ras et frisottant, le corps replet dissimulé sous une gandoura blanche froissée, le président du FIS, se balançait d'avant en arrière, les genoux écartés sous son vêtement. Son buste allait et venait dans une mimique caractéristique des récitants du

Coran. Abassi Madani semblait psalmodier en levant les yeux au ciel, comme effrayé par une apparition satanique. De quelle incantation usait-il pour conjurer mes paroles ?

Une séquence d'actualités tournée dans les rues d'Alger montrant des milliers d'islamistes barbus en chemises blanches vociférant et criant les noms du prophète Mohamed et d'Allah fut projetée au début de l'émission. Je sentais que le journaliste, du genre teigneux, me regardait avec des yeux froids de voyeur et qu'il voulait me faire trébucher. Immédiatement après le passage de la séquence, il s'adressa à moi, brutalement : « Vous avez peur ? » Sans hésiter, je répondis : « J'ai peur depuis longtemps. » Cela n'empêchait pas les islamistes de me faire peur. Quelques jours avant, j'avais été confrontée à eux. Au moment de sortir de chez moi, à Alger, au centre-ville, en plein jour, je dus reculer et rester cachée dans l'entrée de mon immeuble, effrayée. Ils remontaient la rue dans une de leurs manifestations qui se multipliaient et grossissaient de jour en jour. Ils étaient devenus les maîtres de la rue. Ils avaient les yeux cernés de khôl, et ce que je vis dans le regard de ces hommes ce jour-là me colla à la peau une angoisse gluante, lourde à porter. Tous les efforts de compréhension que j'essayais de faire en ce temps où personne ne voulait écouter personne sautaient en éclats. Ils avançaient dans une uniformité sans faille, atomes maillés de la même bête. Une armée implacable.

La peur ! C'était à présent la même question que me posait le chef de cabinet, et il touchait juste.

J'avais peur, mais ce qu'il ne pouvait réaliser c'est combien j'avais mal, combien j'étais en colère. Pour moi la question des femmes était une blessure ancienne qui se rouvrait à la vue de ces milliers d'Algériennes en tchador noir. Ce que je n'avais jamais voulu regarder en face s'imposait alors qu'il était trop tard : la trahison des grands frères nous avait menés à ce désastre national. Le mépris pour les femmes avait été la forfaiture la plus lourde commise par les «révolutionnaires algériens», mes amis. Dans ces moments de chagrin, je sentais monter en moi le chant douloureux des femmes de mon pays, mes sœurs dans l'adversité : soumission, mépris, discriminations, ségrégations, polygamie, exclusion économique, violences conjugales et publiques... étaient leurs récompenses pour s'être battues avec tant d'humilité. La guerre contre le fondamentalisme islamique qui commençait nous trouvait installées sur le front depuis longtemps, particulièrement depuis l'indépendance dont nous avions tout espéré et rien obtenu.

Les hommes, triomphant de l'histoire, qui avaient pris le pouvoir en Algérie, oubliaient que, dans les temps terribles de la dépossession, quand tout un peuple, ou presque, se nourrissait d'orge, s'ils avaient pu continuer à rêver d'être des hommes, c'était grâce aux femmes. Petits hommes meurtris, vos femmes miraculeuses avaient fait de vos maisons, maisons des pauvres, maisons des riches, des citadelles imprenables. Hommes dépossédés de tout, vos femmes aux ventres généreux avaient su panser les blessures de l'humiliation du Français en s'offrant à vous comme ultime territoire. Femmes paysannes dont les fils, les maris et avant eux les pères et les frères avaient émigré, depuis et pour longtemps, pour toujours parfois ; femmes de ménage revêtues du *haïk* blanc, qui, à l'heure du laitier, s'enfonçaient dans les beaux quartiers de la ville européenne pour laver, épousseter — il n'y avait du travail que pour vous, dans la ville coloniale. Plus tard, dans les camps de regroupement, les prisons, les hommes, jeunes et moins jeunes, vous laisseraient seules. Femmes à l'arrière du front, dans les villes et dans les montagnes, femmes déportées, emprisonnées, torturées, violées, exécutées comme des hommes. Forfaiture ! Ce mot seul me venait à l'esprit pour dire ce qui s'était passé en 1962, quand tous les serments avaient été bafoués.

Alors que le nouveau pouvoir bouleversait tout, qu'il chassait les plus faibles que lui de leurs maisons, de leurs terres, de leurs commerces, de leurs usines, de leur langue, de leur mémoire, qu'il prétendait faire la révolution sur tous les continents, qu'il se gargarisait de slogans, qu'il s'abreuvait à son héroïsme jusqu'à l'ivresse, il refusa ; archaïque, dévoré par lui-même, empêtré dans des habits d'antan, nourri des rêves creux d'un retour au passé, pérorant sur son courage et sa dignité, boursouflé d'identité et de haine de l'étranger, sûr de sa supériorité, imbu de la mission de guider le peuple et le pays, il refusa aux femmes algériennes le droit à la dignité. Le peuple algérien n'était pas prêt, entendait-on dans les hautes sphères. La Constituante avait reconnu l'égalité en droit de tous les Algériens, mais, comme saisie par le vertige de cette trop grande audace, elle avait placé toutes ses lois sous la coupe de l'islam. Alors, cette loi solennelle, la première des hommes de cette terre, qui aurait dû proclamer au monde entier que nous étions enfin libérés des Français et de nous-mêmes, qui aurait dû recevoir à bras ouverts la société nouvelle née dans les maquis et les exils, grandie par l'injustice et le courage, rata son rendez-vous avec l'histoire. Le pays se referma dès lors sur lui-même, devenant de jour en jour aussi sec et stérile qu'un bourgeon brûlé par un trop grand froid en plein printemps.

La fin des apparences

Pour les femmes, tout fut consommé dès les premiers instants. Nous étions humiliées jusque dans les enceintes sanctifiées. L'Assemblée constituante, déjà, était le théâtre de manifestations violemment sexistes. Des femmes, et non des moindres, des résistantes, y étaient insultées. L'une d'elles fut giflée pour on ne sait quelle raison. La gifle fit peu de bruit, la victime, comme toute femme battue, demeura silencieuse, et le drame resta confidentiel, ou presque. Une autre héroïne fut traitée des noms les plus orduriers parce qu'elle avait épousé un avocat français qui avait fait partie du collectif de défense du FLN. Il s'était fait musulman par amour, mais la tribu qui n'aime pas ses femmes, ne tolère pas qu'on les aime. Leur titre de gloire de «moudjahidètes» comptait peu dans le jeu politique qui se mettait en place. Elles ne furent jamais entendues, ni dans la Constituante, ni dans les assemblées qui suivirent. Ni elles, ni aucune autre femme algérienne, résistantes de l'ombre qui ne reçurent aucun titre de gloire, et elles étaient nombreuses, sans parler de celles qui ne l'avaient pas fait parce qu'elles étaient trop jeunes, mais qui crurent que la liberté arriverait sur la croupe de la libération du pays. Toutes, citoyennes en stand-by, nous avions épousé les yeux fermés les promesses des grands frères et avions toutes été trahies.

J'entrais dans le temps difficile de la fin des apparences. Les grandes sœurs, que j'avais regardées avidement pour prendre un peu de leur destin étoilé, les héroïnes s'étaient soumises aux grands frères. Plus même, elles avaient défendu passionnément l'idée qu'elles devaient continuer à soutenir la stratégie du clan, qui saurait, disaient-elles, mener la bataille de la modernité et du bonheur pour les femmes et les hommes de l'Algérie, pour les enfants à venir, comme il avait mené l'Algérie à la victoire. «Un clan qui, plus exactement, avait su mener en Algérie la bataille du pouvoir», aurais-je dû leur dire, si je n'avais pas été confite dans un respect béat, pétrifiée par le regard de Méduse. Les soi-disant révolutionnaires, que plus rien n'excusait à mes yeux, portant la cravate et le pli au pantalon comme autant de contrefaçons de la modernité, arborant enfin leur vrai visage, avaient adopté, en 1984, le code de la famille, après une longue et crapuleuse gestation. Au vu et au su du

monde entier, ils avaient accouché d'une loi ran-
cie par les ans, emportant le pays loin de mes rêves
et de ceux des enfants de l'an I de la révolution
algérienne.

Ils nous ont humiliées. Pour les représentants
du peuple algérien et pour presque tout le peuple
algérien, ce fut un triomphe. Un peuple qui se ressemble enfin, un peuple réconcilié avec lui-même
et avec ses chefs, sur le corps des femmes. Le
rideau s'était déchiré et avait dévoilé le vrai visage
de ceux qui, en 1962, s'étaient emparés du pouvoir. Cependant, un dernier espoir nous avait retenues, la «démocratie». Désormais, nous savions à
quoi nous en tenir. Pour les temps terribles qui
s'annonçaient, ceux où il faudrait payer la note de
la duplicité des grands frères, nous, les femmes
algériennes, plus que jamais «femmes algériennes»,
ne devions compter que sur la force de notre résistance. L'histoire ne cessait de faire de nous des
héroïnes. Un ami espagnol me disait : «Qu'est-ce
qui vous pousse, vous les femmes algériennes, d'où
tirez-vous cette force? — C'est que, vois-tu, si nous
ne bougeons pas, on nous tue!»

Qu'on ne me reproche pas de parler toujours
des femmes. Sur la scène de l'histoire, dans les
moments tragiques, et ils sont nombreux, ils ne
cessent de se succéder, il n'y a qu'elles; elles, du
début à la fin. Et pour dire ce que je sais maintenant, une fois encore emportée par un cercle circonscrivant qui va trop loin et rompt la chronologie
du récit, les femmes ont sauvé l'Algérie et les
hommes de l'intégrisme. Mais ça, ce sera pour plus

tard. Dans le bureau de la place de Fontenoy, cet hiver de 1992, assise face à Daniel J., dans un fauteuil de cuir souple, lui amical et attentif, j'étais loin d'imaginer que les femmes de mon pays seraient les victimes et les héroïnes d'une nouvelle tragédie. Rompant mon long silence, Daniel hasarde une question qui n'avait plus rien à voir avec sa mission : «Comment expliquez-vous ce qui arrive? Le FIS veut le pouvoir, ça se comprend, mais quatre-vingts pour cent d'Algériens sont dans son camp. C'est là la vraie question, non?» Comment? Pourquoi? Les questions que les uns et les autres me posaient et celles que je m'adressais à moi-même étaient identiques. Elles semblaient tourner en rond sans que quiconque puisse y répondre vraiment. Le travail de dévoilement n'en continuait pas moins son œuvre, et j'étais dorénavant engagée dans une mise à nu que je poursuivais avec lucidité, quels que soient la dureté des questions que l'on me posait et celui qui les posait.

«Comment comprendre ce basculement dans l'intégrisme? poursuivit Daniel le Français. Ce qui arrive s'inscrit en faux par rapport à ce que nous pensions savoir de votre pays. L'Algérie, le peuple algérien, tout ce que nous connaissons de son histoire rendent incompréhensible ce qui arrive. Je crois savoir que vous étiez proche des politiques de votre pays, comment expliquez-vous que l'Algérie ait pu en arriver là? Ce que nous entendions de la bouche des diplomates algériens dans les enceintes internationales, des hommes, et des femmes algériens que nous avons croisés, vous-même, ce que vous êtes, tout nous donnait à croire le contraire de ce qui se passe aujourd'hui.

— C'est à se demander si certains aspects de la modernité algérienne dont vous parlez ne sont pas des séquelles du colonialisme. L'Algérie restera française comme la Gaule est restée romaine. N'est-ce pas à peu près ce qu'a dit de Gaulle ? Pour une part infime d'elle-même, c'est sans doute vrai. C'est cette part infime qui sert d'interface entre le monde extérieur et l'Algérie. C'est cela qui vous a longtemps trompés, et nous aussi d'une certaine manière. Je fais partie de cette part infime, pour répondre à votre question. »

J'ajoutais, craignant d'être mal comprise, et par un Français en plus : « Mais attention, cette part infime a joué un rôle important dans la lutte pour l'indépendance, même si l'idéologie dominante ne lui reconnaît pas de rôle et que, pire encore, elle en fait un bouc émissaire. Voyez-vous, et c'est une pensée longuement mûrie, car je me suis souvent interrogée là-dessus, malgré toutes les avanies que nous avons vécues, il me semble qu'aucun Algérien ne remettrait en cause l'indépendance, et j'ajouterais : surtout pas cette part infime. Si c'était à refaire nous le referions ! C'est ma conviction. »

J'étais à nouveau prise dans les mots gonflés du nationalisme ! Je devais aller plus loin, écouter les pensées nouvelles qu'éclairait le séisme, une vérité difficile, compliquée à dire, mais je poursuivais :

« La guerre de libération a duré trop longtemps. Elle a tué, ou délégitimé, ce qui revient au même, ceux qui pouvaient prendre en charge sans complexe l'héritage de la colonisation, du moins un certain héritage, durement acquis.

— C'est très dur ce que vous dites.

— Ne pensez-vous pas que pour moi aussi c'est dur ? Je passe mon temps à dire et à me dire que notre désir de démocratie, de liberté, d'égalité ne doit rien aux influences occidentales. Je passe mon temps à me démarquer de la culture occidentale, à revendiquer les droits de l'homme pour mon pays. D'ailleurs, je le pense toujours. Si je pensais que ce qui arrive est un retour à la nature, à une nature, à une identité comme on dit trop souvent, cela voudrait dire que j'ai eu tout faux depuis le départ. Il n'y a pas de "nature" en politique, comme il n'y a pas d'identité. Ce que nous vivons aujourd'hui est le résultat d'une longue stratégie pour mener le pays là où il est, à la merci d'un clan.

— Intellectuellement, c'est sans doute vrai, mais, je le répète, quatre-vingts pour cent d'Algériens ont voté pour les islamistes, et il y a un grand nombre de femmes dans les rangs du FIS. Que faites-vous de la religion ? Il ne s'agit pas de "nature", je suis d'accord avec vous, mais de culture, voire d'idéologie, une manière aussi de faire la politique.

— Vous avez raison. Il n'empêche que tout n'était pas joué d'avance. Les islamistes ne tombent pas du ciel ; je dirais que même la religion, telle que la vivent aujourd'hui des Algériens, ne tombe pas du ciel non plus ! C'est le pouvoir qui a tout mis en œuvre pour que le pays s'enfonce dans la religion, pensant ainsi mieux le dominer. Comprenez bien que la religion musulmane, avant d'être l'adversaire des pouvoirs dans les pays arabes, est l'alliée des régimes forts. Elle est un instrument de contrôle idéal, puisque, intrinsèquement, elle interdit pour elle-même le débat intellectuel. Bref, régimes totalitaires et islam même combat! Ça ferait rire, si ce n'était pas si grave, de voir que ces régimes sont contestés par ceux qu'ils ont organisés ou du moins favorisés contre les velléités de démo-cratie de leur peuple. L'arroseur arrosé! Les isla-mistes et les pouvoirs s'opposent avec les mêmes armes idéologiques. Les régimes instaurés à l'occa-sion des indépendances ont fait du tiers-mondisme une forme de populisme social, eux font du popu-lisme religieux. Pour moi c'est la même chose. »

Je sentais qu'il ne me suivait plus sur ce terrain. Pour les Européens, l'islam nous collait tellement à la peau qu'ils en avaient fait notre deuxième nature, peut-être même notre nature entière, et les plus progressistes parmi eux ne voyaient pas ceux qui, comme moi, étaient éloignés de la religion. Ils nous prenaient pour des clones de leur civilisation, nous écoutaient avec compassion, mais ne nous accordaient aucun crédit pour régler les problèmes de nos pays. Alors, que lui dire, que lui dire encore? Que les islamistes aux portes du pouvoir n'étaient pas les cavaliers de l'Apocalypse qu'on voulait bien nous représenter, mais des créatures nées de l'es-prit de ceux qui, pendant quarante ans, avaient tenu le pouvoir de vie et de mort sur les Algériens, un pouvoir qu'ils détenaient d'ailleurs depuis bien avant l'indépendance? Que c'étaient eux qui avaient formé les fous de Dieu et leurs troupes

dans des écoles faites à la mesure de leur ambi-
tion : garder pour eux, et pour eux seuls, l'Algérie,
pour l'éternité, pour eux, mais aussi pour leurs fils,
et les fils de leurs fils ?

Tout s'était mis en place sous nos yeux pour arriver à l'acte final qui se jouait maintenant, le putsch
militaire. Avant que les rues d'Alger ne se couvrent
d'hommes prostrés les vendredis aux abords des
mosquées, avant que la ville ne soit abasourdie par
les haut-parleurs nasillards appelant à la prière,
avant que la foule d'Alger ne soit méconnaissable,
avant qu'un vent de panique générale ne souffle
sur la Ville Blanche, telle Cassandre annonçant la
destruction de la ville quand Troie élevait encore
ses murs orgueilleux, suspects aux yeux de tout un
peuple qui se gobergeait de son identité retrouvée,
nous étions quelques-uns à dire qu'une catastrophe
sauvage et antique nous tomberait sur la tête si nous
laissions l'hydre de l'obscurantisme revêtir les habits
de la religion. Au lieu de lutter contre cette tare
héritée en partie du colonialisme, le pouvoir avait
favorisé et joué de cet obscurantisme pour freiner
la conscience politique des Algériens. Cela n'avait
pas été difficile. Dans les têtes, la religion n'avait
pas besoin d'être imposée. Elle était bien installée,
comme un objet familier, une parente qu'on ne
met pas dehors par respect, par habitude, mais
que l'on n'écoute guère. Un vieil objet familier qui
ne retrouvait un peu d'autorité que pendant les
cérémonies de famille, pour les vieux trucs dont
on avait besoin pour les mariages et les enterrements. C'est peu à peu qu'elle a occupé la place

que le vide politique lui laissait. Quand j'abordais
la question du danger de flatter l'esprit religieux
de la population avec des amis dont certains occupaient des postes importants dans les rouages de
l'État, j'attirais des sourires condescendants : «En
quoi la religion te gêne-t-elle? Est-ce qu'elle t'a
empêchée d'être ce que tu es? Nous sommes musulmans; à quoi la religion est-elle un obstacle?» À
rien, et surtout pas à toutes les contrefaçons de la
modernité qui habillaient le pouvoir. Trente ans
après, nous pouvions voir où nous avaient conduits
les raisonnements de nos hommes politiques. Trente
ans, c'était peu à la mesure de l'histoire d'un pays,
mais beaucoup quand s'étaient accumulées autant
d'erreurs, de manipulations, d'incompétences. Il
n'en fallait pas tant pour réduire un pays à la barbarie de la décennie noire.

Dès que des dissonances ont commencé à se faire
entendre dans la symphonie du socialisme fraternel, et ce dès la prise de pouvoir par Boumediene,
le 19 juin 1965, contre toutes et tous, le pouvoir
utilisa cette arme de destruction massive que nous
n'avions pas encore identifiée : la religion. La religion devenait l'alliée secrète des tacticiens du pouvoir, ce même pouvoir qui, à présent, faisait mine
de protéger une République à laquelle il n'avait
jamais cru. Dès la fin des années 1960, contre les
frondes qui s'annonçaient, il se servit de l'islam
pour verrouiller la société civile — ou bien agissait-
il par conviction profonde, par duplicité? Qu'importe! Stratégie de pouvoir ou conviction, le résultat

était le même : calamiteux (*calamiteux,* adjectif :
grand malheur public ; *Petit Robert,* 1967).

Laissant errer mon regard sur les Invalides et son
dôme qui dressait ses ors dans le ciel gris de Paris,
j'observais à mes pieds se dérouler la géométrie parfaite des jardins à la française. Tout était équilibre,
beauté et raison. Mais ce n'était plus mon monde.
Je me laissais submerger par le ressentiment, cette
maladie à laquelle j'avais échappé à ce jour. Je pensais que notre conversation était terminée, mais
mon interlocuteur ne me lâchait pas :

«Je veux bien entendre ce que vous dites. Intellectuellement, je partage votre point de vue. Mais
si cette longue stratégie du pouvoir, comme vous
dites, a été possible, c'est que la population algérienne avait la même idée que lui de la religion et
de la place qu'elle devait avoir dans la société. En
France, par exemple, on ne pourrait pas faire ce
type de manipulation. Ça ne veut pas dire que la
tentation de le faire n'existe pas, mais que, justement, il y a les institutions démocratiques pour la
prévenir. Même si ces institutions n'existent pas
dans de nombreux pays, il y a tout de même la vigi-
lance des citoyens. Il y avait bien des résistances
dans votre pays, non ? Les courants marxistes exis-
taient au sein de la jeunesse algérienne ; et les étudiants ? Vous, vos amis, votre famille ? Un pays ne se
manipule pas comme au théâtre de marionnettes.
Qu'une grande majorité d'Algériens, analphabètes,
pauvres, se soient laissé manœuvrer, comme vous le
dites, je veux bien, mais les autres, l'autre Algérie,

celle que l'on connaissait, où était-elle pendant tout ce temps?»

Je ne lui répondis pas que le pouvoir avait gagné parce qu'il avait dans la main deux jokers, un qu'il utilisait de plus en plus ouvertement, l'islam, l'autre dissimulé, mais toujours à l'œuvre : le mépris des femmes et des hommes de l'Algérie. Il nous avait remplacés par une marionnette de chiffon, «le peuple algérien», qu'il agitait pour un oui, pour un non. Et ce avec une intelligence tactique qui ne se démentait pas jusqu'à maintenant et qui expliquait la longévité du système. Vu de l'extérieur, cela pouvait paraître fantasmagorique, un envoûtement général. Même moi, qui avais pourtant vécu aux premières loges cette histoire dans laquelle les victimes impuissantes étaient manipulées du début à la fin, j'avais du mal à y croire. Je préférais m'en tenir aux faits : «Évidemment, la mise au pas de la société civile ne s'est pas faite aisément. Il y a eu des résistances, les femmes, les intellectuels, les étudiants, des syndicalistes. Longtemps les étudiants ont donné du fil à retordre à ceux qui avaient repris le pouvoir par le coup d'État de juin 1965. La liquidation du mouvement a pris plusieurs années, mais ils l'ont poursuivie sans faiblir, sans regret, sans penser qu'ils mutilaient le pays. Et ils ont réussi.»

Je ne lui racontai pas la longue et triste histoire de l'inféodation de l'Université ou comment le pouvoir réussit à tordre le cou à la jeunesse, ni comment l'Algérie révolutionnaire et courageuse, celle qui se souleva contre l'armée française, était tombée dans l'escarcelle du régime et, pendant longtemps, avait applaudi des deux mains au théâtre menteur du nationalisme. La bataille avait été rude. Les faits étaient là. Il y eut des résistances, déclarées, organisées, particulièrement à l'Université, dès le début de la prise de pouvoir par Boumediene. Le lendemain du putsch de 1965, la direction de l'Union des étudiants algériens, l'UNEA, avait pris position publiquement contre les putschistes. Mouffok, son président, devenu leur ennemi, dut chercher refuge à l'ambassade de Norvège — il était marié à une Norvégienne. L'ambassadeur le menaçant d'appeler la police, il dut se cacher. Après s'être terré dans un appartement du Telemny, il prit le train pour Oran puis Oujda et Casablanca. La police de Hassan II, qui avait des comptes à régler avec lui, l'arrêta et le tortura parce qu'il avait hébergé Hamid Barada, son équivalent maro-cain, condamné à mort dans son pays, en exil à Alger. Libéré sous la pression de l'opinion interna-tionale, Mouffok fut sommairement remis en état par les Marocains et ramené à la frontière algé-rienne, où il fut arrêté et torturé à nouveau par la police algérienne. Il alla de prison en prison et sera libéré le 17 novembre 1967, dans un piteux état. Il vit toujours.

La mise au pas des étudiants ne s'arrêta pas en si bon chemin. Le 16 juin 1967, au congrès de l'UNEA, qui se tenait au Centre international de la jeunesse de Sidi Ferruch, près d'Alger, les «intelli-gents» du parti montrèrent leur machiavélique capacité de nuire en même temps que leur double nature. Pour casser le mouvement, ils utilisèrent les étudiants de la confrérie d'El Hamel, étudiants qu'il serait plus juste d'appeler des *talebs,* des initiés religieux, des «talibans», pour employer le mot rendu célèbre par l'islam asiatique. Ils les firent venir en masse pour casser par la base la révolte des étudiants. À la tribune, c'était l'autre visage du pouvoir qu'ils exhibaient. Le responsable des relations avec les organisations de masse du FLN arborait tous les signes de la modernité révolutionnaire algérienne. Il était beau, portait un pull à col roulé blanc de laine torsadée. Les *talebs* d'une main, le jeune apparatchik de l'autre, la résistance fut vite brisée et les revendications furent enterrées.

L'année d'après, en 1968, les étudiants d'Alger, comme ceux de Paris, Rome et Munich, avec autant sinon plus de raisons qu'eux, s'insurgèrent. Ils occupèrent la fac centrale, rue Didouche, le 19 mai, à l'occasion de la Journée de l'Étudiant célébrant la grève de 1956. Le mouvement gagna les lycées, et de nombreux établissements durent faire face, pour la première fois, à une rébellion. La grève étudiante était menée par des groupes d'obédience marxiste. Ils étaient petits mais gênants, ils jouaient dans le pré réservé du pouvoir, qui revendiquait l'exclusivité de la paternité du bonheur du peuple, et surtout mettaient en cause la sacro-sainte unité représentée par le parti unique, le FLN. Ces jeunes gens qui disaient avoir lu Marx, pour qui se prenaient-ils? Ils imitaient les Occidentaux, n'avaient même pas fait la guerre d'Algérie et osaient choisir le jour anniversaire de la grève de 1956, «leur» grève, comme le dirent, franchement indignés, des hauts fonctionnaires. Certains d'entre eux, il est vrai, s'opposèrent à la décision de faire pénétrer la police dans l'enceinte de l'université, comme si une dernière pudeur les retenait. Ils ne purent toutefois s'opposer à l'envoi de commandos de dockers par le responsable de l'appareil du parti, à la grande satisfaction de Boumediene, qui convoqua pour l'occasion tout le corps professoral à la salle des Actes. Un air de grands soirs hantait les lieux, de ces soirs où les chefs veillent au chevet de leur peuple... Tous debout comme un seul homme, ils applaudirent bruyamment quand le chef lança : « On nous dit que l'Université est inviolable ? Eh bien, nous l'avons violée ! » Inutile de s'appesantir sur le caractère subliminal de l'image, s'adressant à une assemblée composée à quatre-vingt-dix-neuf pour cent d'hommes. Je veux bien croire que les rares femmes présentes aient frissonné de peur ! La police entra dans la fac après les commandos de dockers. Les *talebs* et les dockers, les deux masques du pouvoir, dont le premier finirait par lui coller à la peau.

L'année 1968 fut difficile, mais les étudiants restèrent mobilisés. Lors de la Journée de l'Étudiant de l'année suivante, le 19 mai 1969, une réunion de coordination de l'UNEA se tint au cinéma Le Capri. La réunion se termina d'une manière extrêmement violente. Les dirigeants furent arrêtés et incarcérés pour de longues années dans des bagnes du Sud. Les étudiants de cette époque se souviennent encore de l'été 69, « l'été érotique », comme ils disent en souvenir de la chanson de Gainsbourg, qui traînait partout. Tout l'été, la chasse fut donnée aux cheveux longs. Les garçons se faisaient tondre la boule à zéro dans les commissariats, les jambes des filles en minijupes étaient vitriolées par les islamistes qui profitaient de l'occasion pour assouvir leurs fantasmes, à l'approbation générale : «Elles n'ont qu'à pas se promener dans cette tenue !» Bon peuple d'Alger. Tous les jours, il condamnait les Salman Rushdie de son quartier, en commençant par ceux de sa famille. Les policiers trouvèrent des alliés pour partager leur haine des étudiants. Les «frérots» leur prêtèrent main-forte. À la rentrée universitaire, ils obtinrent pour services rendus l'autorisation d'ouvrir une mosquée au sein de la fac centrale. Les autres trouvèrent les jardins de l'université grillagés et interdits. Les jardins n'étaient-ils pas le lieu des turpitudes occidentales, flirts et pique-niques du ramadan ? C'est en 1971 que fut donné le coup de grâce. L'UNEA, dernier bastion indépendant de la société civile, fut dissoute et transformée en Jeunesse FLN étudiante, avec à sa tête des jeunes gens qui se trouvent aujourd'hui au cœur du pouvoir.

On ne racontera jamais assez cette histoire aux enfants. Contre la jeunesse estudiantine, les ex-étudiants, les ex-révolutionnaires, les ex-tout, les «intelligents» avaient diaboliquement encouragé des groupes d'étudiants islamistes à prendre pied à l'intérieur de l'université d'Alger. Pendant qu'ils installaient les mosquées dans les enceintes des facs, ils fermaient les cafés dès le premier jour du ramadan. Les étudiants islamistes, arrogants et sûrs de leur impunité, se pavanaient dans des tenues de prophètes christiques. Mais ce n'était pas tout. Au lieu de voir dans les jeunes gens en colère une promesse pour l'avenir, le pouvoir, pour parfaire son plan, utilisa toutes les armes en sa possession : noyautage, infiltration, arrestations, séduction, marchandage, compromissions, alliances, gratifications. Tout fut bon pour étouffer dans l'œuf l'esprit de contestation de la jeunesse algérienne. Ils ne furent que quelques-uns, mais il faut rendre hommage à leur courage et à leur lucidité : toute une génération fut sacrifiée au délire de puissance qui enivrait les dirigeants de notre pays. Toute la génération post-indépendance fut anéantie ou, ce qui revenait au même, réduite au silence. Ceux qu'on appelait en langage familier la « relève » n'étaient plus les protagonistes de l'histoire. Mais n'était-ce pas justement cette idée de relève que le pouvoir refusait à cause de l'idée pathologique qu'il se faisait de sa mission sur terre : conduire l'Algérie vers son destin ? Pour certains, c'était beaucoup plus simple et moins théâtral, il s'agissait de garder la main sur les richesses du pays.

Cette mise à mort des idées s'accomplit dans une mise en scène grotesque où le folklore révolutionnaire fut une fois encore « surjoué ». Les sorties du chef du parti — j'ai oublié son nom, qu'importe l'histoire non plus ne le retiendra pas —, reprenant le style Ben Bella, accompagnaient le rouleau compresseur du pouvoir. L'homme nous faisait beaucoup rire. *Mea culpa.* Elles ne me faisaient plus rire les sorties du secrétaire général du FLN, car je comprenais soudain qu'elles cachaient l'arme la plus meurtrière du pouvoir : le mépris pour tout ce qui n'était pas lui. Les blagues du cacique du parti mettaient en scène notre misère! Lors d'une tentative de conciliation avec les étudiants, il leur déclara : «Vous, marxistes? J'ai lu *Le Capital* de Marx, dans le texte, *Das Kapital,* je n'ai rien compris, et vous vous voudriez me faire croire que vous êtes marxistes?» Devant les femmes réunies par l'Union des femmes algériennes dans une des grand-messes que l'organisation célébrait bien volontiers à la gloire de la femme algérienne, il dit : «La femme est un sujet profond sur lequel j'aime m'étendre longuement.» Mais aussi : «L'Algérie était au bord du gouffre, elle a fait un pas en avant.» Et encore : «Le plan quinquennal, on mettra dix ans, mais on le fera.» Quel rigolo! C'est lui qui était chargé d'échafauder la doctrine de la révolution algérienne. Sa fonction parmi les hiérarques du groupe fermé de l'austère Boumediene était sans doute d'amuser. Les affaires sérieuses ne passaient pas par le parti. Les stratèges étaient ailleurs.

Tout refluait sous les mauvais coups du sort. Comme un condamné à mort qui, avant que le couperet tombe, revoit en un éclair toute sa vie, j'ai revu toutes ces années avec une précision que je n'aurais pas imaginée. Les événements, les visages se superposaient aux dessins du jardin à la française qui s'étalait sous les murs du palais de l'Unesco. Je m'étais enfoncée à des lieues du bureau de la place de Fontenoy. Des pensées noires se bousculaient et roulaient dans ma tête comme des pierres charriées par un fleuve furieux. Le 27 décembre 1991, jour des élections, avait pulvérisé en moi trente ans de retenue née de la culpabilité de ne pas avoir été entièrement une damnée de la terre. «Tu n'es pas comme les autres!» On m'avait ravi la parole et l'intelligence. Le chagrin et l'amertume m'entraînaient loin des arrangements que j'avais pris avec la réalité pendant de longues années. Je rencontrais l'amertume pour la première fois. Ce sentiment destructeur, que j'avais maintenu à distance grâce à l'espoir tenace de voir enfin éclore en Algérie la liberté, montait à présent en moi comme une nausée bileuse.

Je réalisais alors que je n'étais pas partie, mais que j'avais été poussée, conduite vers la sortie, et le comble, en douceur. Je m'étais leurrée en croyant partir volontairement pour vivre sur un mode égoïste, m'empêchant tout jugement. Comme de nombreux autres, j'avais été chassée de mon pays. C'était à tout cela que je pensais dans le grand bureau de verre. Sur le manège de l'École militaire, les chevaux exécutaient des figures parfaites. «Prenez un nom d'emprunt, pensez-y...» me répéta le chef de cabinet qui me regardait souriant et amical, attendant sans doute de moi quelques mots pour clore cet entretien qui s'éternisait. Il referma la chemise dans laquelle se trouvait la lettre anonyme adressée au directeur général. Son auteur, qui avait voulu m'effrayer, m'avait en réalité aidée à voir clair en moi. Notre entretien était fini. Ce

baroud d'honneur m'avait vidée. Je n'avais pas dit
au haut fonctionnaire que les années passées dans
le palais de verre et de béton au cœur de Paris
comptaient peu pour moi, que j'avais mal à l'Algérie, que je partageais ce malheur avec tous les
Algériens de là-bas et d'ici, ceux de l'émigration,
de la diaspora, de l'exil, les intégrés, les assimilés,
les rebelles des banlieues, les «doubles nationaux»
et tous les autres. Je pouvais changer de nom, je ne
pouvais pas changer de pays ni d'histoire.

Boulevard du Front de mer

Mon désarroi était à la mesure du drame qui
s'annonçait. Tout était en place pour le pire. J'étais
tenaillée par l'idée qu'il n'y avait plus grand-chose
à faire, et pour longtemps. Rien de ce pour quoi je
m'étais engagée, rien de ce que je portais en moi
depuis les années de la fraternité n'arriverait, du
moins dans la mesure d'une vie. La peur donnait
un blanc-seing au pouvoir, et celui-ci faisait passer
par pertes et profits les maigres libertés publiques
acquises en 1988. Les démocrates, du moins ceux
que l'on appelait les «éradicateurs» — triste
contribution de l'Algérie au glossaire démocratique —, avaient beau soutenir le putsch militaire,
ils seraient eux aussi bientôt passés par «pertes
et profits». C'était tout à fait clair, mais ils étaient
les seuls à ne pas le voir. L'inexorable retour en
arrière, au parti unique et compagnie, se mettrait
en branle très vite. Une fois encore, les hommes

du pouvoir sauraient reprendre la main. Ce que je ne savais pas encore, c'est que cette fois ils ne pourraient pas arrêter le drame, ni la violence. La victoire du parti religieux, la panique d'une partie de la société civile, sa répulsion pour l'autre partie d'elle-même, le soutien inattendu aux militaires de celles et ceux que nous pensions être les pionniers de la démocratie, tout cela nous entraîna vers une violence et une haine de soi décuplées par rapport à celles que nous avions portées jusqu'à ce jour. Plus que la faillite politique, c'était une Algérie coupée en deux camps dressés l'un contre l'autre qui nous attendait. Ce fut alors que les islamistes, privés de leur victoire électorale, plongèrent le pays dans une guerre barbare et fratricide. Quarante ans après la guerre de libération, une guerre recommençait, la plus terrible de toutes les guerres, la guerre civile. L'Algérie après l'Espagne, le pays de mon père après le pays de ma mère, mes deux pays tour à tour plongés dans des noces de sang.

Le pire arrivait, dépassant l'entendement. L'atrocité des crimes commis dans mon pays à partir de 1992 me plongeait à chaque révélation dans un silence dont je revenais difficilement. J'étais tétanisée par la folie meurtrière qui nous embrasait et les sommets qu'elle atteignait. Nous sombrions dans une violence aveugle et sans tête, une violence qui éclatait partout. Dans les cuisines des maisons, les cours d'écoles, les salles de rédaction des journaux, les autobus. Les corps des femmes et des enfants n'étaient plus que des objets que l'on tuait, mutilait, brûlait, violait, égorgeait. Les fils devant les pères, les sœurs devant les frères, les mères devant les enfants. On faisait éclater les bébés contre les pierres. On violait des mères si meurtries par le martyre de leurs enfants qu'elles ne sentaient pas les hommes qui les pénétraient, ni le premier, ni le suivant, ni les autres. Ma raison vacillait. Pauvre de nous, peuple de tant de souffrance. Les hommes étaient-ils des dieux pour écrire des pages si cruelles? Si chaotiques qu'aient été nos premiers pas, à les repenser, j'y trouvais un sens. Quelle qu'ait été la brutalité des crises traversées — la guerre de libération et ses règlements de comptes, la suite inévitable des querelles de palais, l'imposition de la loi religieuse aux femmes et leur assujettissement, la corruption, le népotisme, l'arbitraire, l'injustice —, tout cela obéissait à une logique et était de l'ordre des choses, pour peu qu'on acceptât de donner du temps au temps. L'histoire m'avait écrabouillée, mais elle avait un sens. Ce qui nous tombait dessus à présent était innommable.

Comment penser qu'un jour je serais mise devant l'indicible, ce mot que j'ai appris de Hannah Arendt, qu'elle retint pour nous décrire les crimes nazis. Communauté de l'horreur, parenté lointaine certes, mais tout ce qui arrivait sous nos yeux impuissants nous jetait dans la gueule d'un antihumanisme aussi radical que celui que l'histoire avait connu et qui servait d'épouvantail à la conscience. Mon pays, l'Algérie, celle pour laquelle mon père était mort, celle qui m'avait nourrie de son suc, de ses odeurs, qui avait rempli de merveilles mes yeux d'enfant et, plus tard, celle pour

qui j'ai laissé filer mes années de légèreté, était
capable de l'indicible !

Qui, quoi incriminer ? L'immense dépendance
dans laquelle nous avaient tenus les pouvoirs en
place avec pour seules nourritures des produits
génériques, l'école, le journal, la télévision, le parti ?
La glorification populiste des mœurs archaïques et
tribales du vieux pays agraire ? Plus loin et plus
profondément enfouie en nous, la violence, nécessaire et justifiée, de la guerre de libération comme
matrice possible d'une telle horreur ? Rien de tout
cela, et encore moins la religion, ne pouvait expliquer les crimes horribles commis contre des villages
entiers avec une imagination qui laissait pantois.
Rien ne pouvait expliquer les actes accomplis par
des Algériens et des Algériennes sur des femmes et
des enfants algériens, leurs voisins, dans le village
de leur enfance. Rien ne pouvait expliquer tous les
crimes perpétrés en Algérie contre les populations
civiles. Ce vide de la raison était l'aspect le plus
douloureux, non seulement pour ma génération,
qui y voyait la vacuité de ses idées et l'inutilité de
ses renoncements, mais aussi — et ça me meurtris-
sait infiniment — pour les jeunes, ceux qui avaient
aujourd'hui l'âge que nous avions à l'indépendance et pour qui il n'y avait plus d'espoir, ni
ici, ni maintenant, ni demain. Ailleurs, peut-être,
comme ils étaient nombreux à le croire.

Rien ne pourra nous absoudre totalement de ces
crimes. Pourtant, il nous fallait sortir de l'aphasie
qui nous accablait pour essayer de comprendre ce
qui arrivait, pour lever les soupçons qui pouvaient

peser sur tout un peuple et qui étaient intolé-
rables. Dans beaucoup d'esprits en Europe, et en
France principalement, je devinais que la frontière
était fragile entre un passé encore proche, dont la
propagande avait fait des combattants algériens
pour la liberté des fellagas égorgeurs, et ce qui
se passait aujourd'hui. Comment effacer de ma
mémoire cette photo de la guerre d'Algérie, vue
dans une exposition à Paris, organisée pour le cin-
quantenaire du soulèvement algérien de 1954. Prise
par un soldat français, elle montre des prisonniers
algériens que l'on exhibe dans un village, les bras
attachés le long du corps et un couteau entre les
dents? Certains commentateurs allaient jusqu'à
expliquer la folie des hommes d'aujourd'hui par les
rites fondateurs de leur tribu et de leur religion.
Cette idée terrifiante d'une permanence qui plon-
gerait ses racines dans une anthropologie sombre
confortait tant de haines anciennes! Et encore
ceci : je devinais parfois dans le discours désabusé
de mes interlocuteurs que, dans le massacre des
femmes et leur asservissement comme esclaves
sexuelles par les islamistes, ils retrouvaient le trait
pathologique d'une culture, d'une tradition qui
méprisait ses femmes aux yeux et au su de tous.
Quand donc nous regarderaient-ils avec un peu
d'humanité, cette humanité qu'ils prétendaient
détenir exclusivement?

Malgré l'abattement dans lequel je me trouvais,
je continuais à vouloir comprendre et à expliquer
autour de moi. Je refusais violemment l'explication culturaliste pour fonder le fanatisme religieux

barbare qui soufflait sur mon pays. Si j'avais pu croire un tant soit peu à ce sombre portrait, j'aurais quitté mon village, comme mon grand-père espagnol l'avait fait, sans me retourner, j'aurais renié mon pays par désespoir d'être une de ses enfants. C'est dire combien il m'importait de comprendre, pour faire taire ces soupçons qui me hantaient. Pour cela, il me fallait sortir du piège de l'incantation et suivre Assia Djebar quand elle dit, en plein drame, quand l'Algérie faisait la une des journaux, peu de temps après l'assassinat par des islamistes de Kader Alloula, son ami, tué à quelques rues de son théâtre à Oran : « C'est précisément ce que l'on demande aux femmes, à celles qui sont douées de parole et d'éloquence : d'être des pleureuses et d'apporter un certain niveau de lyrisme à la catastrophe et au malheur. Leur rôle traditionnel, c'est cela : une parole après le désastre. Non, je ne pleurerai pas mes amies algériennes. » Pendant ces jours où montaient l'horreur et les vociférations de celles qui portaient avec empressement et talent le masque de tragédiennes que leur tendaient les hommes qui plongeaient le pays dans une guerre fratricide, Assia faisait du silence la seule réponse possible.

Je sais qu'au bout de l'explication il resterait une part irréductible que rien ne pourrait expliquer, une part qui échapperait à la raison humaine. Pourtant, il nous fallait aller jusqu'au bout de cette raison pour trouver celle d'espérer et d'agir. Sortir du silence dans lequel nous avait plongés l'indicible horreur et surtout garder sa mémoire en éveil, comme un outil précieux du recouvrement de soi. Entendre Gramsci, quand il disait : «Qui oublie son histoire est condamné à la revivre.» Recueillir des témoignages, des preuves, comprendre et expliquer à tous, les vieux et les jeunes, ceux qui vivaient ces temps et ceux qui recevraient les secrets de cette guerre infâme, à leur insu, par les chemins obscurs et irrépressibles de la transmission. Rejeter le linceul de silence qui déjà recouvrait ce malheur et dire les crimes, les nommer, même s'il semble qu'aujourd'hui les massacres en masse accompagnés d'actes de barbarie se soient arrêtés et que l'on se dirige vers la concorde civile, même s'il semble aujourd'hui que tout le monde veuille oublier ce cauchemar.

La seule manière de faire cesser le cycle de violence dans lequel l'Algérie est prise depuis des siècles est de dire, expliquer, comprendre, juger et, à la fin, pardonner. Le pardon, non pas celui des chefs pour la communauté des frères, mais celui des victimes. Seul leur pardon peut apporter à l'âme de tous un peu de paix et de réconfort. Le pardon des victimes, quand elles sont encore là, quand elles osent encore se montrer, quand elles ont encore leur raison. Femmes errantes sans regard, violées sur place ou emmenées en esclavage sexuel, encore et encore, jusqu'à la mort ou l'errance, nues, le ventre gravide dans les forêts des maquis des fous de Dieu, vous hantez mon sommeil. Prendre le chemin de la concorde avec comme souci principal la paix des victimes.

Difficile ou pas, il nous faudra un jour apprendre

à dire les bons et les mauvais jours pour construire notre histoire. Difficile ou pas, cela se fera. Déjà, la légitimité du pouvoir, principal artisan de notre silence, a sauté en éclats, de même que la fraternité qui cachait le mensonge de la politique. La douleur nous a ouvert les yeux. Apprendre à dire et à interroger, en commençant par soi : qu'est-ce qui, en nous, a conduit à ce désastre général, moi et ces «nous» fraternels et enthousiastes avec qui je me baladais sur les chemins de l'utopie ? «Où était cette Algérie-là ?» m'avait demandé avec raison le jeune énarque de l'Unesco. Où étions-nous ? La répression de quelques-uns n'expliquait pas tout. Quelle faiblesse, quel manque, quelle faute firent-ils de nous, de tous les autres, et nous étions nombreux, les complices de ce drame ? Je sais que les responsabilités ne sont pas de même nature et que tout un peuple ne peut être tenu pour responsable au même titre et au même niveau que ceux qui ont exercé le pouvoir sans limites. Ceux-ci sont responsables sans limites. Mais qu'est-ce qui leur a rendu la tâche si facile, aussi intelligents soient-ils ? Sont-ils les seuls coupables du reflux d'humanité qui nous a conduits à ce désastre ? Certains d'entre nous avaient les moyens de résister, par leur éducation, leur savoir, les petits mais nombreux pouvoirs qu'ils avaient reçus en délégation. Pourquoi nous sommes-nous laissés subjuguer par les démiurges tricheurs et les faux prophètes, nous qui avions les moyens de comprendre les tours de passe-passe auxquels était réduite la révolution algérienne ?

Plus d'une fois, j'ai fait mon *Mea culpa* devant

des jeunes qui venaient à moi, comme à ceux de ma génération, et qui voulaient entendre de notre bouche le pourquoi de ce qui se passait. Pourquoi ? Comment en est-on arrivé là ? Qu'avez-vous fait ? Que n'avez-vous pas fait ? Voilà.

C'était à Alger, en mai 1989. J'étais dans le cortège de la manifestation qui suivit le meeting contre la violence à la mairie d'Alger. Nous étions des milliers à défiler. Le cortège suivait le boulevard du Front de mer, comme toujours. De là, nous surplombions le port d'Alger. Comme toujours, il y avait cette lumière éblouissante, et la ville semblait plus blanche que jamais. J'avais repéré dans le cortège ceux de ma génération. Leurs cheveux grisonnants soulignaient leurs silhouettes de vieux adolescents. Nous ne nous connaissions pas, mais nous nous reconnaissions. Et nos sourires de dire : « Elle a duré longtemps notre jeunesse. » Les vieux adolescents se saluaient par des sourires discrets et timides. Nous étions de la même fratrie, nous avions crié ensemble les mêmes slogans, souvent au même endroit, sur le boulevard du Front de mer. Nous avions alors l'âge de la majorité des jeunes gens qui nous entouraient. Ce matin-là, j'avais le sentiment que nous étions les enfants des plus jeunes. Ils semblaient plus libres, plus mûrs. Ils savaient ce qu'il fallait dire, ce qu'il fallait défendre à tout prix, au risque de se perdre. C'était : « Laissez-nous vivre ! »

Comme tout devenait simple à les entendre, à les regarder ! Comme elles étaient belles, les filles de mon pays, les cheveux en couronne sauvage, et comme ils étaient beaux, leurs si jeunes compagnons! La marée en blue-jeans et tee-shirts me montait au cœur. J'étais restée longtemps sur le bord du chemin, pensant que l'Algérie allait à son rythme, qui n'était plus le mien. Je me trompais : quoi de plus lié à moi que ce qui se passait ce jour-là, en plein soleil, sur le boulevard du Front de mer, qui redevenait pour moi le centre du monde. Je me laissais bercer par leurs voix claquant dans la ville. Une douce chaleur m'envahissait, ainsi qu'une illumination. Après tout ce temps les énigmes livraient enfin leurs secrets. Une profonde respiration à l'air libre, après une longue plongée en apnée. C'était si simple, si évident que cela ne pouvait être que vrai. J'étais émue comme aux premières marches. Après tout ce temps, j'entendais les mots de la vie, dits avec la force de l'évidence : vivre. Pour moi, cette délivrance venait tard, mais au moins était-elle advenue, et je saurais la saisir.

Je réalisais soudain que nous n'avions pas su dire : «Laissez-nous vivre!» Si incroyable que cela puisse paraître, au lendemain de l'indépendance, les morts nous avaient pris au collet, et nous avions abdiqué l'essentiel, le droit de vivre. La vie n'avait eu aucun droit devant le sacrifice de tout un peuple dont il fallait honorer le souvenir. Le mort saisissait le vif. Ceux qui s'installaient au pouvoir pour des décennies profitèrent de notre trop grande compassion et nous tinrent pétrifiés sous le regard d'une Méduse en effigie sur leur poitrine de métal, sortie des rêves noirs du Caravage, avec sa tête de femme à la bouche béante, sa tête ceinte de serpents contorsionnés. Méduse la Mort, les cheveux entremêlés des filaments de l'âme des héros. Ils avaient instauré le règne des martyrs, parlé au nom des morts et fait taire les vivants. Nous nous étions tus. La guerre avait été trop longue, nous avions perdu le sens de la vie.

Nous n'avions pas su, quand il l'aurait fallu, revendiquer la chose la plus élémentaire, la plus instinctive : le droit de vivre. Cet instinct salutaire, nous l'avions perdu, nous qui avions vingt ans à l'indépendance, l'âge de tous les instincts. Nous avions alors perdu toutes nos défenses contre l'in-humanité qui se mettait en place sous les slogans. Pour le dire mieux, pour le dire comme le connais-seur des grandes catastrophes totalitaires, nazies et fascistes du XXe siècle Zygmunt Bauman, polonais, sociologue et marxiste, nous avions « exilé » nos émotions, les avions chassées de notre vie. Ce fai-sant, nous avions perdu la seule boussole capable de guider nos têtes, nos cœurs et nos âmes dans l'apprentissage de la politique. Aujourd'hui que j'essaie de tout dire, je dois extraire les mots de la glaciation dans laquelle m'a plongée cette perte irréparable des émotions exilées et en user comme d'une « hache qui brise la mer gelée ». Nous avions remplacé l'essentiel par du verbiage, du bricolage idéologique, et exilé au fond de nous les émotions sans lesquelles la politique est une machine à men-songes et à crimes. Nous avions perdu le premier des guides politiques, le désir de vivre, et toutes les catastrophes sont arrivées. Elles se sont fabriquées à l'ombre de notre quotidienneté. Rien en nous n'a pu arrêter l'escalade de l'inhumanité. Rien n'a pu faire barrage aux manœuvres politiciennes diaboliques ou dangereusement stupides, ce qui revient au même, qui ont plongé le pays dans l'indicible. La guerre est revenue, et la guerre reviendra.

L'apprentissage de la violence

Quarante ans après, la mort frappait de nouveau à mes carreaux. Quarante ans après le meurtre de mon père par un homme de sa ville, la violence meurtrière et sauvage du frère pour le frère couvrait de nouveau l'Algérie de son spectre redoutable. La peur pour les êtres chers fondait sur moi, quel que soit l'endroit où je me trouvais, comme ce jour à New York, où je fus prise de panique. C'était en mars 1995. J'étais aux Nations unies pour la préparation de la conférence de Pékin sur les femmes et me trouvais à la cafétéria avec des amies algériennes. « J'ai écouté la radio, dit l'une d'elles. Les islamistes ont violé et tué trois adolescentes, trois sœurs. » Une peur irrépressible s'empara de moi. Mon corps tremblait. Je dus quitter la table pour me précipiter sur un téléphone. J'allais d'une cabine à l'autre sans oser appeler Alger. J'ai erré ainsi dans les couloirs pendant au moins une demi-heure. J'avais devant moi le visage de mes trois nièces, des adolescentes, des sœurs.

Ce qui se passait à des kilomètres de moi me prenait chaque fois par les tripes pour me ramener au pays. Chaque fois, l'idée que je venais d'échap-

per au pire, égoïstement, s'emparait de moi. À
chaque annonce d'attentat ou de massacre, je
décelais sur le visage figé de ma mère le passage de
la peur, son fils sillonnant les routes, quelque part
en Algérie. La mort de mon père revenait nous
hanter, même si nous n'en parlions pas. La violence nous agrippait le cœur, et nous passions de
longues minutes en silence. Pauvre maman, elle
n'oubliait pas. Elle vivait maintenant à Paris, ayant
dû fuir les islamistes qui tuaient les Européens,
elle, l'Algérienne. «J'ai eu honte en partant», me
dit-elle, une de ces rares fois où elle parvenait à
sortir par bribes du secret où elle tenait toutes les
choses graves et douloureuses de sa vie. De tous les
ressentiments que je nourris aujourd'hui, le plus
vif c'est celui-là, l'exil de ma mère.

La violence se réinstallait dans ma vie, dont chacune des étapes avait laissé des chausse-trapes dans
lesquelles je tombais sans cesse et qui formaient un
jeu de l'oie dans lequel ma liberté comptait peu.
Quels que soient les chiffres qui sortaient du cor-
net, je repassais par les mêmes cases. La violence
était une de ces trappes. Je savais depuis la mort
de mon père que l'on ne sortait pas indemne des
guerres et que l'absence s'installait à demeure. Ni
la vengeance ni la mort des assassins ne pouvaient
l'effacer, pas plus que les accords de paix ni la victoire. Je suis et resterai une enfant de la guerre
d'Algérie. J'appris dans le même temps que la violence était parfois nécessaire et justifiée et qu'il y
avait des guerres justes. J'étais nourrie de patriotisme, et nous étions en pleine guerre de libéra-

tion. Sans le formuler, sans chercher à l'expliquer, dans ces temps de guérilla frappant aveuglément, bombardée par les images de la sale guerre, les fils de fer barbelés qui ceinturaient nos frontières terrestres, les visages gris des femmes, les enfants morveux et faméliques dans les camps de regroupement, j'acceptais, à l'âge des premiers émois, la nécessité de la violence, et je la justifiais.

Comme beaucoup d'Algériens qui furent adolescents pendant la guerre de libération, la violence occupait une place centrale dans mon apprentissage de la vie, un apprentissage brutal, sans maître ni consigne. Une terrible conviction s'était imposée à nous aux premiers jours de la guerre quant à la «nécessité» de l'attentat meurtrier du Milk-Bar, avec ses morts et ses demi-vivants, aux membres arrachés. Nous étions convaincus que c'était le seul moyen d'alerter l'opinion publique internationale et française, de dire notre volonté d'obtenir coûte que coûte l'indépendance. Comme les autres, j'abdiquais la raison et le cœur pour épouser la cause de la mort. Terrible choix, plus terrible encore pour moi que pour les autres, puisque, le faisant, je refoulais la mort de mon père, de peur d'avoir à mettre l'indépendance en balance avec le crime perpétré par un petit chef de guerre. Je m'engageais ainsi dans un chemin étroit, renonçant à cette mort, et au deuil qui aurait dû l'accompagner. Ce renoncement scellait en moi un secret qui me tenait toujours subrepticement éloignée des autres. Et de la vie.

Quand nous avions quitté Bougie, en septembre

1958, pour nous installer à Alger chez mon grand-père, ma mère avait dit : « Je veux que mes enfants aient une éducation algérienne. » Mais ce que j'avais à apprendre n'était pas du ressort du gentil grand-père. La guerre battait son plein. De Gaulle était au pouvoir et mettait un point d'honneur à faire plier la Résistance avant de lever le camp. Les pieds-noirs, plus du tout rassurés par la politique française, commençaient à grogner, puis gronder. Au moment où je découvrais Alger, la ville était électrisée par le putsch de 1958. Jusque-là, j'avais vécu protégée, ayant une idée vague de la guerre. Mon père, qui avait décidé de rester à Bougie alors que de nombreux membres de notre famille étaient en exil, en Tunisie, au Maroc, en France, avait tout fait pour maintenir un semblant de vie paisible autour de nous. Sa mort fit éclater la bulle dans laquelle je vivais. L'enfant chérie endormie s'éveillait et se trouvait plongée sans guide dans la ville inconnue. Je passais de l'école Jammaire, une école complémentaire de filles, où j'étais entourée et protégée par les professeurs, d'autant plus après la mort de mon père, au lycée mixte Ben Aknoun, de deux mille élèves, largement ouvert sur la guerre.

Durant toutes mes années de lycée, la violence du langage et des sentiments était la maîtresse des lieux, également partagée par les petits Algériens sur le point de le devenir et les petits Français sur le point de partir. Eux savaient qu'ils étaient cette fois-ci les perdants, et nous que nous étions dans le sens de l'histoire. Nous étions violents et fiers de l'être. Notre professeur de philo avait beau être précautionneux, tous ses cours nous ramenaient à cette question : comment accepter l'usage de la violence qui tue pour toujours, et comment ignorer que la guerre peut être juste ? L'épreuve de philo du baccalauréat était peu de chose à côté de l'examen que la vie avait imaginé pour nous. La guerre était le grand examinateur.

Le lycée occupait les bâtiments d'un ancien couvent sur les hauteurs d'Alger, au milieu d'une campagne idyllique. Les hautes bâtisses marquées par le temps aux épaisses murailles ocre et les cyprès qui les bordaient lui donnaient un air toscan. Les murs des classes étaient recouverts de peinture blanc crème sur le haut, marron dans le bas — c'était moins salissant. Les portes anciennes étaient encore là, avec leurs ferrures massives. Les emplacements des anciennes serrures étaient devenus d'énormes trous par lesquels les retardataires prenaient la mesure de la classe avant d'affronter les professeurs. Les sols étaient dallés de grosses pierres usées par des générations de moines, sur lesquelles glissaient en crissant les souliers aux bouts ferrés des lycéens, pour la plupart des pensionnaires boursiers de l'État — grosses chaussures et vêtements gris. Seul le laboratoire avait un air moderne. Les garçons constituaient la majorité écrasante : j'étais la seule Algérienne des classes terminales (et de tous les garçons la sœur ambiguë). Ils ne me laissaient rien faire, ni les problèmes de mathématiques, ni les dissections. Pendant les compositions, une vraie chaîne s'organisait autour de moi. J'étais des leurs, j'étais une fille, et je venais du dehors.

La violence crue s'imposait à nous chaque matin par les nouvelles des attentats qui traversaient les enceintes du lycée. Malgré les efforts des professeurs et de l'administration, l'établissement était difficile à tenir. C'était un appendice de la grande guerre, et la mort rôdait jusque dans ses jardins. Le 15 mars 1962, vers 11 heures du matin, dans le centre familial de Ben Aknoun, dont le jardin jouxtait le parc du lycée, un commando terroriste de l'OAS exécutait sans sommation au fusil-mitrailleur l'écrivain Mouloud Feraoun et cinq autres Algériens. Les élèves étaient au cœur de la tempête, les deux camps se mesurant sans cesse à l'intérieur de l'établissement. Pour un oui, pour un non, ils s'affrontaient. Les élèves français contre les élèves algériens. 1960-1961, mes années du bac, mais aussi les dernières de la colonisation et de la guerre de libération, furent entrecoupées d'interruptions de cours au gré des événements, des bombes, des déclarations militaires. Sur nos excès veillait la haute et ironique figure du censeur, un Algérien, ce qui était rare pour l'époque. En 1961, un pion du lycée, un Algérien à qui j'avais dit qu'il avait les dents de la chance, écartées devant comme Léo Ferré, m'offrit mon premier trente-trois tours du chanteur, *L'Affiche rouge*. Cette chanson berça longtemps mon chagrin d'enfant encombré d'héroïsme. Je l'avais sur les lèvres et dans le cœur. Sur la pochette, Léo avait trente ans, était vêtu de noir et portait une écharpe rouge : le noir pour mourir

à Madrid, et le rouge pour vivre à Paris. L'esthétique du poète ne m'a jamais quittée : «Toi qui
vas demeurer dans la beauté des choses / Je te
demande de vivre et d'avoir un enfant...»

Il y avait Ferré et Aragon, mais aussi Sartre et
Frantz Fanon. Ils n'étaient pas au programme,
mais c'était avec leurs mots que nous nous bagar-
rions. La guerre, parfois, se rapprochait de nous, la
vraie, pas celle des mots et des chansons. Un jour,
un camarade, après une longue absence inexpli-
quée, revint le crâne rasé. Les professeurs, pour la
plupart français de France, comme on disait, ne
disaient rien et s'en tenaient au programme, mais
nous repérions vite ceux qui étaient avec nous. Il y
eut des échauffourées, des batailles rangées même,
et jusque des barricades à l'intérieur des bâtiments.
Les grands couloirs, comme des tranchées, étaient
des enjeux stratégiques. Le jour de la grande bataille
mobilisa tous les élèves. Les Français effrayés se
réfugièrent derrière les portes du laboratoire, blo-
quées par des tables empilées. La figure scandali-
sée, le longiligne censeur barrait de son corps, les
bras en croix, la porte qui les protégeait : «Vous
devrez passer sur moi pour entrer!» Sa syncope,
non feinte, mit fin au drame sans issue que nous
jouions comme une répétition générale de ce qui
devait arriver quelques mois plus tard : le départ
massif des pieds-noirs, effrayés par leurs crimes
ou les crimes commis en leur nom. Pour l'heure,
les élèves français quittèrent le lycée sous bonne
garde. Le départ de nos ennemis nous laissa désœuvrés. Ils revinrent le lendemain, et tout continua :

grèves de la faim, vite interrompues par les internes qui soupçonnaient les externes de manger chez eux, et grèves des cours déclenchées pour un oui pour un non. Elles commençaient généralement après le début des cours. Les meneurs venaient nous chercher sans un mot dans les classes, et un à un nous nous levions, les uns plus lentement que d'autres. Les traînards essuyaient les regards pesants de ceux qui sortaient et qui connaissaient les pleutres de leur classe. Nous avions l'âme guerrière. Moi aussi j'étais violente, mais je me méfiais de la mort, ce qui compliquait les choses et contribuait à m'éloigner de mes camarades.

À côté de Sartre et de Fanon, il y avait aussi Camus, que j'aimais par-dessus tout. Depuis longtemps déjà, je partageais avec lui le goût du sel de la mer et une vision désenchantée de la vie que la beauté éphémère exacerbait. C'était le suc des pages de *Noces à Tipaza*, le petit Gallimard que je trimbalais partout avec moi, comme pour me répéter : « L'homme est mortel, mais il est l'égal des Dieux. » Sa vision correspondait à mon adolescence inquiète, que la mort tragique de mon père avait interrompue et pérennisée du même coup. J'admirais Camus comme on est capable de le faire quand on a dix-huit ans et que les mots de papier brûlent aussi sûrement que ceux de la vie. Dès cette époque, je fis de lui l'arpenteur secret de mon pays, ce pays que je gardais intact sous l'Algérie officielle, qui prendrait toute la place de notre géographie libérée et contre laquelle je résistais, utilisant tous les subterfuges, la mémoire, les mots, les photos, les odeurs. Cette géographie libérée mais profanée qui me désespérait.

Sa mort en voiture, sur une route de l'Yonne, aux côtés de son ami Michel Gallimard, le 4 janvier 1960, à 13 h 55, m'isola brusquement de tous, Français et Algériens. C'était l'année de mon bac de philosophie, et le penseur, l'écrivain, l'ancien journaliste à *Alger républicain,* qui fut un des premiers à dénoncer le scandale de la condition des Algériens colonisés, était au programme. C'était une chance pour l'élève paresseuse que j'étais : je passais tout mon temps à le lire. Les pieds-noirs le détestaient, mais les Algériens aussi, depuis ses propos au journaliste qui l'interviewait à l'occasion de la remise de son prix Nobel : « [...] entre la justice et ma mère, je choisis ma mère ». Cette déclaration fut perçue comme un repentir tardif par les uns et un reniement par les autres, si bien qu'il fut haï de tous. La haine était ce que nous partagions le mieux. La mort de Camus scinda la classe en deux. J'ai longtemps refusé de parler à ceux qui s'étaient réjouis de sa mort, parfois assis sur les mêmes bancs que moi. J'étais isolée, mal à l'aise aussi, parce que je ne pouvais pas être complètement d'accord avec le Camus de Stockholm.

Je sais aujourd'hui que la propagande du FLN, relayée par les porteurs de valises, avait tronqué sa phrase. Il avait dit : « Aujourd'hui, Alger est remplie d'attentats dans les rues, les bus. Il se pourrait que ma mère se trouve dans ce bus. Entre cette justice-là et ma mère, je préfère ma mère. » Si j'avais lu l'intégralité des propos d'Albert Camus, cela

m'aurait-il aidée à sortir du malaise dans lequel je
me trouvais par rapport à la violence? Non. Être
d'accord avec cette phrase, comme avec l'autre
aussi, m'obligeait à voir en face ce que je cherchais
à éviter : devoir mettre en balance la mort de mon
père et la violence nationaliste. Je repoussais cette
alternative au plus profond de moi-même. Il est
bien tard aujourd'hui, pour moi et mes camarades,
de savoir que la pensée de Camus avait été tronquée. Aurions-nous compris la différence, aurions-
nous fait la différence entre une violence nécessaire,
mais jamais justifiable, et une violence nécessaire
et justifiable parce que juste, comme le pensait
tout le mouvement nationaliste, et nous avec, et
moi aussi? La différence était si ténue et si grande
en même temps. Seul l'homme déchiré entre sa
condition de pied-noir et son attachement à la justice avait pu trouver cette porte étroite. Il avait su
garder au cœur de l'action les émotions rebelles à
la logique révolutionnaire.

Peu préparés, sans grande aide ni moyens, nous
devions nous orienter dans des dédales obscurs. La
vie, avec ses peines et ses désirs, était une intruse
encombrante, que nous refusions. C'était ce refus
qui donnait tant de pouvoir aux centurions. À présent que la guerre était déclenchée par les islamistes,
étions-nous enfin prêts à entendre cette petite différence qui mettait en abyme deux mondes? Nous ne
sommes plus très jeunes, mais nous sommes toujours très démunis devant la violence. Elle, qui
avait fait de nous ses adeptes, nous reprenait dans
ses griffes quarante ans après. Traversant les ans, la

tenace maîtresse venait à son rendez-vous, traînant avec elle tous les fantômes de la guerre, réveillant les vieilles haines.

La violence que nous n'avions pas voulu voir, dire, extirper, qui avait tué l'idéalisme des jeunes montés au maquis après la grève de 1956, qui avait interdit aux femmes le refuge des maquis, même quand elles étaient poursuivies par l'ennemi, revenait par le bras armé des fous de Dieu, les islamistes, ces «autres» qui avaient gagné un nom et un visage par la terreur. Des journalistes, des psychiatres, des musiciens, des comédiens, des hommes et des femmes à la belle intelligence, qui avaient eu du courage au centuple, furent assassinés par centaines en offrande à la haine séculaire que rien ne rassasiait. C'est la haine de l'intelligence qui tua la gracile et indomptable Nabila Djenine, le 15 février 1995, et qui avait tiré à bout portant, le 10 mars 1994, sur le comédien et dramaturge Kader Alloula, mon ami, alors qu'il sortait de chez lui à Oran. On a dit que ses assassins étaient jeunes.

Ils ne devaient pas être loin de ressembler aux personnages de son théâtre, jeunes gens minces et bruns, aux yeux maquillés de khôl, corps souples dans les habits de travail qu'il affectionnait tant, bleu de Chine, tricot de marin, espadrilles... Dans ses pièces, il était beaucoup question de révolution et de justice, comme dans les salles obscures des cinémathèques, aux terrasses des cafés, chez Tahar, chez Omar, dans les tavernes de la rue de Tanger, celles des escaliers de la Pêcherie, chez Sauveur, à la Madrague, on parlait de la révolution du monde et de l'Algérie, de la révolution et de la justice. Et eux, les pauvres enfants, la tête pleine et mal faite, ils confondaient tout. Savaient-ils qu'en l'assassinant, ils se condamnaient au silence pour longtemps? À trente ans d'écart, pour des dieux différents, l'Algérie, Saturne insatiable, mangeait encore une fois ses enfants.

Tous ceux qui avaient fui Alger et la guerre fratricide, par crainte des terroristes ou soupçonneux envers le pouvoir, étaient là, dans ce triste hôpital parisien, à la levée du corps de Kader, le 18 avril 1994. Il était mort quelques heures avant, après un mois de soins acharnés. Il n'avait en aucune façon pensé quitter l'Algérie. Bien que nous n'en ayons jamais parlé — nous parlions de tout lui et moi —, je suis sûre qu'il n'aurait pu imaginer être l'ennemi de quelque jeune Algérien, quel qu'il soit, de quelque bord qu'il soit. Il rêvait de comédie : son visage, sa moustache d'un autre temps étaient faits pour ça, la vie. La mort faisait de lui un héros tragique. Kader, mon ami, nous flirtions lui et moi avec la vie comme si elle devait durer l'éternité, et il riait. Il riait, comme le soir où Assia dansa sur la table. Comment pourrais-je désormais être gaie, alors que je suis revenue et qu'il manque tant de monde autour de moi! La mort et l'exil ont fait leur ouvrage. Il m'avait dit un jour : «Pourquoi n'écris-tu pas?» Je lui avais répondu : «Tu trouves que je suis inachevée?» Eh bien, voilà : j'ai écrit ce livre auquel il pensait, et pourtant, plus que jamais, la vie me semble inachevée.

La violence revenait nous plonger dans les temps lointains de la guerre de l'ombre, comme une réponse aux questions que nous n'avions pas posées. La violence charriait avec elle les fantômes des jeunes adolescents de 1956. Quel qu'ait été le verbiage idéologique des assassins islamistes de la décennie noire, cette violence n'était autre que celle que nous tenions enfermée dans le secret de notre histoire naissante, au creux de notre mémoire. Elle ressurgissait à peine masquée, retrouvant les mêmes cibles, les femmes, les jeunes, les intellectuels. Nous n'avions pas su la démasquer. Elle s'était installée dans les plis de la guerre de l'ombre, comme la face cachée du mouvement qui souleva le peuple algérien et le fit entrer dans l'histoire. Il fallait la dire pour la conjurer et essayer de comprendre, par fidélité à ceux qui furent emportés, ce qui brisa l'idéalisme des adolescents qui quittèrent l'école et la fac au printemps 1956, faisant basculer leur destin. Ils furent des centaines, des milliers de jeunes, filles et garçons, à affirmer le plus fort de la vie. Leurs vies avaient été bafouées, et leurs morts recouvertes par des héros certifiés qui n'avaient pas encore reçu leur content de louanges. Il fallait dire le vivre, qui avait tenu si peu de place dans notre histoire, tant elle ressemblait à un interminable ressassement de la mort.

En répondant à ces questions ardentes, je répondrais peut-être à l'adolescente qui reçut sans ménagement l'annonce de la mort de son père en sortant de l'école. Je pourrais alors pleurer, enfin pleurer, cesser d'interroger, et, dans un doux abandon, accepter toutes ces années de colère, d'attente et de questionnement.

Après tant d'années, mes premières hantises se réveillaient. La violence aveugle et inouïe qui embrasait mon pays ravivait l'expérience charnelle de la guerre de libération et des morts qu'elle avait charriés. Cette fois-ci, je ne l'acceptais ni comme un destin, ni comme une exception révolutionnaire. Il fallait chercher dans le camp de ceux qui avaient eu tous les pouvoirs et tous les moyens entre les mains, les responsables de cette catastrophe. Ceux qui auraient dû nous donner tous les moyens d'éclairer notre destin, de panser nos douleurs d'adolescents, de chercher les coupables des forfaitures accomplies sous le sceau de la guerre de libération, de nous dire que la violence que nous avions tous acceptée ne devait plus nous dominer, de nous libérer de nos fantômes, ceux-là nous tenaient la tête sous l'eau.

Ici finit le troisième cercle de la mémoire, celui du basculement et du renversement de Méduse.

LE PALMIER TRANSPLANTÉ

(Le quatrième cercle)

Un roman familial

La décennie noire a tout emporté de nos rêves et de nos utopies. Les quelques droits que nous avions arrachés, les quelques pas que nous avions faits, et ce que nous avions commencé à construire, fragile, incertain et intense, tout cela s'est effondré, avant de disparaître totalement dans l'après-décennie noire. Dorénavant, chaque jour est celui d'une victoire annoncée du pouvoir ragaillardi. Ce dernier est-il le même que celui du début du récit? Qui peut le dire, puisqu'il ne se montre jamais?

La religion a pris plus de place; le socialisme a disparu. La fébrilité du bazar a remplacé l'«industrie industrialisante». Les jeunes pionniers n'ont pas été remplacés, et le pays se développe comme il peut. Qu'importe : le nationalisme, toujours là, est censé nous ouvrir la porte d'une nouvelle identité. Nous sommes riches, maintenant, candidats au capitalisme sauvage. Tout est à vendre, sauf les fabriques idéologiques : l'école et le parti unique,

que, pour les besoins du moment, on a scindé en deux. Nous avons en effet inventé le «double parti unique», le FLN, plus fort que jamais, et le jeune RND, le Rassemblement national démocratique. La Cinémathèque est pratiquement hors d'usage, et le cinéma algérien est financé par l'étranger, la France en particulier. Les femmes n'ont toujours pas l'égalité.

À moi, il reste cette histoire.

Tout avait commencé par le projet de ne raconter mon histoire qu'en ce qu'elle partageait avec la grande histoire, car il me semblait qu'il manquait à notre aventure collective des histoires personnelles, qui auraient apporté un peu d'air dans l'espace clos où nous avaient tenus embrassés la famille, la nation et la religion. Je ne voyais pas alors que c'était une fois encore un faux-fuyant : me lover dans le «nous» collectif afin de donner à mon entreprise une portée générale. Je n'avais pas encore compris qu'il était important de parler de soi, tout simplement, et pour soi. Je ne le comprendrais qu'une fois lancée dans l'écriture, car c'est elle qui me le révélera, parachevant mon éducation.

En commençant à écrire, je n'avais imaginé raconter, au plus près des faits, que l'histoire de ma génération, avec ses utopies politiques. À la fin, j'ai abouti à un récit en forme de témoignage, frisant parfois l'autofiction, qui m'a entraînée à des dépassements. Quand Hocine Aït Ahmed se présenta au balcon de l'hôtel Aletti, le 2 janvier 1992, pour parler aux milliers d'hommes et de femmes serrés les uns contre les autres sur le boulevard du Front de mer dans un élan de fraternité retrouvée, criant «Vive la démocratie, vive l'Algérie!», je ne suis pas sûre qu'il portait une écharpe rouge. À la conférence de presse, la veille, oui, il la portait, de ça je suis certaine. Il serait facile de vérifier, mais cela changerait-il le sens des choses? Ce jour-là, c'était bien le rouge et le blanc qui s'opposaient à Alger, renvoyant à d'autres combats chers à nos cœurs d'enfants de la révolution universelle. De même, ma discussion avec le chef de cabinet a-t-elle duré si longtemps, ai-je tant parlé? Ne faut-il pas plutôt y voir un condensé de ce qui se disait alors un peu partout? Ce qui est rapporté me semble ainsi plus vrai que la réalité factuelle.

Et encore. En commençant à écrire ce récit, je ne savais pas que je me préparais à un voyage vers une destination inconnue, en tout cas beaucoup plus incertaine que ce petit hôtel de la place de l'Odéon, à Paris, où j'avais posé mes bagages, l'après-midi du Premier Mai 1979. Je n'imaginais pas que ce voyage serait aussi ardu et solitaire, ni qu'il ne me serait pas possible de l'abandonner, puisque, m'en éloignant plus d'une fois, j'y suis toujours revenue, quelles qu'aient été ses difficultés. Au contraire de mes autres pérégrinations, par lesquelles je me fuyais plus qu'autre chose, celle-ci me menait au-devant de moi, inexorablement. Les mots entraînant les mots, des personnages se révélaient que je croyais oubliés, secondaires ou insignifiants, s'étalant à présent sur des pages et des pages. D'autres disparaissaient, que je croyais impor-

tants. Ma famille, que j'avais tenue éloignée, pour
ne pas dire exclue, pendant toutes les années de
l'utopie, devenait de plus en plus visible et significative. Plus encore, la mort de mon père surgissait
au fur et à mesure que je construisais mon récit,
d'abord incidemment, puis de plus en plus fronta-
lement, pour devenir le protagoniste de mon histoire. Mon séjour dans le territoire de l'écriture
devenait un voyage initiatique.

Irrésistiblement, j'en venais à mon histoire, à ce
qu'elle avait d'unique. Je découvrais à travers mille
événements, parfois sans rapport les uns avec les
autres, dans le temps même où ils se produisaient les
liens ténus qui faisaient tenir ensemble la grammaire
complexe des temps enchevêtrés et des cercles qui
faisaient ma vie, qui font une vie. Bien malgré moi,
cette vie, ma vie, qui me semblait si minuscule au
regard de l'histoire et de ses moments, la révolution
agraire, la fraternité, le socialisme, qui m'avaient si
entièrement accaparée, prenait toute la place du
récit. Les grands moments de l'histoire algérienne
perdent aujourd'hui de leur réalité, tandis que,
traversant le temps, restent vivants les petits riens
insignifiants, comme le vin de la ferme, qui ressemblait à du bordeaux, la Citroën noire, qui nous
conduisait à l'école, la robe aux grosses fleurs
rouges, des coquelicots peut-être, que ma mère
portait l'été à Tichy. Cette robe, les tribus redescendues vers la mer pour occuper aujourd'hui mon
village de vacances et le transformer d'une telle
manière que je ne le reconnais plus, ne peuvent l'atteindre. Ces petites choses, que je croyais ne pou-

voir partager avec personne, dont je pensais qu'elles pouvaient être balayées d'un revers de la main et que je gardais au secret, se sont imposées. Mais ne fut-ce pas, précisément, lorsque je découvris que cette histoire minuscule pouvait être balayée d'un revers de main que je me pris de passion à l'écrire, essayant enfin de retenir ce temps qui avait passé sans que je lui aie accordé l'attention nécessaire?

J'avais confié, le cœur léger, ma vie de jeune femme au courant d'un fleuve qui avait tout emporté. Je voulais à présent comprendre, avec toute la gravité qui m'avait fait défaut, comment et pourquoi j'avais été entraînée pendant toutes ces années, et par quoi exactement. Ces questions me semblaient d'autant plus nécessaires que les événements qui m'avaient portée, ce mouvement puissant qui nous avait tous saisis et dans lequel je m'étais jetée tête la première, duquel aussi j'avais tiré toutes mes certitudes, avaient disparu. Les certitudes des enfants de l'an I s'étaient évaporées, celles des jeunes pionniers comme celles de la bande de la Cinémathèque, dont il ne restait rien. Nos certitudes : quels mécomptes face à la catastrophe actuelle! Les Algériens de la jeune génération nous regardent comme des rêveurs inutiles, des anciens combattants qui n'ont rien compris à la guerre qu'ils ont faite. Certains d'entre eux nous rendraient même responsables de la faillite générale : «Vous pouviez faire des choses, vous ne les avez pas faites. Nous, nous ne pouvons plus rien. Il nous faut accepter le pays comme il est, ou partir.» Tant sont déjà partis! Avons-nous été inutiles?

Avons-nous été défaits pour rien? Nous sommes-
nous trompés de bout en bout? En ce cas, pourquoi demeurais-je attachée, contre toute raison,
aux promesses des premiers matins du monde?
Comment comprendre la dérision, l'inutilité de
certains de mes choix, qui accomplissent jusque
dans le présent une fidélité à ces temps révolus?
Comment expliquer la passion, la force et le radi-
calisme de certaines de mes positions, qui me
surprennent moi-même et que je n'arrive pas à
ramener à des voies plus raisonnables et plus réa-
listes? Cette idée tenace des recommencements et
ce retour que je fais dans mon pays, où je suis installée dorénavant, dans le bel immeuble de style
haussmannien, non plus au cœur de la révolution
socialiste, mais au cœur du chaos, au cœur de cette
ville toujours aussi belle, aussi captivante, Alger.

Pour tenter de répondre à ces ultimes questions,
je dois à nouveau laisser là la grande histoire et
revenir sur la mienne, tenue au secret mais jamais
évanouie, comme je le découvrais à force de mots,
et en interroger les joies comme les peines. Ces
histoires qui se sont nouées, tramées avec moi,
sans moi, parfois à mon insu dans des temps
autres, et jusqu'en des lieux que je ne connais pas,
des villes au loin; ces mille péripéties qui ont tracé
les chemins que j'ai pris en aveugle. Cette histoire,
avec ses scènes primitives que je traîne comme tout
un chacun, il me faut l'explorer et trouver les
ancrages des choix qui ont jalonné ma vie et continuent de le faire.

Mon roman familial est une particule de l'histoire des peuples de la Méditerranée, leurs départs, leurs arrivées, faits au gré des empires et des catastrophes, des disettes, des famines. Mes deux familles sont arrivées, l'une de l'est, d'Istanbul, vraisemblablement en bateau à voiles, l'autre de l'ouest, de Valence, en bateau à vapeur. À des siècles d'intervalle, elles ont traversé la mer que j'aime et que je reconnais de partout. Réminiscences. Long discours amoureux depuis cette immersion semblable à un baptême que je reçus dès les premiers jours de la vie, à Tichy, en août 1941 ; mon père et ma mère me tiennent fermement dans leurs mains amoureuses. Réminiscences, à partir des plongées dans les fonds bleu marine des Aiguades, derrière le mont Gouraya. Les Aiguades n'existent plus aujourd'hui. Le béton a remplacé le maquis d'aubépines et les fonds sont troubles. Des femmes voilées barbotent sous le regard de leurs hommes. C'est pourtant là que sont mes racines, comme ils disent. Mais ce ne sont pas des racines comestibles, des rutabagas ou des topinambours, ni un drapeau, ni un livre gravé dans le marbre, si beau soit-il. Elles sont comme les vagues, fluides et transparentes, toujours les mêmes et toujours différentes, qui abordent, depuis des temps immémoriaux, des terres rouges des côtes du rocher de Gibraltar aux pierres roses du port de Tripoli et baignent ces rivages où naissent et viennent mourir les civilisations et les amours. Les piquets de bois noirci sortent de la mer toujours calme devant la taverne cachée dans les ruines du port punique de Carthage. Il n'y a que des olives cassées, amères, et de l'alcool de figue, au goût si fort. La lumière sur la mer transfigure les bois en figures crayeuses et ce lieu modeste en un rendez-vous céleste. Là, je crois m'arrêter, trouver une raison de quitter l'Algérie, mon grand amour, non pour un pays, mais pour un amour encore plus grand, disparu, ainsi que la taverne.

De partout, la côte se donne des airs de Riviera, avec du faux luxe à gogo et le regard inquisiteur des hommes sur leurs femmes voilées, jusque dans les palaces. Mais la mer Africaine, comme l'appelle Pirandello, est immuable. Au bord de la falaise, le Sicilien la regarde des heures, immobile sur sa terrasse, tournant obstinément le dos aux temples grecs qui ponctuent les crêtes des collines de la vallée d'Agrigente. Il attend ; tous les Méditerranéens attendent, le prince Salina et Pirandello, le jeune éphèbe de Tipaza échappé des *Noces* et Omar Guetlato, et moi comme eux. Nous avons l'éternité. Nos ancêtres viennent de loin, leurs histoires ressemblent à des épopées, avec la mer Méditerranée pour territoire. Mon pays est situé en son milieu, l'Algérie toujours occupée, jamais conquise, terre de passage pour les conquérants et les fuyards, sédimentation d'ethnies, de civilisations, de cultures, de hordes, d'armadas, de tribus, de clans, d'hommes et de femmes portant des habits barbares ou raffinés, éboulis d'où jaillissent, surprenants, des personnages singuliers renvoyant aux points cardinaux de l'aventure humaine : Augustin le Numide, fils de Monique, Ibn Khaldûn, l'exilé d'*Al-Andalous,* Cervantès, le captif d'Alger, qui pensait déjà à *Don*

Quichotte quand il scrutait la mer du fond de sa caverne et rêvait de devenir écrivain, comme des milliers de jeunes Algériens d'aujourd'hui, beaux, forts et en colère, qui désespèrent de leur pays et veulent en trouver un autre, Albert Camus, libéré des dieux et des hommes, tendre fils, révolté par la violence du monde, dont l'ombre bienveillante se pose sur ceux qui se sentent étrangers dans leur propre patrie. Je n'oublie pas les autres, tous les autres, inconnus hantés par les vents de tout bord, qui les amenèrent et les emportèrent : Phéniciens, Vandales, Romains, Arabes, Espagnols, Turcs, Maltais, Andalous, Juifs, Français, Africains esclaves et griots, mystiques venus d'Orient, pieds-noirs, émigrés, guerriers, paysans, lettrés, prophètes, bijoutiers, renégats, défroqués, républicains défaits par l'histoire... tous ont laissé des traces dans l'art de vivre, la langue, les aliments, l'architecture, la terre et les jardins, les rites funéraires, les fêtes des saisons, les parures des femmes, la ville, ses ports et ses forts, la mer et sa loi, ainsi que nos rêves. Banale réalité de tous les lieux, certes, mais vérité ici plus qu'ailleurs, qu'il faut dire et redire pour conjurer les rêves de pureté qui embrasent les esprits.

Ceux qui venaient de l'est

Mon roman familial a des airs de saga. De l'est, sont arrivés les pères d'Ismaël et ceux de sa mère, Kholiya, née dans la ville de Smyrne, dont elle porte le nom. Le père d'Ismaël, le raïs Ali, venait-il d'Istanbul comme le racontait mon grand-père débonnaire, Ahmed le fabuleux, celui qui m'apprit à regarder les étoiles? Il nous tenait en rond, dans la grande maison de Saint-Eugène : « Écoutez les enfants... En ce temps-là, les fils portaient le prénom de leur père en guise de nom. Ainsi, mon père portait celui de son père, raïs Ali, et s'appelait Ismaël ben raïs Ali, le fils du capitaine Ali, de la *taïfa* des raïs, la rivale de l'*odjak,* la milice des janissaires. C'était comme ça depuis le temps des frères Barberousse, de grands capitaines, qui ont vaincu Charles Quint.» Mon grand-père était fier de ces victoires, qu'il vivait au présent, et nous avec. Adultes et enfants de l'Algérie occupée par les Français étaient plongés dans le rêve d'un passé merveilleux. Tout ce qui adviendrait plus tard était là, dans les nuits chaudes et humides d'un été algérois, dans l'attente du déclenchement de la guerre de libération. Nous vivions nos derniers jours tranquilles.

Je m'abreuvais de cette filiation lointaine, de ces mots étranges — *odjak, taïfa, smalas, maghzen* —, auxquels je donnais le pouvoir de me donner accès aux origines de mon histoire. J'avais du mal à me retrouver dans les Gaulois. Autour de mon grand-père, le soir après dîner, sous la tonnelle de jasmin et de chèvrefeuille de la maison de Saint-Eugène, nous remontions le temps chaque été et déterrions un arbre généalogique qui aurait pu résister à l'ensevelissement de la mémoire collective du «peuple pourfendu». Nous prenions nos premières leçons de résistance et rejetions les faux ancêtres que l'école publique nous fabriquait. Mon grand-père nous gavait à satiété : « Le père de mon père était un corsaire. Il est mort au large de Cap-Matifou. Il venait d'Istanbul. Dans la ville, on appelait mon père "le Stambouliote". Quand les Français nous ont imposé de prendre un nom patronymique, mon père avait choisi Stambouli, mais le nom était déjà pris. Il était furieux. On nous inscrivit d'autorité sous le nom que vous portez. Mon père jura d'en faire un nom aussi fameux que son surnom. » Merveilleux grand-père, qui nous laissait en héritage ce qu'aucune loi de nationalisation ne pourra nous enlever : l'ombre tutélaire des ancêtres.

Le nouveau nom dépassa le premier en renommée. Aurait-il pu se douter, le jour de colère où il lança le défi de porter loin le nom imposé, qu'un de ses fils signerait des billets de monnaie française et que ce nom brillerait à l'entrée d'Alger ? Qu'importe ses rêves de marchand, c'est sous le nom d'Ismaël ben raïs Ali qu'il se fit enterrer aux Bains-Romains, reprenant sa place dans la généalogie de la *taïfa*. Le prestige de l'argent pesait peu devant la mort.

Ismaël, le fils du raïs Ali avait six ans quand les Français conquirent totalement Bougie et sa région, en 1856. Je ne sais pas à quel âge il s'était installé dans cette ville, mais c'est là qu'il se maria avec Houria Bentaïb. Resté toute sa vie monogame, comme ses pères et tous les hommes de sa famille, il eut six garçons : Allaoua, Ahmed, mon grand-père, Salah et Abdénour, les étudiants de Paris, Mustapha, le suppôt du capitalisme international, et Mahmoud, dont le fils fut le Salah transbordeur

d'armes pour la révolution. Ismaël eut aussi deux
filles, Aouaouche, celle qu'il emmena au bal de la
sous-préfecture, et Foufa. Avec ses garçons, il se
lança à la conquête de la Grande Kabylie. Après
lui, ses fils ont lancé les leurs dans une ascension
que ni les inondations, ni les mauvaises récoltes, ni
la concurrence déloyale des entreprises françaises,
ni les deuils ne purent freiner. Seul le nouvel État
algérien arrêta la belle aventure.

À l'entrée de Bougie, dans le quartier de La
Plaine, l'aïeul construisit ses premiers entrepôts. Au
fronton de ces bâtisses, une fresque représentait un
goumier. Le cavalier en burnous figurait aussi sur
les étiquettes des paquets de figues sèches qu'il
exportait à Marseille. À l'école, pendant le cours
de géographie sur les produits algériens, on nous
demandait d'illustrer nos dissertations, et j'étais
fière de coller sur mon cahier les étiquettes du goumier, dont je sens encore le goût fort de colle sur
ma langue. De marchand de figues, de caroubes, de
câpres puis d'huile d'olive, il deviendra industriel,
le premier et longtemps le seul industriel «indigène». C'est en 1896, à Sidi Aïch, sur les bords
de la Soummam, se rapprochant des collines pom-
melées d'oliviers, que l'aïeul installa l'«Huilerie
moderne», comme il appela pompeusement le
premier pressoir mécanique de la région. Pendant
une longue période, mon grand-père la dirigea, et
c'est là, à Sidi Aïch, que naquit mon père. L'huile
se vendait en bidons de cinq litres — cinq francs
franco de port. Une publicité dans *L'Illustration* de
1905 vantait déjà les qualités «d'authenticité» du

produit, comme le feraient plus tard les enseignes de l'usine d'Alger, devenue société nationale : «Socialisme et goût d'autrefois».

L'huile d'olive nous donnait une notoriété qui dépassait de loin les revenus qu'elle faisait tomber dans l'escarcelle des marchands. Elle devint une passion familiale. Mon grand-père, ses frères, puis mon père, ses frères, les oncles et les cousins, tous ont appris à goûter, choisir l'huile. Sur nos tables, sur les nappes blanches, des petites bouteilles de verre foncé aux étiquettes d'écolier portaient à l'encre violette la provenance des huiles, achetées après une première pression aux petits producteurs de la Kabylie et transformées par nous, d'abord dans le pressoir mécanique, puis dans les grosses machines d'Alger. Pour nos maisons, nous ne consommions que des huiles de première pression. Nous prisions particulièrement l'huile de Tazmalt. «Son taux d'acidité est le plus bas de l'Algérie», disait mon grand-père. Un jour, j'ai accompagné mon père dans un de ses déplacements dans les montagnes kabyles, productrices d'huile vierge. J'étais seule avec lui, en raison de circonstances exceptionnelles : ma mère était à la clinique, où elle venait d'accoucher. Pour rendre visite à mon nouveau petit frère, j'avais été habillée avec soin par la bonne. Avant de nous y rendre, mon père prit la route pour un petit village des environs. Il devait voir un ami producteur. La cérémonie d'accueil, presque obligatoire, je présume, consistait en la présentation et la dégustation de la récolte de l'année. Pour être à la bonne hauteur, je me hissai sur la pointe des pieds, pas peu fière d'être introduite dans le monde mystérieux qui accaparait tant mon père. Tandis que nous trempions des figues sèches dans l'amphore pleine d'huile, une longue traînée d'huile macula mon manteau de petite fille modèle. Nous savions qu'il nous faudrait affronter solidairement les remontrances de ma mère, même alitée. Ce fut sans doute la seule fois où se glissa entre mon père et moi une forme de complicité. Je n'avais que trois ans. J'aurais aimé continuer à arpenter avec lui les chemins de montagne, soutenue par son regard quand j'aurais voulu me hisser pour être plus grande. Il m'aurait peut-être appris à me servir directement à l'amphore de la vie.

J'ai gardé un goût immodéré pour l'huile d'olive, dont je fais souvent l'essentiel de mes dîners improvisés, et pour les oliviers. Feuillage léger sans cesse dansant et changeant de couleur, comme la vie quand elle coule en liberté, massivité du tronc et sensation concrète d'éternité. Ces arbres marquent un territoire dans lequel j'ai l'impression de vivre plus profondément. Que j'arrive par la route, par la mer ou par le ciel, dès que je les aperçois, une porte s'ouvre en moi et je respire différemment. Mon lieu idéal, celui où je rêve de me poser et ne plus bouger, où je pourrais dire enfin « C'est ici », est planté d'oliviers, d'un olivier face à la mer.

Le fils du raïs Ali ne resta pas à Bougie, ni une grande partie de ses descendants. Il revint à Alger, à Saint-Eugène, retrouver les gens de sa corporation, les raïs. Certains de ses fils étaient déjà dans

la capitale. Salah, l'étudiant en droit était revenu
le premier. L'aventure des marchands de Bougie
avait continué de plus belle. L'aventure algéroise
était liée à la guerre des Dardanelles. Salah, de
retour de Paris à la fin de ses études, avait dû, au
lieu de s'inscrire au barreau et de s'installer dans
une vie confortable de notable, fuir devant les gendarmes de Bougie, après la fête au champagne
qu'il avait organisée dans un restaurant de Bougie
pour fêter la victoire des Turcs sur les Français.
C'était en août 1915. À Bougie, on disait joyeusement de partout : «Ils ont coulé le Gaulois!», un
cuirassé français. Cette génération gardait vivace
son appartenance à l'Empire ottoman, et la victoire
turque était vécue comme une revanche. Salah était
bon patriote, et pas bigot. Après le passage des gendarmes, son père l'expédia le soir même à Alger,
où il ouvrit un entrepôt dans les voûtes donnant
sur le port. C'est pour lui, le rebelle, que fut créé
le cimetière des Bains-Romains. Lorsqu'il mourut
de la peste, en 1923, les autorités d'Alger refusèrent qu'il soit enterré dans un cimetière de la
ville. Mon arrière-grand-mère, qui vécut doulou-
reusement la mort de son fils, aussi doux à la
maison qu'il était remuant sur la place publique,
acheta une colline sur la mer, aux Bains-Romains,
et y fit ériger un mausolée. On y arrive en longeant
le boulevard du Front de mer puis la corniche,
quatre à cinq kilomètres après la maison de Saint-
Eugène. De ce jour, tous les membres de la famille
y furent enterrés. C'était pour être là que Mustapha quittait Nice au moindre rhume. Chaque jour,

mon aïeule se rendait en calèche sur la tombe du
fils adoré. Assise sur des tapis posés sur les marbres
entourant la tombe, la porte du mausolée ouverte
sur la mer, elle recevait ses amies intimes pour de
longs après-midi. Pour y être enterrée, ma mère se
fit musulmane.

À chaque visite de ce lieu, je relis les noms, les
dates — né le, décédée le, épouse de, fils de... —
une longue énumération qui évoque des visages,
des fêtes, des jours, tristes ou gais, des secrets bien
cachés que tous les présents racontent en chucho-
tant, pour les plus jeunes ou les voyageurs. Après
avoir longuement longé le boulevard du bord de
mer, jeté un regard sur la haute maison mauresque
de l'arrière-grand-père, avec sa petite porte donnant sur la route et, de là, sur les criques d'eau
claire, puis laissé derrière moi Saint-Eugène, j'arrive au mausolée chargée de roses. Je couvre de
pétales les minces bandes de terre enserrées dans
les marbres patinés marquant l'entrée des tombes.
Mon père et ma mère sont enterrés l'un sur l'autre
par le hasard des rotations et la force de l'amour.
Il y a cinq tombes. Cinq bandes de terre. Sur les
marbres, les noms gravés indiquent la filiation de
chacun et chacune, remontant jusqu'à Ismaël. Du
premier enterré, Salah ben Ismaël, décédé le
6 août 1923, à l'âge de trente-six ans, à mon grand-
père débonnaire, en passant par le jeune homme
nonchalant de la photo sur le quai de gare de Châtelguyon, le fils de Salah le rebelle, Rachid ben
Salah, décédé le 9 avril 1972, à l'âge de cinquante-
six ans, ils sont tous là, les héros de mon histoire :

l'ancêtre Ismaël ben raïs Ali, décédé le 18 juillet 1926, à soixante-seize ans, mon père, Abdelhafid ben Ahmed, décédé le 11 décembre 1957, à cinquante ans, le docteur Hadj Abdénour ben Ismaël, né le 16 mars 1890, le grand-oncle qui m'annonça la fin de notre monde le jour de la nationalisation de l'usine, ma mère avec ses deux noms, celui qu'elle s'était donné, le féminin du nom de mon père, et le diminutif du nom chrétien qu'elle avait reçu en baptême à Pinedo, Hafida Paquita, épouse Hafid Tamzali, née le 26 novembre 1916 à Valence, décédée le 23 décembre 1997, ma douce grand-mère, Nefissa Khedidja Kaïd, épouse de Ahmed, décédée le 18 mai 1948, à cinquante-sept ans, la veuve d'Ismaël, née Hourria Bentaïeb, décédée le 27 septembre 1938, à soixante-dix-huit ans, dont les petits yeux d'un bleu délavé surveillaient nos jeux d'enfants du haut de son portrait, dans la maison de Saint-Eugène, le terrible Mustapha, né le 29 juillet 1865, décédé le 8 mai 1975, enfin rassuré d'être enterré avec les siens, et tant d'autres, notamment toutes celles qui, après avoir vécu une longue vie avec un mari et une autre famille, étaient revenues ici, dans le mausolée des Bains-Romains. Il me plaît que Salah le rebelle soit le premier de cette liste, sur laquelle je figurerai aussi. C'est sans doute cette certitude qui me fait nomadiser sans trop de crainte de me perdre.

Trente ans après l'arrivée semi-clandestine de Salah à Alger, Mustapha avait construit une usine sur le port, une vraie celle-là, avec des machines et des cuves gigantesques et un corps de bâtiments de bureaux dans le pur style moderne. C'était en 1947. Elle s'élevait seule à l'entrée de la ville, inaugurant une nouvelle page de l'histoire de la famille. Elle était incontournable, et le voyageur qui entrait dans la ville passait devant le nom de la famille écrit en énormes lettres affichant la réussite insolente de cette armada d'hommes soumis à la loi du clan et du profit. L'usine impressionnait toujours en 1962, au point d'attirer la vengeance des nouveaux maîtres et la concupiscence de tous.

Celui qui avait construit cette usine était un homme d'ordre, son ordre, qu'il imposait, ou tentait d'imposer, à tous les membres de la famille parce qu'il était le plus riche. Surtout, il était animé par la superbe de son nom, auquel il soumettait sa vie et celles, par mariages et carrières, de ceux qui la partageaient avec lui. Nous n'existions à ses yeux que pour cette raison. Les rares qui échappaient à son autorité, comme mon père et ses frères, n'en étaient que davantage considérés. J'avais beau être hors de sa portée, puisque j'appartenais à la branche rebelle, il inscrivit quelque part en moi, cette part qui m'encombre, une fascination pour « le destin familial ». Il me donna aussi le goût de l'austérité et de l'élégance qui en naît. Il semblait porter toujours le même costume, un par saison, toujours en tweed anglais, plus ou moins chaud. En réalité, sa garde-robe était composée de vêtements identiques, des chemises aux chaussures, faits pour lui sur mesure à Londres. Il avait fait recouvrir de housses en toile kaki de l'armée anglaise les salons de sa maison de La Madeleine.

Ma pièce préférée était sa bibliothèque. J'adorais y lire dans la pénombre, au milieu des immenses tapis persans aux couleurs fondues, des livres rares aux tranches de cuir blond, qui occupaient tout un mur. Les autres murs étaient occupés par des tableaux, une belle collection d'orientalistes. Je me souviens aussi d'une toile représentant une danseuse espagnole en robe rouge, qui ne devait rien au folklore colonial. Il aimait les femmes, mais il les tenait cachées, sauf l'une d'entre elles, qui vécut près de lui avec le vague statut de gouvernante, Madeleine la Suissesse. On dit qu'elle se suicida.

Il évoquait souvent cette femme dans ses soliloques de vieillard, quand il m'invitait à déjeuner avec lui dans la maison du bas, en tête à tête. Il prenait à chaque repas un verre de grand cru de Bordeaux, dans lequel il mettait de la mie de pain, «contre l'acidité». «Voyez-vous, un verre de vin rouge est bon pour la santé», disait-il comme pour se faire pardonner un plaisir évident, mais il s'excusait de lui à lui; les autres comptaient peu. Il me vouvoyait, comme il vouvoyait tout le monde, ce qui accentuait encore la distance entre lui et les autres. Il me parlait de Madeleine sans émotion apparente. J'ai aperçu une photo de la jeune femme, brune, menue, élégante, au visage triangulaire avec de grands yeux noirs. Il vantait ses qualités suisses, pour mieux souligner les défauts «des femmes de chez nous», sans doute les fiancées hypothétiques que sa mère et ses sœurs n'avaient manqué de lui présenter, et dont il stigmatisait la cuisine abondante et grasse, un des principaux défauts, à ses yeux, de l'éducation de ces femmes. La santé était au cœur de son dispositif domestique. Chaque matin, il faisait des poids et haltères, alors qu'il semblait plutôt gringalet. Il nous sermonnait pour nos peaux trop exposées au soleil et ne comprenait pas la folie qui nous précipitait sur les plages. Sur les épaules hâlées de ma mère, il jetait un regard ambigu à dominante réprobatrice.

Sa marotte était la diététique. Il faisait la chasse aux graisses et aux sucres, surgissant dans le dos des cuisinières et faisant déverser dans l'évier des marmites entières de victuailles. Il se nourrissait de biscuits anglais et faisait cuire ses aliments dans des récipients en terre achetés à Vallauris. Il livrait une bataille de tous les jours au diabète, la maladie héréditaire qui touchait un membre sur deux de la famille. Quand il entrait dans le salon de la vieille maison de La Madeleine, ses frères et ses nièces poussaient sous les canapés les assiettes de gâteaux au beurre et au miel sans lesquels on ne pouvait concevoir un après-midi algérois. J'entends encore le bruit de la faïence sur les dalles du sol en marbre ; je vois l'air innocent que prenait mon grand-père, diabétique et grand consommateur de pâtisserie, et son air quand il se faisait sermonner parce que ses fils l'avaient abandonné. Pauvre Papy ! Il se taisait et ne prenait même pas la peine d'expliquer à ce jeune frère qui commandait aux éléments, fussent-ils déchaînés, que la vie était plus compliquée qu'une cure de diététique. Seddik et Hamid étaient en exil en Suisse, sains et saufs, Hafid était mort, les fermes étaient occupées, les magasins fermés, alors un gâteau en plus ou en moins...

Mustapha cumulait les phobies. Il craignait les courants d'air par-dessus tout et ne passait jamais la porte sans relever le col de son manteau ou ajuster son écharpe. Catalogue de toutes ses obsessions, sa maison était entourée de vérandas vitrées pour arrêter le vent. Pour la faire construire, il usa trois architectes. Le premier fut renvoyé parce qu'il utilisait des gravats pour les fondations. Il exigea du second qu'il utilise des «pierres bleues», et qu'il les enfonce très profondément : «Ce qui ne se voit pas est le plus important, car c'est ce qui fait la solidité d'une maison.» Il baptisa cette maison qu'il voulait éternelle «La Madeleine», le même nom que la Suissesse. L'avait-il donc aimée? S'il le lui avait dit, sans doute ne se serait-elle pas suicidée.

Tout le monde tremblait devant lui. Quand il entrait dans une pièce, ceux qui étaient debout s'asseyaient, et ceux qui étaient assis se levaient. En tirait-il un plaisir? Quand il parlait des membres de la famille qu'il avait soumis, il disait toujours «le pauvre» untel. Il m'a appris le jeu sadique du pouvoir et à craindre par-dessus tout la solitude. Mon grand-oncle était seul, et personne ne l'aimait, hormis Madeleine, qui en est morte. Cette leçon, qui fit de ma vie une obsession sentimentale, explique à elle seule mon extrême faiblesse devant ceux que j'aime.

Il avait pris la tête de la famille et conduit ses frères et neveux au-delà des mers. Il présida longtemps aux destinées de l'économie algérienne

coloniale, occupant, en alternance avec l'armateur
Schiaffino, les postes de président ou vice-prési-
dent de la Chambre de commerce. Il avait aussi le
titre honorifique de trésorier adjoint de la Banque
d'Algérie, ce qui explique qu'il cosignait les billets
de banque émis par cette dernière. Il était vraiment
incontournable. Le gouvernement dit du Rocher
noir, à soixante kilomètres d'Alger, qui était chargé
d'assurer, de mars à juillet 1962, la transition entre
l'administration française et le GPRA (gouvernement provisoire de la République algérienne) installé à Tunis, fit appel à lui. Son président, le
notaire Farés, lui confia la gestion du port d'Alger.
C'est alors que les choses commencèrent à mal
tourner. Le commandant de la ville libérée, décla-
rée « zone autonome » par le nouveau pouvoir, fit
une descente à La Madeleine pour punir mon
grand-oncle d'avoir accepté un ordre d'un pouvoir
qu'il ne reconnaissait pas et le rançonner. La guerre
des clans se mettait en place. Le vieux renard lui fit
un chèque au nom de la « zone autonome », que la
banque n'honora pas : la « zone » n'avait aucune
identité juridique, et les banques n'étaient pas
encore libérées... Le militaire revint à la charge,
menaçant, mais l'histoire serait trop longue à raconter. À la fin, mon oncle ne donna pas un franc. Le
lendemain de la deuxième visite du commandant,
il prenait l'avion pour Nice, devenant, et nous
avec, la cible idéale des harangues revanchardes de
Ben Bella.

Les accusations de Ben Bella et la nationalisation
théâtrale de l'usine consacraient à leur manière

tapageuse cette saga de marchands née du vœu d'une aïeule, lancé le visage tourné vers le ciel, face à la voûte céleste, la nuit du vingt-septième jour du ramadan, *leilat el kadr*. Cette nuit-là, les musulmans guettent l'apparition de la Lune pour connaître la fin du jeûne, après quoi ils peuvent faire un vœu à Dieu : «Mon Dieu, donnez-moi des hommes et la Fortune.» À la mort du raïs Ali au large de Cap-Matifou, sa femme jura que son fils ne reprendrait jamais la mer, ni les fils de son fils : «La mère de mon père déterra la cruche pleine d'or que son mari avait cachée et la donna à son fils pour qu'il devienne marchand.» Mon grand-père fabuleux nourrissait nos têtes de légendes dont le sujet principal était la famille, ce qui agaçait les brus de sa maison : «Qu'est-ce que votre grand-père vous a encore raconté?» La complicité du grand-père et des enfants mettait hors jeu les mères et provoquait des désordres domestiques qui marquaient les vacances d'été dans la maison de Saint-Eugène. Les arrière-arrière-petits-enfants du corsaire ne pouvaient faire moins que de mettre le feu à la maison en apprenant à fumer. Nous avions choisi la pièce où étaient rangés les tapis de l'hiver. Les pompiers appelés par l'oncle Seddik, célèbre pour ses colères, envahirent la maison, et nous nous réfugiâmes auprès de notre grand-père. Sur le pied de guerre, nos pères et nos mères attendaient le soir et les tête-à-tête pour laisser exploser leur colère : «Montez vous coucher!» Dans la salle de bains, le bruit des flammes de l'énorme chaudière à bois ajouté à la vapeur qui dégoulinait des murs de faïence et à la colère de nos géniteurs faisaient ressembler notre bain du soir à un passage aux enfers.

Plus tard, mon grand-père se plaignant de rhumatismes et de la proximité de la mer vendit la maison de Saint-Eugène et s'installa sur les hauteurs d'Alger, dans une propriété agricole mitoyenne du lycée de Ben Aknoun. Après dîner, la famille se retrouvait dehors pour de longues soirées dans la fraîcheur du soir, les hommes dans des chaises longues et les femmes, mes tantes et ma mère, assises autour d'une grande table. Elles bavardaient tout en roulant de petites boules de pâtes entre le pouce et l'index, des pâtes minuscules qu'elles recueillaient dans des torchons de lin blanc. Devant la maison, au-delà des champs, passaient les tramways. Dans la nuit, leurs bras électriques lançaient mille étoiles. Cet été-là, nous parlions bas. Les tantes étaient tristes, et mon grand-père ne racontait pas d'histoires. Dans la grande chambre du haut, ma grand-mère vivait ses derniers mois, ses derniers jours paisiblement entourée de tous ses enfants et petits-enfants. Cette maison aussi sera vendue : d'y avoir vu mourir sa femme, Ahmed décida de s'installer à El Biar, dans la maison du Balcon Saint-Raphaël, où le corps de mon père serait veillé quelques années plus tard.

Stambouli ou pas, nous étions donc des Ottomans. Les histoires de mon grand-père avaient parfaitement fonctionné. Lors de mon premier voyage à Istanbul, devant le Bosphore, passage névrotique entre deux mondes, j'imaginais la coulée humaine passant d'une mer à l'autre, fornication des peuples de l'est et de l'ouest, venus de la Sibérie, des Balkans, de l'Oural, charriés jusqu'aux îles et aux côtes de l'Europe et de l'Afrique. J'ai fantasmé sur les états d'âme de ceux de mes ancêtres qui auraient pris la mer ici, dans des bateaux de bois et de chanvre. Étaient-ils jeunes, hommes ou femmes, riches ou pauvres, maîtres ou servants? Les départs étaient nocturnes ou baignés de la lumière pâle des petits matins, le cœur rempli d'espoir. J'imaginais que les jeunes épousées pleuraient en quittant leur mère et leur ville. Ne pleurent-elles pas encore aujourd'hui quand elles traversent la rue, de la maison de leur père à la maison de leur mari? Les larmes des fiancés se mêlent à l'odeur des agneaux rôtis, des colliers d'ambre et du henné; hier comme aujourd'hui, les chagrins des vies volées aux jeunes filles sont inconsolables.

J'étais revenue au point de leur départ, assise devant un café noir et une assiette de figues violettes identiques à celles que portait l'énorme figuier sous lequel j'étais assise face au détroit. Ombre et parfum sucré. Douceur de la chair de la figue et amertume du café, douceur du corps et éveil de l'âme devant la beauté des lieux. J'ai recherché en vain cet art de vivre en Algérie et l'ai pratiqué en voleuse dans mes nombreuses escapades en Tunisie tout au long de ces années 1970, fuyant l'Algérie saoule des bruits des bulldozers et des harangues. C'était le droit de rêver que me laissa en héritage inaliénable mon grand-père Ahmed, dont je retrouvais les paroles devant l'eau grisée par le vent du Bosphore. Un énorme bateau russe passant ce jour-là devant la terrasse ombragée où je me trouvais m'indiquait pour mémoire le chemin des pérégrinations des pères des pères de mon père.

Les liens d'attachement du grand-oncle Salah avec ses origines turques se manifestaient bruyamment quand il fêtait, dans un restaurant de Bougie, la victoire de l'Empire ottoman. Une des dernières victoires, sinon la dernière. La joie de mon grand-oncle révélait l'irréductible refus de la colonisation, transmis de génération en génération jusqu'à la guerre de libération. Les petits-fils d'Ismaël furent eux aussi des rebelles, rejetant les grimaces et les masques qu'une vie réussie avait plaqués sur eux, plus fidèles qu'il n'y paraissait à l'ancêtre disparu au large de Cap-Matifou. Malgré le vœu de la lointaine aïeule que la raison façonne les descendants du raïs en marchands, elle qui espérait que le naufragé ait emporté avec lui l'air du large, les petits-fils du capitaine et leurs fils et leurs filles retrouveront le goût de la mer et de l'aventure, et c'est la révolution qui les reprendra.

L'Espagnol

C'est de l'ouest qu'arriva, sans conte ni fable, ma famille espagnole, portée, comme tant d'autres, hommes et femmes anonymes, par l'immense vague de migration que la misère arrachait à leur pays. Au lendemain de la Première Guerre mondiale, la

misère grandit encore, ainsi que le nombre d'émigrés. Puis le phylloxera détruisit les vignobles de
l'Andalousie et de la région de Valence, les faisant
encore plus pauvres. Certains sont allés jusqu'en
Amérique, mais beaucoup sont venus en Algérie,
comme mes grands-parents, qui quittèrent l'Espagne en 1920. Les Français rameutaient les Européens, d'où qu'ils viennent, quels qu'ils soient,
pour peupler les territoires vidés de leurs populations. Je n'ai connu l'histoire de mes ancêtres espagnols que par effraction, morceau par morceau.
Aujourd'hui encore, je ne sais pas tout, loin s'en
faut. Mais les protagonistes ont disparu, et je reste
à tourner en vain autour des mystères d'un village
perdu du sud de l'Espagne.

Je m'étais approprié mon histoire espagnole à
travers un daguerréotype sépia trouvé un jour par
hasard, sans qu'il ait été vraiment caché. Oublié,
serré dans un tiroir avec un tas d'autres photos, de
papiers, de vieilles lettres, de cartes postales, dans
l'armoire de la chambre à coucher de ma mère.
Par l'entremise d'une photo insolite, un monde
inconnu s'ouvrait à moi, sans guide ni légende. Un
homme jeune, un Européen, coiffé d'un étrange
feutre noir et tout de noir vêtu, s'y tient aux côtés
d'une jeune femme, en chapeau elle aussi. J'imaginais, hors cadre, de gros bagages posés sur un quai
et une petite fille de quatre ans. «Lui, c'est Francisco Orient et elle Manuela Antequera Orient,
mon père et ma mère.» Ma mère devenait une
étrangère. Elle ne livrera son histoire que sous
forme d'énigmes, que je déchiffrerai pouce par

pouce, recueillant religieusement le moindre indice, le forçant à livrer sa part de vérité.

La photo fut prise peu de temps après leur arrivée en Algérie, au Studio d'art, à Maison-Carrée, la banlieue algéroise des petits blancs. Francisco, dit Paco, et Manuela avaient quitté l'Espagne pour toujours. Les personnages sont solennels, en tenue du dimanche. Voulaient-ils envoyer au pays une image flatteuse? C'est peu probable. Ils avaient quitté sans se retourner Pinedo, son unique rue et ses quelques habitants; des paysans pauvres, austères et rudes, comme je les découvris l'été 1959, figés dans le temps, dormant du long sommeil franquiste. La plage où nous allions nous baigner était coupée en deux, une partie pour les hommes et l'autre pour les femmes. Un curé juché sur une barque montait la garde à la frontière des sexes et usait du plat de la rame sur la tête des resquilleurs. Nous-mêmes dûmes louer une chemise et la porter sur notre costume de bain! La vie des maisons du village se passait dans les cours, où les femmes, délaissant les cuisines carrelées de blanc, préparaient sur des braseros un des mille et un plats à base de riz. «Regardez, elles cuisinent comme les femmes du village, derrière la maison de la ferme, sur des *canouns*», s'étonnaient les petits-enfants de Paco. Les repas traînaient en longueur. Nous nous réunissions autour de grandes tables de bois, hommes et enfants assis. Les femmes allaient et venaient autour de la table, servant tout le monde, sans rien perdre de la discussion, dont ma mère, assise elle, occupait immanquablement le centre

grâce aux quelques mots de castillan qui lui revenaient. Elle avait décidé qu'elle parlerait en castillan et non en valencien, utilisant, avec force gestes
et mimiques, les quelques mots de castillan, la
langue de l'Église et du roi, qu'elle tenait de son
père, lui-même les ayant appris au grand séminaire.

C'était le temps des pastèques — les melons
d'Alger, comme on les appelle en valencien. Le
pater familias, le cousin Jesus, en ouvrait plusieurs
avant de nous offrir le cœur de la meilleure. Les
hommes étaient en pantalon de coton sombre et
en chemise blanche. Ils avaient la taille serrée dans
la *faja* de laine noire, les femmes portaient des
jupons. Nous étions au cœur d'immenses rizières
fendues par les voiles triangulaires de bure blanche
des barques, lourdes des récoltes, glissant invisibles
sur les seguias jusqu'à l'Albufera, la lagune largement ouverte sur l'horizon qui donnait à l'endroit
des airs de grand large. Les oiseaux et le soleil s'y
couchaient comme dans un lac d'Extrême-Orient.

La petite fille hors cadre est ma mère : elle avait
quatre ans à son arrivée en Algérie. Mon grand-père
espagnol était un prêtre défroqué, ou presque,
puisqu'il n'avait pas prononcé ses vœux. Le village
ne fit pas la différence et le condamna. À la sortie
du séminaire, il était revenu à Pinedo, comme le
voulait la règle. Comprenant qu'il n'avait pas la
vocation, il refusa d'être prêtre, malgré les longues
années de noviciat imposées par son oncle, tuteur
et curé. Sur la photo jaunie, il n'y a plus traces du
malheur de l'orphelin, et seule la rébellion semble
avoir laissé sa marque sur le front têtu. L'homme

de la photo commande à son destin et à ceux de sa jeune femme et de son enfant, tout ce qu'il possède au monde. Il regarde d'un œil noir, droit devant lui. Il me regarde. Elle, la petite fille que l'on ne voit pas sur la photo, a déjà la sévérité de ce regard auquel on n'échappe pas. J'ai appris à aimer la couleur mordorée de leurs pupilles, malgré l'austérité que revêtirent nos rapports de mère et de fille, de fille et de petite-fille de curé défroqué. Nous ne pûmes échapper à l'héritage de Francisco, qui, s'il abandonna la robe, garda à jamais la marque de l'Église.

Il conduisait sa famille avec autorité et belle figure. On peut difficilement voir qu'il était pauvre comme Job, et plus que Job puisqu'il avait toujours été pauvre, qu'il n'avait aucun métier, qu'il ne parlait pas les langues du pays qu'il avait choisi, ni celle de ses habitants, ni celle de l'occupant. À Pinedo, il s'était marié et avait eu une fille, qui reçut en baptême son nom, Francisca, comme le voulait la tradition. Elle en reçut aussi son destin de rebelle.

Il avait bien essayé de vivre et travailler là-bas, dans les rizières, mais le village était resté hostile à celui qui avait refusé de servir l'Église. Exerça-t-il une activité liée à un four, s'il fallait en croire son surnom, *El Fornero*, que nous découvrîmes magiquement, comme tout ce que nous découvrions cet été-là, au milieu de gens qui parlaient une langue que nous ne comprenions pas mais qui nous accueillaient avec des regards chaleureux, des gestes retenus et d'interminables et somptueuses paellas ?

La *paella valenciana* sur feu de charbon de bois, cuite lentement sur l'aire qui sépare des planta-tions la modeste maison au toit pentu en chaume. Fière de cette initiation, je mets toujours un point d'honneur puéril à défendre l'authenticité de ce mets : «On ne met pas de fruits de mer dans une paella!» Quelle que soit la maison que j'habite, j'ai toujours un paquet de riz rond de Valence, deux cents grammes de *garrofón,* les gros haricots secs et blancs, et du safran.

Le retour des enfants du fils prodigue! Chaque dimanche, en vain, ils venaient nous chercher pour aller à la messe. «Les Arabes sont-ils gentils avec vous?» demandèrent-ils un jour à ma mère. Ils n'avaient pas compris que les petits-enfants de Paco le défroqué étaient des *Moros,* eux aussi. Pou-vaient-ils seulement le concevoir, dans ce village espagnol droit surgi du xixᵉ siècle? En réalité, la guerre d'Algérie ne tenait pas toute la place dans leurs inquiétudes, et leurs questions renvoyaient plutôt aux *Moros* de leur histoire. Comme tous les villages de la région, le village de notre famille espagnole gardait vivaces les luttes entre les musul-mans et les chrétiens, qui s'étalèrent sur plusieurs siècles. Pour moi, *Le Cid* était une pièce de théâtre; pour les gens d'ici, c'était une figure héroïque, *El Cid Campeador,* une partie de leur mémoire vive, et cette histoire revenait tous les ans. Bien des années plus tard, j'ai assisté étonnée aux défilés commé-moratifs de la lutte entre les Maures et les chré-tiens. Pour l'occasion, la population des anciens royaumes des alentours de Valence, les *taïfas* d'Al-

coy, de Bocairente et d'Onteniente, s'habille en
moros et *cristianos* et mime les batailles de la Recon-
quista. Encore aujourd'hui, on fête à Valence cette
période de luttes acharnées qui trouva son épilogue
dans la libération de la ville par Jaume 1er d'Aragon,
El Conqueridor, le 9 octobre 1238. Chaque 9 octobre,
donc, chacun se plie au rite de la *piruleta y el tronaor*
(la flûte et la viole), qui remémore l'action héroïque
du peuple des campagnes, traversant le fleuve
Turia pour porter aux citadins reclus derrière les
murailles de Valence des fruits et des légumes,
sans oublier des instruments de musique pour
les aider à garder courage. Ce même 9 octobre, les
pâtisseries se remplissent de friandises en masse-
pain en forme de flûte, de viole, de fruits et de
légumes, et toute la ville s'orne de multiples fou-
lards. Car c'est dans leur foulard que les paysannes
amenaient musique et nourriture à ceux qui résis-
taient aux Arabes.

C'était le premier été après la mort de mon
père, en juillet 1959. Ma mère avait décidé de revenir à Pinedo, trente ans après. Pourquoi cette
longue absence et cette indifférence ? Et pourquoi
revenait-elle maintenant ? Venait-elle adoucir chez
les siens l'immense douleur du coup mortel porté
par ce pays, l'Algérie, qu'elle aimait passionnément ? Quand je critiquais ce qui se passait en
Algérie, combien de fois l'ai-je entendue dire :
« Mais c'est ton pays ! » Ardente, elle ne faisait pas
la part des choses. Elle ne concevait pas qu'on
puisse aimer (ou haïr) autrement qu'inconditon-
nellement. En cela, elle était plus qu'Algérienne.

Jusqu'à la fin de sa vie, où elle se fit musulmane pour se rapprocher de nous, les vivants, et de lui, l'homme qui lui donna un pays en cadeau de mariage, elle porta cette Algérie au cœur. Jusque dans l'exil, qu'elle connut à partir de 1994. Quand les islamistes tuèrent Vincent, le libraire de la Librairie des Beaux-Arts, au 28 de la rue Didouche, en février 1994, en plein jour, à 14 h 30, pendant le ramadan, nous avons décidé qu'elle devait quitter Alger pour Paris. Nous le lui avons imposé. « J'ai eu honte en partant, a-t-elle dit ensuite. Je suis partie comme une voleuse. »

L'exil de ma mère me fit toucher le fond. Il faillit emporter avec lui mes liens avec l'Algérie. En la voyant vivre près de nous, étrangère à cette ville, à ce pays, dans le vide immense qui l'entourait depuis qu'elle avait été arrachée à sa ville, à sa maison, malgré l'immense amour dont nous l'entourions, je compris la détresse infinie de l'exil. C'était la même que je lirais bientôt dans les yeux des vieilles femmes bosniaques réfugiées dans un hôtel d'une petite île de l'Adriatique, près de Dubrovnik. Elles étaient assises là, immobiles et silencieuses, devant leurs baluchons bien rangés. Ma mère aussi était souvent immobile et silencieuse dans le salon de l'appartement du XVᵉ arrondissement qui devait être son dernier domicile. Toutes ses pensées étaient fixées sur son retour. Le hasard des rites funéraires permit qu'elle fût enterrée dans la même tombe que mon père, dans le caveau des Bains-Romains. C'est le nom de mon père, Hafid, qu'elle cria au moment fulgurant où elle comprit qu'elle allait mourir, ce nom qu'elle ne cessa de murmurer pendant quarante années de solitude. Avec qui aurait-elle pu partager cet amour et cette douleur, si étranges d'avoir duré si longtemps !

La mort de mon père avait mis fin à cette obsession qui lui avait fait chasser tout ce qui n'était pas cet amour et pour lequel elle avait rejeté sa vie antérieure. L'été 1959, elle décida de partir à la recherche des souvenirs de sa mère, morte très jeune, et de son père sorti de sa vie, qui avait refusé de la voir avant de mourir. Elle était déjà retournée au village, une fois, en 1923, après la mort de sa mère. Elle avait sept ans, et son père ne savait que faire d'elle et de ses deux petites sœurs. À Pinedo, on accepta de les recueillir, mais les trois sœurs furent séparées. Ma mère fit sa communion en noir. Devenue mère à son tour, elle essaya inlassablement, ingénieusement de repousser les papillons de nuit qui tournaient autour de nous, en redoublant de sollicitude pour nous et pour les petits-enfants qui viendraient. Derrière cette obsession étouffante de nous voir toujours ensemble, sans doute conjurait-elle les peurs de la Paquita de sept ans, petite mère à laquelle on avait arraché ses bébés-sœurs.

En juillet 1959, nous découvrions l'Espagne par bateau, comme Francisco et Manuela découvrirent l'Algérie en 1920. Arrivés à Valence, nous descendîmes à l'Astoria Palace. C'est l'hôtel où je vais dorénavant, car je saisis toutes les occasions de me rendre à Valence, où je tente de traquer les indices de cette histoire dont je sais encore trop peu. J'es-

saie de reconstituer des itinéraires à partir d'anecdotes envolées que j'ai trop distraitement écoutées,
et dont il ne me reste que des syllabes, des noms
étranges que je retrouve sur les plaques routières.
Nazaret, Benimaclet, autant de toponymes que je
traverse aujourd'hui sans savoir où ils commencent
et où ils finissent, tant les constructions fondent les
lieux les uns dans les autres. Leurs contours ont
disparu, comme le souvenir des trajets en autobus
vers la plage où nous allions, ma sœur, mon frère
et moi, cet été-là. J'interroge le goût de cette boisson douce et blanchâtre à base de tubercule et
scrute le fond de mon verre d'*horchata,* dont j'ai
instauré le rite et que je prends chaque fois dans
l'Horchateria Santa Catalina, aux murs recouverts
d'azulejos jaunes, derrière la Plaza de la Reina, où
ma mère m'avait amenée prendre la première :
«Quand nous venions à Valence de Pinedo, c'était
notre seul plaisir, le seul luxe que nous avions, une
horchata!» Je demande à cette suite d'images sans
réelle cohérence de me livrer un peu du mystère
de sa vie, de ma vie.

À chacun de mes passages ici, j'allais toujours,
tant qu'ils vivaient, dîner avec Jesus, sa femme
Pepita et sa belle-sœur Maria. Ces vieux cousins
gardaient un souvenir ébloui de Paquita, et j'aimais les entendre me raconter toujours les mêmes
histoires autour du plat du soir que je commandais
expressément, une soupe de légumes appelée *her-
bido,* pensant ainsi, en vain, échapper aux dîners
copieux qui devaient me dire, mieux que les mots
que nous ne partagions pas, combien ils avaient

aimé cette cousine partie et retrouvée. Parce qu'elle ne grandit pas à Pinedo, ma mère garda jusqu'à sa mort la forme enfantine du surnom de Francisca, Paquita. Sur le marbre des Bains-Romains, mon frère l'a fait graver à côté de Hafida, le prénom musulman qu'elle avait choisi. C'est bien ainsi.

Le concierge de l'hôtel nous indiqua la place d'où partaient tous les bus des environs, *estacion de autobuses*! Séduction d'une langue que je ne parlais pas plus que l'autre, l'arabe. Étrange affaire que celle de ne parler ni sa langue maternelle ni sa langue paternelle et d'avoir une langue étrangère, le français, comme langue première. « Prenons un bus. Je trouverai bien quelqu'un qui a connu mes parents ! » Elle laissa partir deux bus et attendit que se présente un vieux passager pour nous faire monter. Il n'y avait dans le bus que lui et nous. Mince et brune, les cheveux déjà blancs d'un deuil qui commençait à peine, elle portait de grandes lunettes de soleil, qui allaient jouer le premier rôle dans cette journée inoubliable. Elle alla s'asseoir près de lui, le questionna dans un castillan encore malhabile, mais revenu en trois jours. Le soir à l'hôtel, elle nous raconta pour la première fois ce que nous allions entendre et entendre. Avec fébrilité, théâtralité même, retrouvant l'ardeur qui l'avait quittée, elle nous rapporta son entretien, qu'aucun romancier n'aurait osé inventer.

Connaissait-il un homme du nom de Francisco Orient ? Après de gros efforts de concentration, le vieux sortit de son silence : « *El Fornero !* Oui, mais tu ne pourras pas le voir, il est parti il y a longtemps, en Afrique. — Oui je sais, il est mort.» Le vieux regarda plus attentivement ma mère : «Enlève tes lunettes.» Il fixa un long moment cette jeune femme aux cheveux presque entièrement blancs et aux yeux mordorés. «*Es su hija!* Reste près de moi, je vais te montrer la maison de ton père.» Inutile, elle la reconnut toute seule : «C'est celle-là, c'est la maison de mon père!» Descendue précipitamment du bus, elle se lança dans la rue du village, oubliant que trois enfants effarés la suivaient. Un autre vieux au beau visage hâlé marchait lentement, au milieu de la rue principale. Habillé de sombre et la taille prise dans la ceinture de coton noir des paysans, il arrivait à hauteur de ma mère, quand elle lui dit : «*Tio Vicente!*» L'homme s'arrêta. Lui demanda-t-il d'enlever ses grosses lunettes noires? «Paquita!» Nous étions médusés. Ce n'était ni la première ni la dernière fois que nous assistions, spectateurs captifs, à l'effet du charisme de notre mère, qui faisait accepter son embarrassante liberté de langage.

«*El Fornero!*» Mon grand-père avait-il été boulanger ou habitait-il à côté du four du village? Avec le temps, ma mère nous dit qu'il avait essayé de vivre à Pinedo, mais qu'il avait été rejeté par le village. La dernière fois que je retournerais avec elle au village, elle laissa échapper : «J'ai vécu ici jusqu'à quatre ans. Nous avons dû partir parce que personne ne nous parlait. — Pourquoi? — Tu sais bien.» La réponse était sèche et coupante. Elle n'en dira jamais plus. Elle gardera pour elle à jamais les détails de ces quatre années et de ce départ. Qu'aurai-je appris de plus? Le destin personnel de Francisco a-t-il vraiment compté? N'est-ce pas la pauvreté, la maîtresse des hommes du Sud, qui décida, pour lui comme pour tant d'autres? Il vint en Algérie, Eldorado des paysans sans terre, des pêcheurs sans barque, des artisans sans outils, des républicains déportés par Napoléon III, des Alsaciens refusant d'être allemands, des repris de justice sans futur, ne laissant rien derrière eux, n'ayant rien avec eux. Savaient-ils qu'ils rendraient encore plus pauvres les pauvres de mon pays?

Il avait choisi l'Algérie. Cette phrase me faisait rêver comme d'autres rêvent sur les planisphères. Et s'il avait choisi l'Amérique? Tous ces possibles, toutes ces autres vies ont accompagné mes voyages dans des villes d'Amérique latine où je me suis retrouvée pour mon travail, Buenos Aires, Mexico, Santiago du Chili... Abandonnant ses aïeux, ses souvenirs, les morts et les vivants, il avait choisi un pays très différent du sien. Comme le peuple des petits blancs, il s'installa à l'ombre des riches et des colons *compradores,* et il ignora les habitants de ce pays, ajoutant au mépris du riche et à la réduction d'un peuple à la corvée, le racisme du pauvre. Il faisait de sa culture, de sa religion un manteau d'apparat pour cacher la misère qui s'accrochait à lui. L'Algérie était faite de deux pays, le colonial et l'indigène, dont les habitants ne se rencontraient jamais. On retrouve cela jusque chez Camus, dans *Le Premier Homme,* où il raconte son enfance et où, le livre refermé, le petit pied-noir n'aura connu aucun Arabe, et dans *L'Étranger,* où, décrivant une scène, il dit à peu près ces mots : « Il y a un homme et un Arabe sous un arbre... » Quand un pied-noir vous dit qu'il a aimé l'Algérie, pensez à lui demander laquelle.

Comme presque tous les Européens, mon grand-père tenta de nier jusqu'à la réalité charnelle des hommes et des femmes de cette terre. Cette réalité surgira pourtant et bouleversera le petit bout d'Espagne qu'il essayait de préserver à coups d'interdits et de barrières. Vingt ans après avoir fui l'intolérance de son village, il chassait à son tour sa fille, ma mère, parce qu'elle aimait un Algérien. Ce drame longtemps tenu secret fit son ouvrage en moi, à mon insu. L'intolérance, mais aussi le courage, celui du séminariste qui dit non à l'Église et celui de la jeune femme qui rejeta la loi du père, dessinaient un faisceau de repères, qui, avec le temps, façonnèrent ma manière de penser et d'être. J'appris l'importance, et la limite, de la liberté de l'aventure humaine. L'histoire de cet homme solitaire et têtu, qui avait quitté son pays pour faire tous les métiers, sans succès, et qui, comme l'indique son certificat de résidence, délivré par le consul d'Espagne à Oran le 18 juin 1941, était resté au bas de l'échelle des travailleurs, un journalier, vingt ans après son arrivée au pays de cocagne, m'apprit que l'on pouvait être victime et bourreau et, surtout, que l'on n'abandonnait jamais tout à fait sa culture, même si elle vous opprime. Chassé par les siens, honni par son Église, il ne pactisa jamais avec sa fille qui, trente ans après, lui dit non à son tour, et ne rencontra jamais mon père. La richesse du petit-fils d'Ismaël, sa jeunesse, le charme de son apparence, son statut de notable, rien ne le rachetait à ses yeux. Francisco le migrant, Francisco *el jornalero,* s'enveloppa dans son orgueil castillan, démesuré et pathétique.

Ce grand-père espagnol refusa aussi de me voir alors que je n'avais que quelques mois et qu'il était en train de mourir d'un cancer. Cette filiation interdite pesa sur moi plus que je ne voulais l'admettre, et son refoulement a été d'autant plus fort qu'il a été encouragé par l'attitude de ma mère : «Mes enfants sont Algériens comme leur père, et je veux qu'ils aient une éducation algérienne», avait-elle dit et redit après la mort de mon père à ses amis pieds-noirs qui lui demandaient pourquoi elle n'allait pas s'installer en France comme certains cousins de son mari. Et surtout pourquoi elle allait vivre chez son beau-père, un Algérien.

Malgré ses protestations passionnées, c'était pourtant à cause de cette filiation et malgré elle que nous étions différents. «Tu n'es pas comme les autres!» Francisco et Manuela, les grands-parents que je n'avais pas connus, les grands muets, les mystérieux, les «sans-passé», les «sans-postérité», marquaient profondément ma vie, plus que mon grand-père algérien, qui me contait l'aventure de mes ancêtres ottomans, et ma grand-mère Nefissa, qui m'initiait aux mystères de la cuisine algérienne. Sinon, comment expliquer que nous ayons été les seuls Arabes à Tichy avant l'indépendance?

Avec le temps, cette *différence,* que j'avais longtemps traînée comme un handicap, est devenue un credo. Je me suis libérée de l'étiquette d'« enfant de couple mixte » que l'on collait dans les écoles de l'administration coloniale et j'ai transformé en étendard mon *métissage*. C'est avec lui que j'ai tissé ma manière d'être, pas avec je ne sais quelle *identité*, un mot que je récuse aujourd'hui plus que jamais, pas seulement à cause de l'intolérance de mon grand-père espagnol, mais aussi par les catastrophes en chaîne qu'il ne cesse de déclencher, en Algérie comme ailleurs. Elle serait longue à décliner la liste des drames de l'identité. Partout des hommes et des femmes se lèvent contre leurs tyrans pour finir par clamer leur assujettissement à davantage de tyrannie. Nous sommes de moins en moins à revendiquer la condition de « bâtard » sartrien, cette « identité » qui avait soulevé tant d'espoir après la terrible Seconde Guerre mondiale et son invention de la « pureté » identitaire.

Ma singularité est d'exister entre deux mondes. Le fait d'en avoir eu très tôt le sentiment, conscient ou inconscient, m'a protégée, comme un ange attentif, et m'a guidée quand je choisissais de marcher sur les parapets au lieu des trottoirs. C'est elle qui me fit prendre les chemins de traverse, me cacher dans les arbres quand mes cousins venaient à la ferme. Jusqu'à aujourd'hui, j'ai peur de m'asseoir dans le cercle réservé aux femmes dans les enterrements et les mariages. Quand je m'assieds à une table, jusque dans les bistrots parisiens, je prends toujours une place d'angle. C'est par effort de volonté que j'ai pris ma carte dans un parti politique, maîtrisant ma peur constitutive d'être enfermée dans un lieu, un groupe, une histoire, et qui me fit toujours choisir mes amours dans des villes lointaines. Le *no man's land* sur lequel j'ai campé de plus en plus durablement m'a donné un sens de la liberté plus fort que ne l'aurait fait une simple éducation politique.

Cette double appartenance et cette liberté n'ont toutefois en rien entamé mon attachement à l'Algérie et à sa longue et douloureuse histoire. Aujourd'hui que je suis retournée dans mon pays, on me demande souvent si c'est intéressant d'y vivre. Je leur réponds que je ne sais pas si l'Algérie est intéressante, mais que je sais qu'elle m'intéresse. J'ai quitté Paris sans regrets. Si j'y retourne encore, c'est pour prendre ce qu'il donne à tous les étrangers : du plaisir, de la joie et des émotions par l'intelligence, l'art et la liberté de ses rues. Mais la vie là-bas ne m'intéresse pas vraiment. Cet attachement exclusif à l'Algérie, ni les avanies, ni les échecs, ni les erreurs ne l'ont atteint. Après la fin des années de la fraternité, après le fracas des apparences brisées en mille morceaux, je demeure au plus près du cyclone, et je ne peux me résoudre à dire que c'est la fin.

☆

Malgré le dévoilement que j'ai tenté tout au long de ce récit, je n'ai pas trouvé d'explication convaincante à cet attachement exclusif à l'Algérie. J'y

aurais même plutôt découvert des raisons antino-
miques, ne serait-ce que par la figure agrandie de
Francisco l'Espagnol, mon grand-père silencieux.
Les paysages de ruines, la maison pourfendue, la
Ville Blanche défigurée, les amis aux quatre coins
du monde et du ciel emportés par la mort et l'exil,
les murs de béton qui encerclent la mer, et les
eaux usées qui s'y jettent, l'énorme mimosa mort
d'avoir attendu trop longtemps, le silence des
étoiles, la disparition de la passion politique, rien
de tout cela n'a empêché mon retour.

En apprenant les résultats des élections en Algérie et la victoire des islamistes, qui représentaient
tout ce que je refusais, j'ai pleuré de désespoir. J'ai
pleuré une deuxième fois, mais de joie, en enten-
dant Hocine Aït Ahmed me décrire la foule et le
peuple debout, les centaines de milliers de manifestants d'Alger s'époumonant à crier leur désir de
liberté et l'amour de leur pays. Je crois aux recommencements. J'ai pour cela une ténacité, une
pugnacité au labeur quotidien qui ont dû m'être
léguées, par je ne sais quels chemins, par ce grand-
père espagnol que je n'ai jamais connu. Comme
l'émigré qui fut un temps maçon, je sais que, pour
construire une maison, il faut monter une brique
sur l'autre, bien d'équerre, à l'aide d'un fil à
plomb et d'une truelle, sans lever la tête vers les
nuages qui passent et les étoiles qui brillent, et que
l'on peut, l'on doit tirer raison de cet humble travail. C'est l'histoire du petit caillou blanc. Mon
autre grand-père, l'Algérien, le faiseur de fables,
m'a appris à regarder les étoiles et à raconter des

histoires. Chacun sa culture, et pour moi les deux : le fil à plomb et les étoiles. C'est avec les deux que j'avance. La raison et l'utopie, une dans chaque main. Ainsi les deux vieillards ne sont pas étrangers à mon retour au pays.

C'est un homme maintenant. Il a les cheveux blancs, moi aussi. Il est plus vieux que son père, que notre père. Il me dit : «Pourquoi reviens-tu ici? Tout le monde rêve de partir, et tu reviens! Que cherches-tu à comprendre?» Nous sommes assis face à la mer. Devant nous, Alger s'éclaire doucement. Aïda, sa petite fille, joue près de nous. On dit qu'elle ressemble à Paquita. Dans le jardin de sa maison, au fond d'un golfe elle aussi, il a planté le palmier qui retenait l'âne du colonel au pied de l'escalier de la maison, aujourd'hui dévastée. Il a fallu des pelleteuses pour sortir les longues racines vigoureuses, et un camion pour le transporter jusqu'ici. L'arbre se porte bien ; il a grandi mais est toujours aussi trapu.

«Il n'y a rien à comprendre.» Je ne sais plus si c'est lui ou moi qui a dit cela.

CE QU'IL RESTE À DIRE

La révélation des circonstances de la mort de mon père m'est tombée dessus dans un moment heureux. Dans mon histoire, la vie avance masquée, mais rejoue la même scène : l'enthousiasme coupé net, comme une balle au filet. C'était en août 1991. La première guerre du Golfe occupait le devant de la scène internationale. Le nationalisme arabe échauffait les sangs de tous les peuples de la région. En Algérie, les premières élections législatives pluralistes étaient annoncées pour le 26 décembre. Nous étions un groupe de militants du FFS en route pour Tazmalt avec Hocine Aït Ahmed. Le leader du parti devait tenir un meeting dans le stade de la petite ville. Trois ou quatre d'entre nous étaient venus de Paris. Nous prîmes la route tôt le matin. Un déjeuner était prévu chez la sœur de Hocine. Il faisait très chaud, mais j'étais heureuse.

Nous arrivâmes le cœur en fête. La maison était cossue, mais d'une opulence discrète. Les maîtres des lieux étaient de gros producteurs d'olives. La table déjà dressée était couverte des mille salades qui font l'été et des mêmes petites bouteilles que celles de mon enfance qui contenaient l'huile produite par nos hôtes. Un endroit frais et une bonne table : une aubaine ! Un vieil homme entra au salon. C'était le patriarche de la maison. Il avait l'âge qu'aurait eu mon père. Mais cela ne signifie rien pour moi, car mon père est resté l'homme de quarante-neuf ans que j'avais embrassé pour la dernière fois le 11 décembre 1957 à 13 heures, avant d'aller à l'école. L'homme s'assit silencieusement. Il était visiblement indifférent au bruit que nous faisions, à notre enthousiasme. Quand Hocine me présenta, il s'anima : «Vous êtes la fille de qui?» À ma réponse, il sortit de son air poli et distrait pour me regarder longuement, oubliant les autres. «Vous voyez ces deux doigts? me dit-il en croisant le majeur sur l'index. Votre père et moi étions comme ça, plus que des amis, plus que des frères. On se connaissait depuis toujours. Quand la guerre est arrivée, on a travaillé ensemble.» Puis il se tut, répétant seulement pour lui-même «Hafid» avec une immense tendresse, et nous passâmes à table.

Une foule immense attendait le leader du FFS, le fils du pays. Le stade était plein, et la liberté nouvelle électrisait l'atmosphère. Le meeting fut un succès, malgré la chaleur. Avant de rentrer à Alger, nous fîmes à nouveau halte dans la grande maison pour reprendre des forces. Ayant eu mon content de foule, j'étais affalée dans un fauteuil, dans une pièce à l'écart, lorsqu'une ombre entra dans le salon, vint vers moi et tira une chaise. Tendu, le buste en avant, inquiet que je ne l'entende pas, le vieil homme me raconta alors l'épisode le plus triste de sa vie, et de la mienne. Depuis mon départ pour le stade, il n'avait dû penser qu'à ça. Le fait de raconter à la fille de Hafid l'histoire qui le hantait depuis trente-cinq ans le soulagea sans doute quelque peu de l'amertume que la guerre et le nouveau pays avaient déposée en lui, et que même l'indépendance n'avait pu totalement effacer. Il y eut tant d'outrages à la morale simple de ces hommes courageux pour qui la Résistance et le don de soi avaient été comme une deuxième peau !

Il déroula d'une voix monocorde une de ces nombreuses histoires qui rongeaient mon pays : «J'étais au secret dans les locaux de la DST. Mon tortionnaire m'annonça en rigolant que ton père avait été tué la veille par le FLN. "Ton copain Hafid Tamzali est mort. C'est le FLN qui l'a descendu." C'était un piège ; je ne devais pas marcher, il voulait me faire parler. "Tu ne me crois pas ?" Comment le croire ? J'avais beau être enfermé depuis plusieurs jours dans les locaux de la police, le monde ne pouvait pas avoir changé de cette façon. "Tu vas passer la nuit avec celui qui l'a tué. Tu verras bien si je mens." Dans la cellule où ils m'ont emmené, il y avait un gosse. J'ai passé toute la nuit avec lui, sans dormir ni le laisser dormir : "Comment, comment as-tu pu tuer cet homme ? — Je ne savais pas qui il était. On m'a dit, si tu veux monter au maquis, prouve que tu es un homme en tuant cet homme!" Ça ne pouvait pas être vrai, ce n'était pas possible, je n'arrivais pas y croire.»

C'était vrai, ça avait été possible tout était possible avec cette guerre! Je connaissais depuis longtemps l'autre versant sordide de l'histoire : le jeune patriote qui ne monterait jamais au maquis, exécuté par les Français. Le commanditaire était-il vivant? Peu m'importait au fond. Toute la noirceur de cet homme comptait peu auprès du drame dans lequel il nous avait plongés. Le temps l'avait chassé de ma mémoire, et rien ne peut atténuer la peine que j'éprouve encore en écrivant ces mots, pas même la mort de cet homme. Nous avions été irrémédiablement atteints, et la mort en chaîne des assassins directs et indirects de mon père ne nous apportait aucun réconfort. Le message du colonel Amirouche à mon grand-père lui promettant de venger mon père était arrivé en même temps que le télégramme de condoléances du président de la République française René Coty. Tout cela ne nous avait aidés en rien à imaginer la vie après, la vie qui finirait bien par nous reprendre mais laisserait pour toujours en suspens la question de l'enfant de dix ans : «Je ne pourrais plus jamais dire Papa?»

Je revenais dans cette région d'où la violence, la haine, la jalousie d'un homme nourri par le ressentiment séculaire des tribus dépossédées m'avaient chassée. J'étais arrivée le matin avec l'espoir des grands jours, comme celui de ce matin de mai 1963, quand, très tôt, j'avais quitté mon appartement de la rue Didouche pour rejoindre mes camarades pour la Journée de l'Arbre ; gaie, enthousiaste, jeune. Trente ans plus tard, j'étais à Tazmalt, et le passé mettait à l'épreuve mon enthousiasme revenu à la faveur de l'air de liberté qui se levait en Algérie. Le passé ramenait le chagrin, comme un rappel à l'ordre quand je m'y attendais le moins. Dans la grande pièce à côté, les autres faisaient les commentaires du meeting, gais et parlant tous en même temps. Personne ne remarqua mon absence. Dans la pénombre des persiennes tirées, dans le petit salon où je m'étais réfugiée et où le vieil homme m'avait rejointe, j'étais happée par le passé, et lui aussi. Nous avions tous les deux pénétré là où les autres ne pouvaient nous suivre.

Tout me revenait de ce jour qui fit basculer ma vie et celle des miens.

Le jeune assassin s'était présenté aux magasins de La Plaine, où mon père avait ses bureaux. Il avait demandé à lui parler en personne. Il avait une lettre à lui remettre en main propre. Il attendit longtemps, immobile dans un burnous blanc de montagnard. Quand mon père sortit enfin de son bureau pour se « débarrasser de lui », comme il l'avait dit au banquier en compagnie duquel il se trouvait, il s'approcha du tout jeune homme qui lui tendait sa lettre. Sous la lettre, il tenait un revolver qu'il dirigea en aveugle vers le cœur. Il ne rata pas son coup. Mon père ne vit de la mort que le visage de cet enfant, et s'il l'enserra de ses bras ce fut sans doute pour lui demander pourquoi, pourquoi il le tuait. Mon père deux fois tué, par la balle qui se logea juste à la place du cœur — sur sa chemise blanche, il n'y aura qu'un petit trou, pas plus grand qu'une brûlure de cigarette — et par le visage de son assassin.

Cette scène irréversible et le pourquoi éternellement posé fondent mon histoire avec l'Algérie plus sûrement que la raison. Mon père avait droit à une réponse. J'exerce ce droit pour lui, ne cessant de questionner ce pays, même si personne ne me demande mon avis et que personne ne me répond. L'idéologie et la politique ont peu à voir dans cette affaire. C'est de fidélité qu'il s'agit, de fidélité à un jeune homme de quarante-neuf ans qui ne saura jamais pourquoi il a été tué par un enfant de son pays.

Alger, le 11 décembre 2006.

Composition Interligne.
Impression Novoprint
à Barcelone, le 10 janvier 2012
Dépôt légal : janvier 2012

ISBN 978-2-07-044569-1./Imprimé en Espagne.